MINERVA
保育士等キャリアアップ
研修テキスト

今井和子・近藤幹生 監修

保健衛生・安全対策

小林美由紀

編著

ミネルヴァ書房

監修者のことば

　このMINERVA 保育士等キャリアアップ研修テキストは、「乳児保育」「幼児教育」「障害児保育」「食育・アレルギー対応」「保健衛生・安全対策」「保護者支援・子育て支援」「マネジメント」の全7巻で構成されています。いずれも、保育士養成校等で教育・研究に尽力されている専門分野の先生方、そして経験豊富な保育実践者の方々により、執筆していただきました。

　これらのテキストの執筆をお願いした専門分野の先生方は、常に現場の職員と一緒に研究活動に取り組み、保育の質の向上を支えてこられ、現場に精通されています。そして、現職の園長先生や主任保育士、保育者にあえてこのテキストの執筆を依頼したのは、今日的な保育課題に主体的に取り組み、活力のある保育・教育を創造していくのに、現場の実践力こそが不可欠ではないかと考えたからです。

　2017年4月、厚生労働省は通知「保育士等キャリアアップ研修の実施について」を発出しました。この通知を受けた研修の一番のねらいは、保育実践現場において、すでに一定の経験をもっている保育者が学びを深めること、保育の質的向上、職員の資質向上を目指すことです。研修の受講者自身が、各園においてミドルリーダーあるいはリーダーとなることを目的としています。保育に関わる基本的知識はもちろんですが、専門的知識・技術を土台にして、最近の保育の動向についても理解し、さらに深めてもらえる内容になっています。

　各巻では、レッスンのはじめにポイントを箇条書きにしてあります。そして、保育実践現場の具体的事例や写真、図表類などを盛り込むようにしました。また講義形式での講座を受講しながら、必要な事項をメモできるように本文欄外にスペースを設けました。さらに、各レッスンでは、演習形式でのグループ討議の際、考え合ってほしい課題を盛り込みました。職場以外の同じ立場の者同士が多様な保育課題について語り合い、専門性の向上に努めるまたとない機会として活用していただければと思います。さらに、学びを深めたい方々のために、巻末に参考文献リストや資料を掲載しています。

　このキャリアアップ研修テキスト（全7巻）により学びを進め、各園における課題を見いだし、あるいはこれまでの保育内容を再考する契機となることを願っています。キャリアアップ研修の参加者自身が、保育の質的向上、職員の資質向上を目指すために奮闘してほしいと願っています。保育者たちは、日常業務の忙しさのなかにあり、学ぶ時間をつくりだすこと自体が困難となっています。もちろん、こうした保育実践現場の課題は、実践現場の方々の努力だけで解決できうることではありません。しかし、「学ぶことは変わること」(林竹二)です。このキャリアアップ研修においてかなりの長い時間をかけて学ばれる以上は、学びの達成感やリーダーとしての力量、すなわち「園の組織を学び合う実践共同体へと変えていく力」を修得していただければ、という願いをもってつくりました。それによって、保育者としての生きがいを追求する姿を確かめ合っていけるのではないでしょうか。

　皆さんの、学びへの積極的意欲を励ますとともに、全7巻の執筆者のご協力に感謝し、監修者のことばとします。

2020年8月

近藤幹生

今井和子

はじめに

　わが国の保育所には、第二次世界大戦前の託児所と言われた時代から保健婦（現：保健師）が配置され、乳幼児の保健衛生管理や栄養管理指導に大きな役割を果たしてきました。子どもたちの命を守ろうという使命感のもとに、保育所は給食を提供し、衛生状態を維持し、生活習慣の指導を行ってきた歴史があります。

　乳幼児死亡率が世界でもトップクラスに少なくなっている昨今では、保育所等の役割も広がってきていて、子どもたちへの健康支援や子育て支援、事故予防などの安全対策、障害や慢性疾患のある子どもたちへの発達支援、小学校に上がってからのちの成長を見据えた支援なども求められてきています。保育の役割が多様化するなかで、子どもの健康を守るために、さまざまな知識や経験が必要となっていることを踏まえて、キャリアアップをすることが、保育の専門性を高めることにつながるでしょう。

　2020年は、新型コロナウイルス感染症の蔓延で世界中がその対策に必死になっています。実は以前から保育所等では、子どもたちに感染症を広めないための工夫を日々行ってきており、この経験は、多くの場所で活かせることができます。同時に、家庭で待機しなければならない子どもたちへの日々の過ごし方のヒントも、保育所等での実践が役に立つことでしょう。保育所等には、生まれてくる環境や生まれた条件を選ぶことができない、一人ひとりの子どもたちの育ちを大切にする、要としての役割が今後も求められることと思います。

　乳幼児は、大人が守り育てなければならない弱者と位置づけられていますが、同時に私たちの将来を支えてくれる頼もしい存在でもあるだけに、保健衛生・安全対策におけるキャリアアップで少しでも力になれることを願っています。

2020年8月

小林美由紀

i

本シリーズは、厚生労働省「保育士のキャリアパスに係る研修体系等の構築について」に準拠したうえで、ミドルリーダーとして知っておきたい保育内容を充実させ、学んだ知識を保育現場で活用できるような構成になっている。したがってキャリアアップ研修のみならず、園内研修用のテキストとしても使用可能である。

第 1 章

保健計画の作成と
保健活動の実践

　「子どもの命を守る」ことからスタートした保育所等では、子どもの健康状態を観察し、保護者や職員、子どもたちに健康指導・健康教育を行う保健活動が、子どもたちの健康を守る役割を果たしてきました。保健活動で大切なことは、全職員がその活動の意義と具体的な対応のしかたを身につけ、保護者や地域の人々との協力と連携のもとに、組織的に一人ひとりの子どもたちの健康な発育・発達を見守り、育んでいくことです。
　そのためには、全体を見渡した保健計画や、日々の保健活動の手順を徹底することが必要です。この計画の策定や実践には、全職員の話し合いと参加が不可欠です。また、子どもたちの健康状態を客観的に判断し、環境整備を行い、関係機関との協力の方法を周知する必要があります。

レッスン 1

年間の保健計画の作成と保健活動の実践

レッスン 2

健診と子どもの発育の理解

レッスン 3

保健活動と他の機関や他職種との連携

年間の保健計画の作成と
保健活動の実践

保育所等では、小児科健診のほかに歯科健診なども行う。

写真提供：富士みのりこども園

ポイント

1 年間の保健計画は、年間の保育計画や行事予定と一緒に作成する。

2 子どもの健康増進と安全確保に必要な保健活動を工夫する。

3 子どもの健康増進と安全確保に必要な連携を工夫する。

1 | 保健計画の作成

1 保健計画作成の根拠

　「保育所保育指針」では、2008（平成20）年に改定されたときに、保健計画の作成の必要性が位置づけられ、2017（平成29）年の改定においても以下のように明記されました[1]。

> 　子どもの健康に関する保健計画を全体的な計画に基づいて作成し、全職員がそのねらいや内容を踏まえ、一人一人の子どもの健康の保持及び増進に努めていくこと。

　看護師がいるときには、保健計画の案を作成することが多いのですが、全職員にそのねらいや内容を周知することが求められています。

 参照　＊1　「保育所保育指針」第3章1（2）「健康増進」ア

2　保健計画作成の手順

①保健情報および資料の収集

　まず、前年度の保健情報や地域の保健情報を収集します。ほかの保育所の保健計画や市町村保健センターの情報を参考にしたり、前年度の保健計画の課題を全職員からだしてもらい、その意見を参考にして改善するのもよいでしょう。新入園児で個別の配慮が必要な場合は、その配慮に必要な情報も集めておきます。

②保健計画の目標の設定

　子どもの年齢ごとに、季節の期、あるいは月ごとのねらいや目標を設定します。保護者への保健だよりを発行している場合には、それに合わせた目標があってもよいでしょう。

③保健活動の内容の設定

　健康診断（以下、健診）や身体測定など、定期的に行わなければならないことのほかに、プールや水遊び前の指導、手洗い指導、歯磨き指導、かぜの予防指導など、季節や全体の行事に合わせた活動も設定します（表1-1）。

④関係機関との連絡・調整

　定期的な健診の実施は、嘱託医と全体の行事との関連で日程調整します。心理士の巡回指導がある場合も同様です。保育所内に感染症が流行したときには、市町村保健センターに連絡して対応の指導を受けるとともに、嘱託医にも連絡して助言を求め、必要な保健活動の内容を職員や保護者に周知します。

　年長児の就学前指導では、就学する小学校の養護教諭と情報共有することもあります。新入園児で個別に配慮が必要となる場合は、入所前健診より前に健康情報を得ておきます。

⑤保健計画の実施

　保健計画の実施では、全職員の協力が必要ですが、そのためには、全職員の理解と役割分担が必要です。保健活動を行うときには、事前の会場設定や必要な物品の確認、保育活動との調整などが必要となります。職員の研修では、できるだけ多くの職員が参加できる日程にします。

　また、保健活動を行ったあとには、参加者や内容などを記録に残しておくことも大切です。

2 ｜ 保健活動の実践

1　入所前健診：健康情報の収集、身体計測、小児科健診、個別面談

　入所前健診では、集団生活にあたって必要な健康情報を提供してもらいます（表1-2）。出生時の状況、乳幼児健診の経過、予防接種歴、既往歴（学校感染症の罹患の有無、入院歴、慢性疾患の罹患の有無）、乳児の

表 1 - 1　保健計画の事例

		内容	園児の行事予定	職員の計画・予定	保護者への予定
1期	4月	・子どもの健康状態を個別に把握し新しい生活に慣れ、安全・安心して過ごせるよう配慮する（新入園児の健康状態の把握、アレルギー児の把握、けいれん既往児の把握、日々の健康観察、職員間の連携、0～2歳児午睡チェック、環境整備、トイレの衛生管理、避難訓練など）	・身体測定 ・0、1歳健診 ・すくすく児健診	・避難、散歩リュックの点検 ・対象者の検便 ・アレルギー研修（新入職員）	・保健所からのお知らせとお願い、決まりについて資料配布 ・全体懇談会の資料配布 ・感染症の発生時、随時掲示板で貼出（通年） ・就学に向けての座談会の開催 ・年度初めの面談（必要時）
	5月	・新しい生活のなかで基本的生活習慣が身に付くよう、個々・クラスに合わせた配慮をしていく ・安全・安心したなかで外遊びができるよう、環境づくりをする ・感染症の状況把握と予防啓発	・身体測定 ・春の健康診断 ・すくすく児健診	・対象者検便（合宿引率者含む） ・合宿前の健康相談（保護者より） ・合宿に向けて必要物品（保健）確認	・健診結果の報告 ・合宿前の健康チェックおよび相談 ・健康カードの配布と回収
2期	6月	・暑さに留意した生活ができるように配慮する（水分補給、活動と休息、室内外の温度、食中毒） ・安全ななかでのたっぷりとした水遊びができるようにする（プールの水質管理、健康チェック、けが防止） ・生活のなかでの安全や生活について知っていけるようクラス、個々に応じた対応をしていく ・感染症の状況把握と予防啓発 ・プライベートゾーンについての話	・身体測定 ・0、1歳健診 ・すくすく児健診 ・布団乾燥 ・歯科健診	・対象者検便 ・プール開始前の注意事項確認 ・虫よけ、蚊取り線香の取り扱い確認 ・小規模プール衛生管理者講習会	・プール開始前にあたりお知らせとお願い ・健康カードの配布と回収 ・全園児しらみチェック ・健康カードの配布と回収 ・う歯保持者への受診の促し
	7月		・身体測定 ・0、1歳健診 ・すくすく児健診 ・プール開き ・絵本読み聞かせ	・対象者検便	・歯科健診結果の報告
	8月		・身体測定 ・0、1歳健診 ・すくすく児健診	・対象者検便	・健康カードの配布と回収
3期	9月		・身体測定 ・0、1歳健診 ・すくすく児健診 ・布団乾燥	・対象者検便 ・合宿前の健康相談（保護者より） ・合宿に向けての必要物品（保健）の確認 ・職員健康診断	・合宿前の健康チェックおよび相談 ・健康カードの配布と回収 ・乳児医療証コピー提出の依頼と回収
	10月	・十分な遊びのなかで体力づくりができるよう配慮する ・考えて行動できる場をつくっていく（気温や活動に合わせた衣服の調整、手洗い、足に合った靴やぞうりの着用） ・感染症の状況把握と予防啓発	・身体測定 ・秋の全園児健診	・対象者検便	・健診結果の報告 ・健康カードの配布と回収
	11月		・身体測定 ・0、1歳健診 ・すくすく児健診 ・手洗い指導	・対象者検便 ・嘔吐下痢時の対応確認	・嘔吐下痢時の対応についてのお知らせ ・健康カードの配布と回収
	12月		・身体測定 ・0、1歳健診 ・すくすく児健診 ・布団乾燥	・全職員検便 ・保健分野での職員研修（AED、感染症、アレルギー、その他）	・健康カードの配布と回収 ・インフルエンザの予防啓発
4期	1月	・寒さに負けない体づくりができるよう配慮する（ロールマット、足浴、遊び、食事） ・冬の病気への予防（手洗い、うがい、衣服調整、換気、加湿、睡眠） ・年間結果をもとに、次年度の計画を見直す ・感染症の状況把握と予防啓発	・身体測定 ・0、1歳健診 ・すくすく児健診	・対象者検便	・健康カードの配布と回収
	2月		・身体測定 ・0、1歳健診 ・すくすく児健診 ・布団丸洗い（乳）	・対象者検便 ・新入園児健診、面接	・新入園児保護者への健診、面接のお知らせ ・健康カードの配布と回収
	3月		・身体測定 ・0、1歳健診 ・すくすく児健診 ・布団丸洗い（幼）	・対象者、次年度対象者検便 ・児童票の返却、回収（連絡先、予防接種等の状況確認） ・アレルギー児（次年度）把握	・児童票の返却、回収 ・健康カードの配布（年度末）

出典：わらしこ保育園資料

表 1 - 2　入所前健康診断書の例

入所前健康診断書　　　実施　　年　　月　　日　　No.

ふりがな 児童氏名		性別	男 ・ 女	かかりつけ医	病院名	
生年月日	年　月　日	年齢	才　カ月		住所	
保護者氏名		電話				
住所	武蔵野市				電話	（　　　）
入所前健康診断を受診する場所 ※どちらかを記入		保育施設（　　　　　）・ 担当医師の医院（　　　）				

＊この書類はあなたのお子さんの健康を守るため、また入所後の健康管理の大事な資料にもなる大切な調査書です。
＊入所目的以外には使用せず、慎重に扱いますので、母子手帳などを参考にありのままご記入ください。
＊後日記載事項に偽りが判明したときは入所をお断りすることもありますので、下記の欄に正確にご記入ください。

保護者記入欄（事前にご記入ください）

出生前の状況
妊娠中の異常はあったか（症状・病名・週数）

出生時の状況
分娩週数（　　　）週
分娩の状態 ・正常・帝王切開・吸引・鉗子
分娩の経過 ・頭位・骨盤位・その他（　　）
出生児の状態 ・異常なし ・異常あり
異常ありの場合 ・仮死 ・チアノーゼ ・その他（　　）
体重（　　ｇ）身長（　　cm）
頭囲（　cm）胸囲（　　cm）

出生後の状況
栄養法（母乳・混合・人工乳）
離乳食開始（　カ月）、完了（　カ月）
【身体発達】
首のすわり　……　カ月
寝返り　……　カ月
おすわり　……　カ月
はいはい　……　カ月
つかまり立ち　……　カ月
ひとり歩き　……　歳　カ月
意味のある言葉　……　歳　カ月
2 語文　……　歳　カ月
発育についての心配　有 ・ 無

健康診査の受診
・1 歳 6 か月児　　有 ・ 無
・3 歳児　　有 ・ 無

過去及び現在の病気
（例）麻疹　　○年○月
（例）心室中隔欠損　手術　○年○月

家族の病気
結核性疾患（続柄　　　）
肝臓疾患　（続柄　　　）
B 型肝炎／C 型肝炎（続柄　　　）

現在把握している症状・その他
お子さんの平熱（　　℃）
けいれんやひきつけを起こしたことがある（　年　月頃）
□ 熱がでたとき（　　℃）
□ 熱のないとき
・ダイアップ座薬使用　有 ・ 無
医療機関名
食物アレルギー　有 ・ 無
現在除去している食品
アナフィラキシー症状　有 ・ 無
食物以外のアレルギー
使用している薬
医療機関名
使えない薬
気になる症状
備考

予防接種

	年 月 日
B 型肝炎	年 月 日
	年 月 日
	年 月 日
ロタウイルス	年 月 日
	年 月 日
ヒブ	年 月 日
	年 月 日
	年 月 日
肺炎球菌	年 月 日
	年 月 日
四種混合 (DPT+不活化ポリオ)	□三種 □四種　年 月 日
	□三種 □四種　年 月 日
	□三種 □四種　年 月 日
	□三種 □四種　年 月 日
不活化ポリオ	年 月 日
	年 月 日
	年 月 日
	年 月 日
BCG	年 月 日
麻しん・風しん (MR)	年 月 日
流行性耳下腺炎 (おたふくかぜ)	年 月 日
水痘 (水ぼうそう)	年 月 日
日本脳炎	年 月 日
	年 月 日
	年 月 日

医師記入欄

体重	kg	開排制限		皮ふ	医師所見	保育施設受付印
身長	cm	ヘルニア		その他		
脊柱		斜視・斜頸				
四肢		扁桃腺肥大			医師名	（集団・個別）受診

◎保護者記入欄まで記入の上、健康診断日に母子手帳と一緒に忘れずにお持ちください。　　　武蔵野市役所　子ども育成課

出典：武蔵野市ホームページ「入所前健康診断書」
（http://www.city.musashino.lg.jp/_res/projects/default_project/_page_/001/003/775/kennsinnhyou.pdf [2020年 4 月 21日確認]）

場合は、発達歴（首のすわり、すわる、はいはい、歩行など）、食事の発達（哺乳量、離乳食の進行度）、アレルギー歴（食物アレルギーの場合は原因食物、症状）、熱性けいれんの既往の有無、生活リズム（起床、昼寝、就寝の時刻）、排泄（トイレの自立、排便の傾向など）、家族歴（慢性疾患や障害の有無）などの記載のほかに、母子健康手帳を持参してもらい個別面談を行います。その後、身体計測と小児科医による内科健診を行い、集団生活で配慮することがあるかどうか、保護者と情報交換を行います。

▶2 毎日行う保健活動

①子どもたちの健康観察：検温、連絡帳のチェック、食欲、排泄、睡眠

　登園時の子どもの状態を視診で確認します。いつもと様子が違う場合は、保護者に確認します。また、保護者に自宅で体調の変化があったときには、直接保育者に口頭で伝達するようにあらかじめ伝えておきます。場合によっては、医療機関への受診をすすめることや、体調が変化して集団保育が難しくなったときには、早めのお迎えをお願いすることなどを伝えておきます。連絡帳で、自宅での体温や食欲、排泄の状態、体調の変化についての記載がないかなどを確認します。乳児では、毎日の連絡帳の確認が必要です。また、保育中に体調で気になることがあったときには、連絡帳に記載しておきます。送り迎えを保護者以外の人が行うときには、医療機関を受診したほうがよいと思われる体調の変化やけがの場合は、直接電話で保護者に連絡するようにします。

②衛生管理

　乳幼児は、なんでもなめたり、口にもっていったりするため、唾液や排泄物で汚染されることもあります。保育開始前や終了後の保育室やトイレ、沐浴室の掃除や、乳幼児が触る可能性のある玩具、遊具、ドアノブなどは消毒液を使って拭くなどの衛生管理が大切です。プールに入るときには、毎回水質チェック（→レッスン9参照）を行います。また、歯ブラシの衛生管理や昼寝のときの寝具の日干しなども行います。

③安全チェック

　保育開始前、終了後に子どもの目線で危険物がないかをチェックします。遊具などの破損や棚にあるものが落下しないかなどの確認も必要です。

④体調が変化した子どもへの対応

　子どもの様子がいつもと違うときには、すぐに検温します。発熱がみられたときには、別室で休養させ、発疹などの症状がないかを確認します。発熱が回復しないときは、保護者に直接電話で連絡します。けがや事故があった場合には、緊急連絡先を含め、できる限り速やかに保護者に連絡し、応急処置の内容についても伝えます。

⑤保護者との対応

　日々の体調の変化だけでなく、医療機関を受診したときや、健診、予防接種を受けたときの情報も伝えてもらうようにお願いしておきます。休みの連絡を受けたときにはその理由を聞き、感染症の場合には、看護師に連絡して保育所全体の感染者の人数を把握できるようにしておきます。嘱託

医の健診があるときには、聞きたいことをあらかじめ確認し、嘱託医からの健診結果を伝えます。保育所で服薬させるかどうかについては、各保育所の取り決めをあらかじめ伝達しておきます。薬を預かる場合も、医師の処方指示がわかるような書類を提出してもらいます。保護者からの体調についての相談などで回答が難しい場合には、看護師や嘱託医に助言を求めます。

⑥職員への連絡

　集団で広がる感染症が発症したときには、ほかのクラスの職員にも連絡します。保健活動の行事では、スムーズに行えるようにあらかじめ予定を確認しておきます。職員からは、体調が気になる子どもの報告やけがの報告、ヒヤリハット（→レッスン12参照）の事例の報告などを受けます。時間ごとに保育者が交代するときには、健康状態の引き継ぎは忘れずに行います。

3　毎週行う保健活動

①感染症の流行把握

　感染症の流行時には、クラスごとの発症人数をまとめます。インフルエンザなどの学校感染症の場合は、近隣の情報を収集するようにします。

②長期に休んでいる子どもの把握

　長期に休んだり、入院したりしている子どもの場合は、毎日連絡がない場合もあるので、定期的に様子を尋ねる連絡を入れます。特に再登園する際の注意点がないかを確認しておきます。

③個別的な配慮が必要な子どもの健康状態把握

　個別的な配慮が必要な子どもでは、健康状態が変化しやすかったり、体調の変化がわかりにくかったりすることがしばしばあります。加配保育者（以下、加配）がついている障害児の場合は、問題がないかもしれませんが、加配がついていない慢性疾患児やいつもと違う活動を行うときには、特に気をつけます。病児保育や医療的ケアを行っている子どもの場合は、日ごろ必要な項目の健康状態の記録を記載できる連絡用紙を用意することもあります。

④ヒヤリハット報告のまとめ

　事故になりかねない事案やちょっとしたミスをヒヤリハットの事例としてまとめ、どのような事例が多いのか、どのような改善が必要なのかなどをまとめて、職員に注意を促します。

4　毎月行う保健活動

①身体計測

　毎月、体重・身長測定を行い、記録します。3歳以上の幼児では、季節ごとに行っている場合もあります。記録した体重、身長は、保護者に連絡するとともに、発育曲線に記入して、標準範囲であるかどうかを確認します。発育が気になる子どもの場合は、嘱託医に相談します。

②嘱託医による健診

0歳児は毎月嘱託医の内科健診を行います。1歳児や個別的な配慮が必要な子どもも同時に健診を行うことがあります。健康について気になることがある場合は、健診時に助言を求めます。

③保健だより

　子どもの健康について、子どもたちの様子、流行している感染症、家庭で配慮してほしい子どもの健康や保健活動について伝えます。

④子どもを対象にした保健活動

　子どもたちの健康指導を定期的に保育活動のなかに入れていきます。たとえば、正しい手洗い指導、歯磨き指導、栄養が偏らない食事のとり方、虫歯にならない食生活、夏場の水分補給のしかた、睡眠時間、着替えのしかた、清潔の保持、目の健康、事故の予防、障害のある子どもへの理解などさまざまですが、実演や絵本、紙芝居、人形劇、寸劇、エプロンシアターなど子どもたちに理解しやすい方法を工夫します。

⑤避難訓練

　毎月行う避難訓練では、職員や子どもの避難手順を確認するだけでなく、非常時に起こりうる危険性の点検をします。年に1回は、保護者の緊急連絡先と引き渡しの手順を確認します。

5 　季節ごとに行う保健活動

①乳児以外の健診

　1歳児以上の幼児では年2回の小児科医による内科健診のほかに、年に1回、耳鼻科健診や歯科健診を行っているところが多いです。

②健康に関わる検査

　年に1回、尿検査や視力検査を行っているところが多いです。聴力検査を取り入れているところもあります。

③行事ごとの健康チェック

　入園時、プール前、運動会前、遠足前、宿泊行事前には、健康状態に変化がないかのチェックを入れるように保護者にお願いします。特にプール開始前や宿泊行事前には、数日前から検温して健康状態を記録する健康カードに記入してもらいます。

④進級前の健康チェック

　進級時には、保育者が交代になり、保育者1人当たりの担当の子どもの数が増えていくので、ふだんの健康状態で留意しなければならないことを伝達します。また、年長児については、小学校への伝達事項をまとめて報告します。

6 　保護者を対象にした保健活動

　日々の清潔の保持や生活習慣を身につけるためには、保護者の協力が欠かせません。子育ての悩みには、子どもの健康状態についての悩みが多くあります。保護者の面談では、個別的に情報交換するだけでなく、どこに相談したらよいか、協力を求めたらよいかの助言も行います。保護者会では、子どもの健康状態や家庭での配慮事項の連絡、保護者に応急処置の

講習会を行ったりします。また、避難訓練では、保護者も参加することで、子どもの安全を一緒に守る意識を共有します。

■7　職員を対象にする保健活動

　職員の健康診断で精密検査が必要な場合の助言を行ったり、感染症にかかったときの助言を行ったりします。保育活動中に感染しないように、予防接種歴や感染症の罹患歴なども確認しておきます（→レッスン7、レッスン8、レッスン14参照）。麻疹・風疹の予防接種だけでなく、水痘、おたふくかぜに罹患していない場合の予防接種や、B型肝炎の予防接種もすすめられるようになりました。また、保健活動に関する研修も計画的に行います。応急処置や乳幼児の心肺蘇生法やアナフィラキシー発生時の処置など、定期的に研修する機会をつくります。

■8　地域の子どもに対する保健活動

　地域の子育て支援として、保育所に通園していない親子の保育室や園庭訪問を受け入れている保育所が増えています。その際、身体計測を行ったり、嘱託医に健康相談をしたり、栄養士による離乳食指導を行ったりすることもあります。

■9　関係諸機関との保健活動

　保育所における保健活動は、関係する機関との連携が欠かせません。健診を行うとき、子どもたちがけがをしたときや体調が急変したときには、地域の医療機関との連携が必要となります。慢性疾患や障害で定期的に医療機関に通院しているときには、医療や療育について情報交換をします。
　感染症が広がったときには、保健所に連絡して指導を受けます。発達障害児や行動が気になる子どもの保育については、臨床心理士の巡回のときに助言を得たりします。年長児が小学校に入学する際には、健康の情報について養護教諭と連携します。家庭に問題を抱えている場合は、児童相談所との連携が必要となってきます。
　ここで、ある保育所の保健活動の事例についてみていきましょう。

> **事例　歯医者には行かせたくない！**
>
> 　4歳のレンくんの歯科健診のあとに、虫歯があることを伝えられたお母さんは、乳歯はもうすぐ生え変わるし、歯医者に行くと、大泣きするので、連れて行きたくないとためらっています。確かに歯科の治療でつらかった思い出のある保護者は、子どもを連れて行くのをためらいがちです。けれども乳歯の虫歯は、永久歯の虫歯につながりがちで、その後の歯並びにも影響します。小さい子どもの治療に慣れている歯医者さんを紹介して、できるだけ早期のうちに治療したり、虫歯が進行しないような薬を塗ってもらうようにアドバイスしましょう。何より、虫歯にならないために、日ごろからの歯磨きや間食のとり方など、予防についても理解を深めましょう。

　次の課題に沿って、小グループで実際に保健計画を作成してみましょう。

①自分が所属する施設について思い起こし、年間の保健計画を作成してみましょう。

②ほかの施設の計画を参考にして、保健計画を作成してみましょう。

③各グループで作成した保健計画を比較して、気がついたことや紹介したい保健活動について話し合ってみましょう。

レッスン 2

健診と子どもの発育の理解

写真提供：わらしこ保育園

保育所等では、定期的に身長、体重を測定している。

ポイント

1 子どもの健診の方法とその結果の活用方法を理解する。
2 子どもの正しい身体計測のしかたを知っておく。
3 子どもの発育・発達の評価のしかたを理解する。

1 乳幼児健診と保育所等で行われる健診

1 自治体で行われる乳幼児健診

　生後 1 か月児健診は、多くの場合、出産した医療機関を中心に、任意で個別に行われています。「母子保健法」で定期健診と定められているものは、1 歳 6 か月児、3 歳児健診で、市町村保健センターなどで行われています。3 ～ 4 か月児健診、6 ～11か月児健診も任意健診ですが、自治体によって、定期健診と同様に無料で、個別に医療機関で健診を受けられたり、集団健診で受けられるようになっています。乳幼児健診では、身体計測のほかに、小児科医師による診察、歯科健診、栄養相談、保健師による保健相談が行われています。自治体によっては、臨床心理士による発達相談や作業療法士による遊びや運動の助言なども行われています。健診の結果によって、その後、継続的に経過観察をしたり、精密検査のための医療機関を紹介したりします。

2 保育所等で行われる健診の手順

「児童福祉施設の設備及び運営に関する基準」では、以下のように入所前健診と年2回の健診が義務づけられており、春と秋に行っているところが多いです。

> 第12条　児童福祉施設（略）の長は、入所した者に対し、入所時の健康診断、少なくとも1年に2回の定期健康診断及び臨時の健康診断を、学校保健安全法（略）に規定する健康診断に準じて行わなければならない。

0歳児は、発育・発達の変化が著しいので、毎月健診を行っている保育所等が多いです。嘱託医による内科健診だけでなく、歯科健診や眼科・耳鼻科健診を行っている保育所等もあります。1歳児以降の幼児でも、障害児枠で入園している幼児は毎月、健診を行うこともあり、それ以外の幼児は、特に変化がなければ春と秋の2回行っています。

①入所前健診

集団生活前の健康診断は、楽しく安全に集団生活が送れるように支援するために行われます。また、子どもの健康状態、発育・発達の状態、食事や睡眠、生活習慣の把握、今までにかかったことのある病気や予防接種歴の把握と同時に、保護者に集団生活がどのように行われ、どのような準備が必要かを伝えて情報共有する場でもあります。

保育所等に入園が決定したら、入園1〜2か月前までに健診を行います。特別な配慮が必要な子どもは、入園決定前に健診を行って、集団生活に必要な配慮を検討することもあります。事前に保護者から提出してもらった健康調査票（表2-1）を参考にしながら、保育士、栄養士の面談、体重・身長測定、保健師の面談、小児科医の診察などを行います。保育士の面談では、健康面では生活リズムや今までの発達具合、家族関係や本人の性格など、栄養士の面談では離乳食の進み具合や食物アレルギーの有無などが中心となります。保健師の面談では、感染症や熱性けいれんなど今までにかかったことのある病気や予防接種歴などの確認をし、小児科医は、集団生活をするうえで問題がないかを中心に診察します。慢性疾患や障害のある場合に必要な配慮については、保護者との面談だけでなく、主治医に情報を依頼することがあります。

②0歳児健診

0歳児は、発育・発達も著しく変化するので、毎月、体重・身長測定、嘱託医の診察を行っています。健診の日程を各家庭に連絡しておき、保護者より健康上のことで尋ねたいことがあれば、健診時に嘱託医に確認します。身体測定の結果や体調の変化についての記録を用意して、子どもの体調や離乳食の進み具合、発達について、嘱託医に伝えられるようにしておきます。

③幼児の健診

幼児の健診は、年2回なので、健診までに測定した身体計測値を揃え

表 2 - 1　健康調査票の例

		出産	正常・異常 （ ）
入園前の状況	発育状況	体質	蕁麻疹がでる ［いいえ・はい一食べ物 （ ） ・薬 （ ）］
		歩行	歩き始めた時期 （ 歳 月）
		言語	有意語の出た時期 （ 歳 月）
	予防接種	BCG （ 1 回終了）　・四混 （ 1・2・3 回終了・追加完了）　・ロタウイルス （ 1・2・3 回終了） ヒブ （ 1・2・3 回終了・追加完了） 小児肺炎球菌 （ 1・2・3 回終了・追加完了）　・MR （Ⅰ・Ⅱ期） 日本脳炎 （ 1・2 回終了・追加完了）　・水痘 （ 1・2 回終了）　・おたふくかぜ （ 1・2 回終了） B型肝炎 （ 1・2・3 回終了）　その他のワクチン （ ）	
	病歴	突発性発疹・百日咳・麻疹・水痘・風疹・おたふくかぜ・手足口病・りんご病 中耳炎・川崎病・アトピー性皮膚炎・ぜん息・けいれん （熱性・無熱性）・心臓病・腎臓病 その他 （ ）	
	現在かかっている病気		
入園後にかかった主な病気			
備考			

ておき、発育が気になる子どもの場合は、発育曲線を描いておきます。あらかじめ服を脱ぎやすい状態にして、順番に診察できるようにします。

3　健診結果の活用のしかた

　健診で医療機関を受診したほうがよいと指摘されたときには家庭に連絡し、その後、医療機関を受診したときにはその内容を伝えてもらいます。健診の結果は、家庭と連携して子どもの健康を見守るだけでなく、市町村保健センターや医療機関と連携することにもなります。健康記録票は、連続して健康状態を評価するためにも、卒園時には家庭に返却するだけでなく、小学校への健康資料として活用することもあります。

2 ｜ 乳幼児の身体測定のしかた

1　体重の測定のしかた

　乳児では授乳の前に、幼児では食事の前に、できるだけ機嫌のよいときに測定します。乳児では衣服とおむつを脱がせるか、衣服を着たまま体重計で測定したのちに、着衣やおむつの重さを差し引きます。幼児では、下着だけにして測定します。計測前に体重計が 0 位を示しているかを確かめ、できるだけ動かないようにします。体重は、乳児では10g単位まで、幼児では100g単位まで測定します。

2　身長の測定のしかた

　頭頂部から足底まで、 2 歳未満ではあおむけに寝て、 2 歳以上は立って測定します。 2 歳未満では水平身長計を用いて 2 人で測定します。 1

人は頭を顔が真上を向くようにして固定板につけ、もう１人は下肢を伸ばして、移動板に足底をつけて、測定します（図２-１）。２歳以上では、垂直身長計を用います。靴下を脱ぎ、足先を30度くらいに開いて、背中と臀部と足首がしっかり身長計につくようにします。前方を見るようにして、頭頂部に移動板をつけて測定します（図２-２）。

図２-１ 水平身長計での身長の測定

固定板に頭をつけ、足をのばす。
顔はまっすぐにし、上を向く。

図２-２ 垂直身長計での身長の測定

移動板

顔はまっすぐ前を向く。
後ろの頭と背中と臀部・足首が身長計につく。
足先を30度くらい開く。

3 乳幼児の発育の評価のしかた

　６歳までの発育曲線は、パーセンタイル曲線で評価することが多く、母子健康手帳にも使用されています。パーセンタイル値とは、計測値の全体を100％としたとき、小さいほうから数えて何％かを示す値で、50パーセンタイル値は中央値です。10〜90パーセンタイル値に全体の８割が入りますが、３パーセンタイル値未満、97パーセンタイル値を超えるときは、発育の偏りがあると考え、その原因を探ります。早産児の場合は、本来の出産予定日からの月齢にして評価します。途中から発育曲線より外れているときには、栄養状態や体調に問題がないかを探り、原因がはっきりしないときには、医療機関の受診をすすめることもあります。

　１歳以上の幼児の身長の発育曲線では、２歳未満は水平身長（図２-３、図２-５）、２歳以上では垂直身長計で測定しますが、垂直身長は水平身長より低くなるため、曲線のグラフはつなげません（図２-４、図２-６）。２歳未満の幼児は、寝かせようとすると嫌がることが多いので、立って垂直身長で測定することもあります。その場合、発育曲線で評価するときには、測定値に1.3cmを加えます。

　乳幼児期に体重と身長の測定値から栄養状態を知るのに便利な指標として、カウプ指数があります。これは、体重（g）／（身長（cm））²×10で計算されますが、単位を変えると、体重（kg）／（身長（m））²として計算することができ、成人のBMIと同じになります。このカウプ指数でやせか肥満かを判断できますが、子どもの場合、年齢によって正常値が異なります（図２-７、図２-８）。年齢ごとの栄養状態の変化をみるのは難しいので、発育曲線でみるか、６歳以下の場合は、身長体重曲線で評価する方法が適しています（図２-９）。

図2-3　乳児（男子）の身体発育曲線

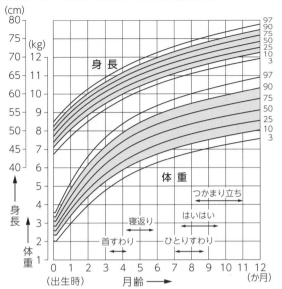

図2-4　幼児（男子）の身体発育曲線

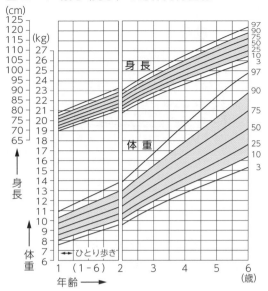

図2-5　乳児（女子）の身体発育曲線

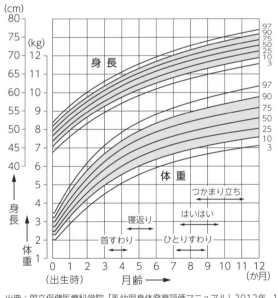

図2-6　幼児（女子）の身体発育曲線

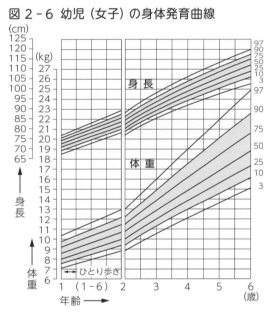

出典：国立保健医療科学院「乳幼児身体発育評価マニュアル」2012年、12頁

図2-7　カウプ指数による発育状況の判定

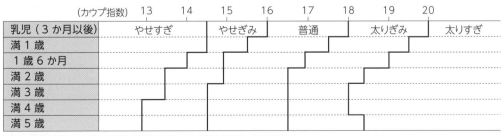

（カウプ指数）		13	14	15	16	17	18	19	20	
乳児（3か月以後）		やせすぎ		やせぎみ		普通		太りぎみ		太りすぎ
満1歳										
1歳6か月										
満2歳										
満3歳										
満4歳										
満5歳										

出典：巷野悟郎編『子どもの保健（改訂7版追補）』診断と治療社、2018年

図2-8　月齢別BMI

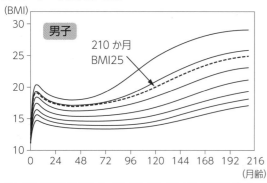
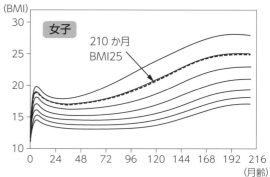

注：7つの曲線は下から3、10、25、50、75、90、97の各パーセ
　　ンタイル値を示す
出典：国立保健医療科学院「乳幼児身体発育評価マニュアル」2012
　　年、51頁

注：7つの曲線は下から3、10、25、50、75、90、97の各パーセ
　　ンタイル値を示す

図2-9　幼児の身長体重曲線

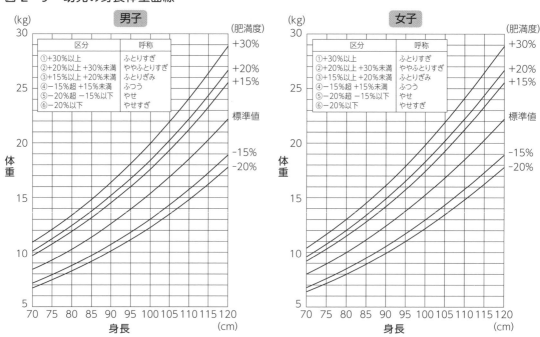

出典：厚生労働省「平成22年乳幼児身体発育調査報告書」2011年をもとに作成

4 ｜ 乳幼児の発達の評価の検査法

　乳幼児の発達を評価する検査法にはいくつかありますが、発達を客観的に明らかにするために世界的に利用されてきたものとして、1967年に出版されたデンバー式発達スクリーニング検査（Denver Developmental Screening Test：DDST）があります（図2-10）。この検査は、「個人─社会」「微細運動─適応」「言語」「粗大運動」の4領域104項目から乳幼児の発達を全体的にとらえ、評価するものです。この記録票で、90％の乳幼児

図2-10　日本版デンバー式発達スクリーニング検査

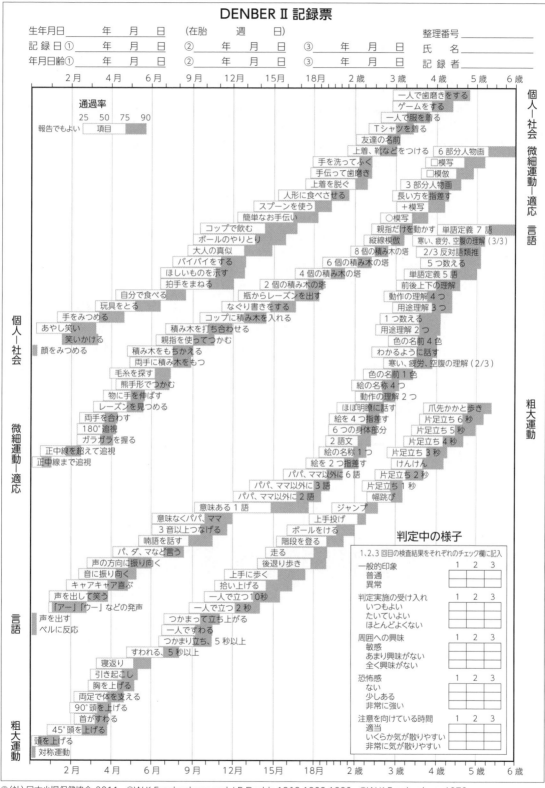

出典：日本小児保健協会編『DenverⅡ発達判定法』日本小児医事出版社、2016年をもとに作成

が達成している項目が未達成の場合は、注意深く発達の経過をみます。

ここで、ある保育所での健診の事例について、みていきましょう。

事例　診察を受けたくないよう！

　1歳のユミちゃんは、嘱託医の先生の診察を嫌がって泣いています。先日、予防接種を受けたときのことを思い出しているのかもしれません。あるいは、いつもと雰囲気が違うので、不安になっているのかもしれません。

　こういうときに無理やり押さえつけようとするとかえって暴れたり、逃げて行ったりしてしまいます。ほかの子どもが診察しているのを見て少しずつ近寄ってくることもあるので、年長の子どもから診察して、様子を見てもらうのもよいかもしれません。診察が上手にできたら、褒められているのを見て、しだいに不安が解けてくることも多いものです。どうしても難しい場合は、慣れている保育者が抱っこして診察するようにしましょう。

ワーク

　次の課題に沿って、小グループで実際に発育曲線を作成し、保護者への助言を考えてみましょう。

①ある男児の各年齢の体重と身長の測定値を発育曲線に入れてみましょう。

（出生時：体重2.8kg　身長48cm）　2歳：体重10kg　身長80cm

3歳：体重12kg　身長85cm　　　　4歳：体重13kg　身長88cm

6歳：体重16kg　身長96cm

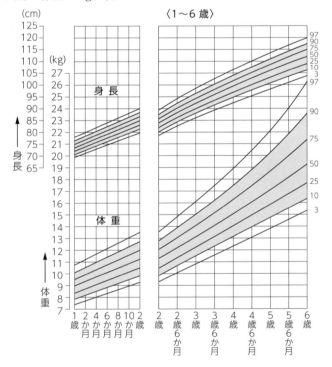

②ある男児の体重と身長の測定値を身長体重曲線に入れてみましょう。

1 歳：体重10kg 身長 75cm　　　2 歳：体重12kg 身長 85cm

4 歳：体重18kg 身長100cm　　　6 歳：体重27kg 身長115cm

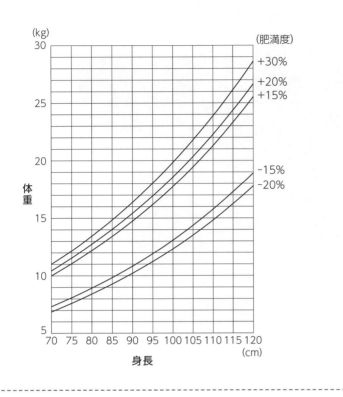

保健活動と他の機関や
他職種との連携

写真提供：わらしこ保育園

保育所等では、食育は調理員による楽しい保健活動である。

1 保健活動における他職種との連携を理解する。
2 保健活動における他の機関との連携を知っておく。
3 子どもの健康を連続的に見守るために必要なことを理解する。

1 保健活動における他職種との連携

1 保健活動に関わる他職種

　保健活動は、さまざまな職種の人々との協働作業です。保育所等では、保育士、看護師が中心となりますが、栄養士・調理員、保育事務や送迎・警備員も子どもたちの健康と安全を守ります。また、定期健診をする嘱託医や巡回で定期的に相談助言を行う心理士、福祉の相談指導を行うソーシャルワーカー、自治体の職員、児童相談所の職員もいます。体調が悪くなったり、けがをしたりしたときには、医療機関との連携も欠かせません。療育が必要になったときには、作業療法士や言語療法士なども関わります。さらには、地域の住民の理解も必要です。子どもたちを見守るさまざまな職種の人々との協働とともに、保護者や家族と連携して保健活動は行われます。

2 保育所等の看護師の役割

　しばしば、保育所等における保健活動は、看護師がするものと思われて

いることがありますが、実際には、看護師が配置されていない保育所等も
あります。また、看護師が 1 人しかいない保育所等がほとんどで、乳児
保育の担当と兼任している場合もあります。保健活動は全職員で取り組み、
看護師の専門的知識を生かすために、その指導的役割をお願いしましょう。
そのためには、研修を定期的に行い、保健活動の基本を身につけていくこ
とが大切です。救急時の対応として、心肺蘇生、アナフィラキシー発症時
などの手技を全職員が身につけていることの確認、避難訓練で子どもたち
の安全を守る行動の確認、場面ごとの役割分担の確認、日々の衛生管理や
保健活動に必要な物品の保管の確認、緊急連絡先の掲示など全職員が知っ
ておかなければならないことがあります。また、日々の子どもの体調で気
になることがあったときには伝達すること、事故になりそうなヒヤリハッ
ト（→レッスン12参照）報告も気がついたときには、伝達して情報を共
有することも大切です。さらには、職員自身の健康状態を保つようにして、
感染症になったときの対応についても必ず報告するようにします。

3　栄養士・調理員

　子どもたちの発達に応じた栄養や調理の管理は、健康な発育のためにも
大切なことです。乳児に与えるミルクの量、離乳食の食材や調理形態も
日々変化します。家庭での食べ方も参考にしながら、食事を提供します。
献立表や実際に提供した食事のサンプルを展示しておきます。入園前の健
診では、栄養相談の面談を行うこともあります。食物アレルギーのある子
どもの場合は、アレルギー症状が出る食物の除去食を用意しますが、ほか
の子どもの食事と混同しないように、テーブルや食器を分けたり、ラップ
をかけて表示します。調理器具や場所を分けて調理したり、食事の手渡し
のときのルールも決めて徹底しておくことが必要になります。

　また、調理や食事の楽しさを体験するために、子どもたちと一緒に調理
したり、調理している場面が見られるようにしたり、子どもたちが畑で収
穫した食材を使って調理をしたりなど、さまざまな取り組みを行っていま
す。さらにふだんの食生活をバランスがとれたものにするため、保護者や
子どもたちと食育を行ったりします。

　食べ方の発達に個別的な配慮が必要な子どもの場合は、言語療法士など
の指導を受けながら、調理の形態や食材、食べさせ方の工夫を行います。

4　保育事務、送迎・警備員

　保育所等には、保護者や関係機関から頻繁に連絡が入ります。子ども
は、保育中に体調がしばしば変化するので、その連絡や、問い合わせもあ
ります。連絡を受けたときには、誰であってもお互いの関係がわかる状態
で、子どもの健康状態についても情報を共有することが必要です。

　子どもの送迎は、保護者以外に親戚や送迎を依頼された人が行うことも
あります。誰が送迎するか、あらかじめ連絡しておいてもらい、変更があ
るときにも連絡を入れてもらいます。子どもの体調については、必ず引き
継いで連絡することが必要です。

嘱託医

嘱託医は小児科医であることが多く、その他、歯科医、耳鼻咽喉科医、眼科医の健診をお願いしていることもあります。小児科医には、就園前健診、毎月の 0 歳児健診や年 2 回の全園児健診、個別的な健康相談、感染症の対応などをお願いします。医療機関を受診するか迷う場合や毎月行っている健診から発育で気になることがあるときには、その相談も行います。健診を行う日をあらかじめ保護者に連絡しておき、相談したいことを連絡してもらっておき、嘱託医の診察の結果を保護者に連絡するなどの連携も行います。

臨床心理士、臨床発達心理士、公認心理師

発達が気になる子どもが保育所等で生活することも増えてきており、保育における助言をするために臨床心理士などに巡回に来てもらっている保育所も多くなっています。限られた時間で適切な助言を受けられるように、ふだんの様子や相談したいことをあらかじめまとめておき、関係する職員が相談できるような勤務体制にしておきます。

2 ｜ 保健活動における他機関との連携

1 市町村保健センター、保健所との連携

乳幼児健診として、1 歳 6 か月児健診、3 歳児健診は、市区町村の保健センターが中心になって行います。そのほかにも 1 か月児健診や 3 〜 4 か月児健診、6 〜 7 か月児健診、9 〜 10 か月児健診など自治体によって行う時期や場所が異なりますが、子どもの発育や健康状態、養育の状態を診察し、相談を受ける保健活動を行っています。この健診時の情報は、継続的な健康支援や子育て支援のために重要ですが、受ける機関が異なったときの情報は、母子健康手帳にまとめてあります。各機関は、個別に情報の共有をしているので、連続的な支援が必要と考えられる場合は、市町村保健センターに依頼して、健康情報を共有することがあります。

また、子どもが集団生活をしている施設で感染症が流行したり、食中毒と思われる事例が発生したり、麻疹・風疹など注意が必要な感染症が発生したときには、保健所に連絡して対応の指導を受けます。

2 医療機関との連携

学校感染症などの登園停止が必要な感染症に罹ったときには、登園停止や登園再開のときの診断を医療機関で受けます。登園許可書や治癒証明書を書いてもらうこともあります。また、保育所等で服薬を行うときには、服薬指示書をお願いします。慢性疾患などで継続的に医療機関を受診したり、長期間入院したりするときには、集団生活での注意点についての情報提供をお願いすることもあります。

また、保育中に体調が急変したり、けがをしたりしたときには救急で受診をお願いすることもあり、ふだんから連携する医療機関をいくつか決めておき、連絡先を職員にわかるように掲示しておきます。

3　発達支援センターや療育機関との連携

発達が気になる子や、療育を受けながら通園している場合、保育において健康上でどのような配慮が必要かの情報共有が必要になります。また、集団生活での発達を促すために、加配の保育者がついたほうがよい場合は、診断書や情報提供書をお願いすることで、可能となる場合もあります。集団生活がスムーズに行えるようになるためにも個別の配慮は大切です。

4　小学校との連携

定期的に行っている健診の情報は、小学校に引き継いでいくことが、連続的に子どもの成長を見守るためにも必要です。乳幼児健診の管轄は厚生労働省で、学校健診の管轄は文部科学省のため、情報の伝達は、保護者を経由することになることもあり、直接養護の教員への情報提供を行うことも増えてきています。

発育の経過は、6歳児まではパーセンタイル曲線（→レッスン2参照）で、就学後はSD曲線を用いることが多いのですが、身体計測の情報を小学校での身体計測と合わせて、連続した発育曲線を作成することで、標準から外れていたときの原因の診断がしやすくなります。SDとは標準偏差のことで、SD曲線では平均より低い場合を−SD、−2SD、高い場合を＋SD、＋2SDとし、−2SD未満、＋2SDを超える場合を発育の偏りとします。

また、慢性疾患などを抱えていて個別的な配慮が必要な場合は、医療機関との連携も必要ですが、日常的な保育における配慮も伝えることで、安心して小学校生活を送れるようになります。

5　児童相談所との連携

「保育所保育指針」の「子どもの健康状態並びに発育及び発達状態の把握[*1]」には、以下の記述があります。

> 子どもの心身の状態等を観察し、不適切な養育の兆候が見られる場合には、市町村や関係機関と連携し、児童福祉法第25条に基づき、適切な対応を図ること。また、虐待が疑われる場合には、速やかに市町村又は児童相談所に通告し、適切な対応を図ること。

家庭での養育に困難がある場合、日常の子どもの様子や保護者と直接接している保育者がいち早く気がつくことが多いものです。着替えのときの

 参照　＊1　「保育所保育指針」第3章1（1）「子どもの健康状態並びに発育及び発達状態の把握」ウ

レッスン 3　保健活動と他の機関や他職種との連携

子どもの体の様子や、清潔の保持、栄養状態などで気になることがあるときには、児童相談所にも相談することができます。不適切な養育を早期発見するためには、ふだんからのきめ細かな観察と保護者や家族の状態を把握することが大切です。虐待が疑わしいときに、児童相談所に通告することは守秘義務違反にならず、家庭での様子を情報共有することで、子どもの健康と安全を守ることができます。一時保護となりその後家庭に戻ることになった場合、保育所での見守りは欠かせません。

■ 6 ■ 子育て世代包括支援センターとの連携

　少子化や核家族化の進行、地域社会の変化など、子どもや子育てをめぐる環境が変化するなかで、子育て中の保護者の孤独感や不安感に対応するため、地域において子育て親子の交流などを促進する子育て支援拠点の設置が推進されています。2012（平成24）年に施行された「子ども・子育て支援法」第3条の三では、自治体の責務の一つとして、「子ども及びその保護者が置かれている環境に応じて、子どもの保護者の選択に基づき、多様な施設又は事業者から、良質かつ適切な教育及び保育その他の子ども・子育て支援が総合的かつ効率的に提供されるよう、その提供体制を確保すること」が掲げられています。子育て世帯にとって身近な場所で相談に応じ、その個別のニーズを把握して、適切な施設や事業などを円滑に利用できるよう支援することが必要です。また、このような機能を果たすためには、日常的に地域のさまざまな関係機関や子育て支援団体などとネットワークを構築する地域連携が必要です。この事業では、研修を受けた利用者支援専門員が置かれており、母子の健康についての相談などを受けた場合には、関係機関と協力して支援プランを策定することも行っています（図3-1）。

図3-1　妊娠期から子育て期にわたる切れ目のない支援を行うための包括支援体制

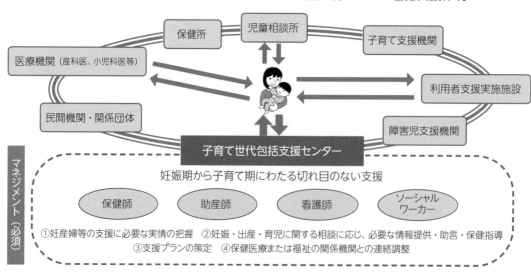

出典：内閣府子ども・子育て本部「子ども・子育て支援新制度について（令和元年6月）」2019年
（https://www.8.cao.go.jp/shoushi/shinseido/outline/pdf/setsumei.pdf [2020年4月21日確認]）をもとに作成

7　地域との連携

「保育所保育指針」の「地域の関係機関等との連携[*2]」には以下の記述
があります。

> 　市町村の支援の下に、地域の関係機関との日常的な連携を図り、必
> 要な協力が得られるよう努めること。

　災害発生時には、消防署、警察署、医療機関、学校、自治会等の地域の
機関との連携が必要です。こうした連携については、自治体との協力のも
とに、連絡体制や地域の防災計画に関連した協力体制を構築しておくこと
が重要です。定期的に行う避難訓練への協力なども含め、地域の実態に応
じて必要な連携や協力が得られるようにしておきます。大規模な災害が発
生した際には、保育所が被災したり、一時的に避難してきた地域住民を受
け入れたりする可能性もあり、地域の関係機関等による支援を得ながら、
情報の収集および伝達を行います。不審者の侵入などの犯罪への対応にお
いても地域住民との協力が必要です。いざというときに協力をお願いでき
るよう、日ごろから地域の機関や人々との良好な関係を築いておくことも
大切です。

事例　**あざが気になる！**

　6 か月のトオルくんは入園して 3 か月ですが、よく泣いてばかりいま
した。体のあざが前の日より大きくなっているように見え、気になって、
健診のときに嘱託医の先生に相談したところ、「あざは大きくなることはあ
りませんよ」とのことでした。診察したところ、出血傾向など特に病気の
様子はなく、誰かがつねった痕などではないか、ということでした。送り
迎えの様子を観察してみると、保護者は仕事が忙しいようでゆとりがなく、
上に兄がいるためか、毎日イライラしている様子でした。園長先生から児
童相談所に連絡して、一時預かりをしてもらうとともに、家庭での保育で
祖父母にも関わってもらうなどして、2 か月後には保育所に戻ってきまし
た。

　その後、送り迎えのときに両親の悩みを聞くようにして、いつでも相談
にのる態勢にしたところ、大きなトラブルはなく、成長していきました。

　このように、虐待とはいえないまでも不適切な養育がありそうなときに
は、児童相談所に早めに相談し、連携して子どもを見守っていくことも大
切です。

参照　＊2　「保育所保育指針」第 3 章 4（3）「地域の関係機関等との連携」ア

第 2 章

保育所等における
健康安全に対する対応

　保育所等で生活する 0 〜 6 歳までの子どもは、人生のなかで最も発育・発達する時期であり、成長に合わせた健康の維持と安全に対する配慮が大切です。特に、集団生活を行う際の体調の変化やけが、事故・災害への対応が必要となります。幼少な子どもほど、生理機能や免疫機能が未熟なため、体調変化が起こりやすいので、全職員に観察のしかたや基本的な看護の方法、感染症の場合は、集団に感染が広がらないための対応が周知されているかを確認します。事故への対応は、日ごろから研修を受けて、応急処置や心肺蘇生法などを身につけておきます。同時に事故の予防への取り組みには、全職員、保護者、地域の人々との協力が欠かせません。災害への対応も、さまざまな状況を想定してふだんからの避難訓練や避難場所、連絡方法の確認を準備します。子どもの健康・安全を守るためには、日々の努力が必須です。

4 | 体調不良が生じた場合の対応

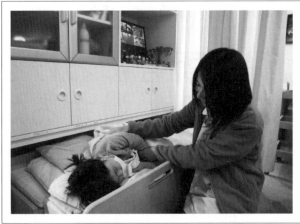

体調を崩し、医務室でお迎えを待つ子どもが増えている。

写真提供：富士みのりこども園

ポイント

1 子どもの体調不良が生じた場合によくみられる症状を理解する。
2 子どもの体調不良が生じた場合の対応方法について理解する。
3 保育者と保護者が子どもの体調についての情報を共有する。

1 | 子どもによくみられる症状

　保育所等では乳幼児が集団生活をしており、一人ひとりの健康状態の把握が重要です。日々の活動において、子どもの体調の変化を感じることのできる保育者が求められています。

1 発熱

　子どもは基礎代謝量が高く、成人に比べて体温が高めです。新生児や乳児は体温中枢が未発達なため、外界の温度の影響を受けて体温が変動することがあるため、保育中は常に環境設定の配慮が必要です。

　子どもは元気に遊んでいても突然発熱することもあり、保育中に子どもの様子がいつもと違うときや、体がいつもより温かいときには、体温測定を行います。急に熱が上がるとブルブルと寒がる「悪寒」が起こることがあります。そのときは体を温めて悪寒が治まったら、薄着にして水分補給を行います。熱が高く冷却剤を使用する場合は動脈の通っている、首のつけ根、わきの下、足のつけ根などに使用すると効果的です。

　乳幼児の場合、38℃以上の発熱をともなうけいれん（ひきつけ）を起こすことがあり、これを「熱性けいれん」といいます。けいれんを起こしたら、気道を確保し、顔を横に向けて寝かせます（回復体位）。様子を観察し 5 分以上けいれんが続いている、意識の戻りが悪い、手足の動きがおかしい、不穏な感じなどがある場合は、躊躇せず救急車を要請します。

2 嘔吐

　乳幼児は飲みすぎ、食べすぎ、大泣き、咳込みなどをきっかけに吐くことがあります。吐いたあと、元気であれば多くは問題ありませんが、感染症の場合は発熱、下痢、腹痛などの症状がともないます。同時期に同じ症状が数人に発生した場合は、食中毒の可能性も視野に入れて対応することが必要です。嘔吐後は感染拡大を防ぐために、別室で静かに様子を観察します。嘔吐してすぐに水分を与えると嘔吐を誘発してしまうことがあるため、様子を見てから少しずつ水分を与え、塩分や糖分の補給も行いながら、脱水症状を防ぎます。嘔吐の回数、吐物の内容、飲水量、尿量を記録し、子どもの状態を適切に把握しながら、保護者のお迎えを待ちます。

　特に急性胃腸炎の場合は、感染が広がりやすいため、手洗い方法や吐物の処理方法、保育室やおもちゃの消毒方法などマニュアルを作成し、誰でも同じ対応ができるようにすることが必要です。

3 下痢

　下痢はいつもより便の回数が多く、便の水分が過剰に多い状態です。乳幼児は消化機能が未熟なため下痢を起こしやすく、排便の回数、量、色、性状、においなどを観察します。保護者に、医療機関の受診時に下痢便のおむつをもっていくことを伝えます。

　便の処理方法もマニュアルを作成し、誰でも同じ対応ができるようにすることが必要です。また感染症の場合、症状が治まってからも、感染源のウイルスが排泄されていることがありますので、排便の対応のときはいつでも感染する可能性があることを理解して対応する必要があります。

4 腹痛

　乳幼児は、体調が悪いときにおなかが痛くなくても「おなかが痛い」と表現することがあります。子どもの表情、姿勢、泣き方など全身の様子をよく観察することで腹痛かどうかを確認します。腹痛には、心理的な要因から便秘や感染性疾患・緊急的に手術を要する疾患まであります。

　別室で楽な姿勢で休ませ、安心できる環境で様子を見ます。腹痛の場合は痛みの程度（痛みの増強、部位、痛みの継続性）、おなかの張りの様子、おなかにふれると痛みが増強するかどうか、食事との関連性、ほかの症状の有無などを確認します。腹痛が治まらず、ほかの症状もともなう場合は保護者に連絡し、医療機関の受診をお願いしましょう。

レッスン **4** 体調不良が生じた場合の対応

5 便秘

排便回数が少なく数日間便が出ない状態です。便秘の原因には母乳や食事量の不足によるものや排便を我慢してしまう習慣性のものがあります。

食生活の改善として食物繊維を含んだ食物や乳酸菌を含んだ食物などをバランスよく取り入れるようにします。そして朝食後ゆっくりトイレの時間を確保することにより、毎朝すっきり排便できる習慣をつけるようにします。水分をとったり、ときには腹部を"の"の字マッサージをして排便を促します。

週に2回以下の排便あるいは排便時に痛みがあり、不快が続く場合は医療機関の受診が必要です。

6 咳

咳は気道内の分泌物や異物を排出するために起こる反射です。咳は感染症、アレルギー性、気道異物などさまざまな原因により起こります。

軽い咳で熱もなく、元気に遊んでいる場合はそのまま様子を見ても大丈夫なことが多いのですが、咳が続き苦しくなっている様子が見られる場合は、医療機関を受診するように保護者に連絡します。感染症が疑われるときは、感染の拡大を防ぐために、別室で保護者のお迎えを待つようにしましょう。

咳が出ている場合は、部屋の加湿と室内換気を行い、水分補給を行います。咳とともに喘鳴をともなうこともあり、座って背中をさすってあげると楽になることもあります。

【咳エチケット】

保育所等内で飛沫感染による流行を最小限に食い止めるために、保育者は咳エチケットを実施しましょう（図4-1）。子どもの年齢に応じた健

図4-1　3つの咳エチケット

3つの咳エチケット　電車や職場、学校など人が集まるところでやろう

マスクがないとき　　　とっさのとき

①マスクを着用する
（口・鼻を覆う）
鼻から顎までを覆い、隙間がないようにつけましょう。

②ティッシュペーパー・ハンカチで口・鼻を覆う
ティッシュペーパー：使ったらすぐにゴミ箱に捨てましょう。
ハンカチ：使ったらなるべく早く洗いましょう。

③袖で口・鼻を覆う
マスクやティッシュペーパー・ハンカチが使えないときは、袖や上着の内側で口・鼻を覆いましょう。

こまめに手を洗うことでも病原体が拡がらないようにすることができます。

出典：厚生労働省「保育所における感染症対策ガイドライン（2018年改訂版）」2018年、10頁をもとに作成

康教育を行い感染予防に取り組みます。

> ・咳やくしゃみが出るときはマスクを着用しましょう。
> ・マスクをもっていないときはハンカチやティッシュペーパーで口や鼻を覆いましょう。
> ・とっさのときは袖で口や鼻を覆いましょう。
> ・鼻汁を拭いたティッシュペーパーはフタつきのゴミ箱に捨て、手のひらで咳やくしゃみを受け止めたときは、すぐに石けんと流水で30秒以上しっかり洗いましょう。

7 鼻水・鼻づまり

　鼻から体内に侵入するものに対して身を守るために、鼻水で押し出そうとしています。サラサラした水っぽい鼻水が止まらない、黄色っぽいドロドロした鼻水が出るなど、鼻水の性状や鼻がつまって常に口が開いていないかを確認し、食欲がない、ミルクの飲みが悪い、呼吸が苦しそうな様子がある場合は、すぐに保護者に連絡し医療機関の受診をお願いします。

　鼻をかめない乳幼児は、鼻吸い器で吸ってあげると楽になります。部屋の加湿や鼻頭に蒸しタオルを軽く当てるなどすると、鼻水が出やすくなります。こまめに鼻を優しく拭き取ります。

8 発疹

　感染症では発疹をともなうこともあるため、全身を観察し、どの部位に発疹が出ているのかを確認すると同時に発疹の性状を確認します（表

表 4-1　発疹の種類と推移

紅斑	盛り上がりのない赤色のもの
紫斑	盛り上がりのない紫〜赤紫色のもの
白斑	盛り上がりのない白色のもの
膨疹	皮膚が盛り上がり形や大きさはさまざまで、境界がはっきりしているもの
丘疹	ぶつぶつしており、皮膚表面から半球状に盛り上がったもの（5 mm程度までの大きさ）
結節	丘疹より大きく、皮膚から盛り上がったもの
水疱	水ぶくれのことで、表皮などの漿液がたまり皮膚が盛り上がったもの
膿疱	膿がたまり、皮膚が盛り上がったもの
びらん	ただれており、皮膚が薄く剥がれたもの
潰瘍	びらんよりも深く皮膚が傷ついたもの
痂皮	膿や皮膚が乾燥して固まったもの（かさぶた）
落屑	発疹が治る過程で皮膚がふけのように剥がれるもの
苔癬化	湿疹が慢性化し、皮膚表面がかさかさした状態になるもの

出典：厚生労働省「保育所における感染症対策ガイドライン（2018年改訂版）」2018年を一部改変

4-1）。保育者は子どもに感染症を疑う発疹がある場合は、感染拡大を防ぐためにも保護者に医療機関の受診の必要性を連絡し、お迎えが来るまで別室で様子を見ます。かゆみをともなう場合は冷やすことでかゆみが抑えられるため、かき壊さないように室内温度や衣類の調整も行いましょう。

2 症状に合わせた対応

保育所等における感染症に対する正しい知識や情報に基づき、適切な対応が保育者に求められています。子どもによくみられる症状は、一つだけではなく複数の症状をともなうことが多いため、総合的に判断する力が保育者には必要です。

1 保育中の対応

保育中に子どもの状態を観察し、「あれ、いつもと違う」「元気がない」「目に力がない」などと感じたら、症状によって別室で保育を行います。子どもの健康状態を把握し保護者と連絡をとり、お迎えや医療機関の受診の必要性など状況に応じた対応が求められています（表4-2）。

表4-2　保育中によくみられる症状の対応

	保護者へ連絡する場合	至急受診をする必要がある場合
発熱	38℃以上の熱がある ・元気がなく機嫌が悪い ・咳で目覚め眠れない ・排尿回数がいつもより少ない ・食欲がなく水分もとれない	38℃以上の発熱の有無にかかわらず ・顔色が悪く苦しそうにしている ・小鼻がピクピクして呼吸が速い ・意識が朦朧としている ・頻回な嘔吐や下痢がある ・不機嫌でぐったりしている ・けいれんが起きている
嘔吐	嘔吐が複数回あり、水を飲んでも吐く ・顔色が悪く元気がない ・吐き気が止まらない ・腹痛をともなう嘔吐がある ・下痢をともなう嘔吐がある	顔色が悪く嘔吐の回数が多い ・元気がなく、ぐったりしている ・吐物に血液や黒い固まりが混じっている ・嘔吐のほかにも下痢、腹痛、発熱がある ・脱水症状と思われる ・頭を打った場合で、嘔吐し意識が朦朧としている
下痢	・食事や水分をとると刺激で下痢をする ・腹痛をともなう下痢をする ・水様便が複数回みられる	・元気がなく、ぐったりしている ・機嫌が悪く食欲がない ・下痢のほかにも発熱、腹痛、嘔吐がある ・脱水症状と思われる
咳	・咳があり眠れない ・喘鳴がある ・少し動いただけで咳が出る ・咳とともに嘔吐する	・喘鳴がひどく、苦しそうにしている ・犬の遠吠えのような咳が出る ・息づかいが荒くなっている ・突然咳込み、呼吸が苦しくなる ・突然の呼吸困難は、異物誤嚥の可能性がある

出典：表4-1と同じ

2 　発熱時の対応

　保育中、熱があっても遊んでいる子どもから、ぐったりしてしまう子どもまでさまざまな状況があります。子どもの個々の状況に応じて対応をします。熱がある場合は水分補給を行い（湯冷まし、お茶、経口補水液など）、別室で安静を保ちます。30分程度様子を見て再度検温をします。

　高熱の場合は、本人が嫌がらない程度に首のつけ根、わきの下、足のつけ根などを冷やします。シートタイプの冷却剤は使用せず、氷枕・氷嚢や保冷剤をタオルなどで包んで冷やすようにしましょう。汗をかいたら体を拭き、着替えを行います。30分〜1時間ごとに症状を観察し、症状の変化が認められる場合はそのつど検温を行います。

　保護者へのお迎えの連絡を入れるタイミングは、38℃以上の発熱や発熱以外の症状が加わったとき、感染症が疑われたときなどです。お迎えを強制するのではなく、必要性を理解できるようにていねいに個々の様子を伝えながら、お迎えに来てもらえるように配慮することが必要です。

3 　嘔吐時の対応

　嘔吐をした子どもと同じ保育室で遊んでいる子どもを、速やかに別の部屋に移動します。嘔吐をした子どもへの対応をする保育者と嘔吐物の処理や室内の消毒等を行う保育者が別々に必要なため、事務所に連絡し体制を整えます。

　嘔吐した子どもへの対応として、うがいができる場合はうがいをさせます。できない子どもの場合は、口腔内にある吐物をていねいに取り除き（嘔吐を誘発しないようにやさしく行う）、汚れた衣服等を着替えさせます。体に付着している吐物もきれいに拭きとり、においも残らないように換気も十分行います。別室で安静を保ちながら、全身症状（熱、咳、鼻水、吐き気、下痢、腹痛など）の確認を行い、30分〜1時間程度たち吐き気がないようであれば、少しずつ水分補給（湯冷まし、お茶、経口補水液）を開始します。脱水症状にならないように注意が必要です。また、頭部打撲後に嘔吐をしたり、いつもより元気がない、意識が朦朧としている、受傷部に痛みがある場合は救急車を要請します（→嘔吐物の具体的な処理方法についてはレッスン9を参照）。

4 　下痢時の対応

　繰り返す下痢の場合、ほかにともなう症状を確認し別室で保育を行います。下痢による水分不足にならないように、湯冷まし、お茶、経口補水液などを頻回に少量ずつ与えます。吐き気や嘔吐がなく食事をとれるようであれば、少ない量で消化のよい食事を摂取させます。下痢のときに控えたほうがよい食物は、脂っこい料理、糖分を多く含む料理、お菓子、香辛料の多い料理、食物繊維を多く含む料理などです。たとえば乳製品（牛乳、アイスクリーム、ヨーグルト）、ジュース、肉、脂肪分の多い魚、いも、ごぼう、海草、豆類、乾物、カステラなどです。

　医療機関を受診するときは、排便の回数および便の状態（性状、量、色、

におい、血液・粘液の混入状況）や子どもの様子として、子どもが食べたものや家族やクラス内での同症状の有無などを伝えます。また便を持参したりスマートフォンなどで写真に撮っておくことも診察の助けになります。

【下痢便の処理方法】

　保育者は使い捨て手袋を着用し、使い捨て交換用シートを敷いて汚染の拡大を予防します。量の多い下痢便の場合は使い捨てマスクやガウンも着用します。下痢便の紙おむつは使用した交換シートに包み二重のビニール袋に入れて密封します。布おむつやパンツの場合は洗わずに二重のビニール袋に入れて密封し家庭に返却します。返却時には家庭での消毒方法について保護者にていねいに説明しましょう。

　下痢便はお尻がただれやすいため、頻回に清拭しますが、集団感染拡大につながるため保育所等では沐浴槽等でのシャワーは控えましょう。

　処理を担当した保育者は、嘔吐処理時と同様に手洗い・うがいを実施します。

5 脱水症状

　脱水は身体の水分や電解質が欠乏した状態です。子どもに発熱、嘔吐、下痢などの症状がみられた場合、脱水症状に注意することが保育者に求められます（表4-3）。

表4-3　脱水症状の観察項目

・顔色が悪い
・喉が渇く
・水分摂取ができない
・口唇や舌が乾いている
・尿量が少なく色が濃い
・下痢と嘔吐が続いている
・便の性状を見る
・目がくぼんで見える
・元気がなくぐったりしている
・けいれんを起こす

出典：表4-1と同じ

　乳幼児の身体の水分量は70～80％（新生児80％・乳児70％・幼児60％）で、大人より多くなっています。そのため年齢が低いほど必要な水分量が多く、体調の変化で脱水症になりやすい状態です。こまめに水分補給を行い、飲水量と尿量を確認し保護者に伝えます。

6 発疹の対応

　時間の経過とともに発疹が増えるのか、減るのかなど、感染症の可能性を念頭におき対応します。一般的にみられる症状の一つとしてかゆみをともなう蕁麻疹があります。蕁麻疹は赤く大きさもさまざまで、境界線のはっきりした発疹で、時間の経過とともに消失します。気道や粘膜が腫れることにより呼吸困難をともなう場合は、躊躇することなく救急車を要請

します。蕁麻疹の原因を特定するのは難しく、食物、薬、細菌、ウイルス、温度差などによるアレルギーの一種と考えられています。体調が悪いときや崩しかけているときなどに発症することが多いようです。

　発疹ができたときには、部位や大きさ、消失時間を確認します。スマートフォンなどで写真を撮って、医療機関に提示することも有効です。また、夏の代表的な皮膚トラブルとしてのあせもや虫刺されによるかき壊しを防ぐために、爪を短く切るようにしましょう。

　特に緊急を要する場合として、食物摂取後に発疹が広がるときは食物アレルギーによるアナフィラキシー（→レッスン14参照）の始まる可能性があり、注意深く観察します（表4-4）。

表 4-4　発疹が出ているときの観察項目

```
・時間とともに発疹が増えるのか減るのか
・発疹がどのように広がっていくのか
・発疹が出ている場所（部位）はどこか
・かゆみがあるか
・痛みがあるか
・腫れて熱感があるか
```

出典：表4-1と同じ

7　かゆみ（掻痒）

　皮膚の乾燥、湿疹、蕁麻疹、虫刺されなどにより体にかゆみが現れます。かゆみが強いと遊びや活動に集中できなくなり、落ち着きがなくイライラしてしまうことがあります。また、かゆみを我慢できずに、かき壊すことにより皮膚を傷つけてしまい、その結果、細菌やウイルスによる感染を引き起こします。

【かゆみがある場合の対応】

　かゆい部分を、ぬらしたタオルや保冷剤などで冷やします。体全体が温まってかゆみが強い場合は、冷房などが効いた涼しい部屋で休ませ様子を見ます。

　汗をかいた場合は、汗を拭いて着替えさせたり、シャワーで汗を流したりして皮膚の清潔を保つようにします。

8　咳・喘鳴の対応

　咳は、ほこりや異物を吸い込んだときや気道が気温の変化による刺激を受けたときなどに、それらを排除しようとする防御反応です。保育中に対応が必要になるのは、感染力の強いウイルスなどが飛沫に含まれている場合や食物アレルギーや気管支ぜん息（→レッスン14参照）などです。特に気管支ぜん息は、炎症により気管支の内腔が狭くなり、「ゼーゼー」「ヒューヒュー」といった喘鳴をともなう呼吸困難を起こします。天候や気圧の変化にも影響を受けることがあり、何度も発作を繰り返すことから、保護者から対処方法についてくわしく聞き取ります。

　発作時は楽な姿勢をとらせ、背中を軽く叩いたり、さすったりします。

可能であれば咳の合間に水分補給を行い、室内の換気、室温、湿度の調整をします。話ができない、水分補給ができないときは急いで医療機関を受診します。

■9 保育所等における「与薬」の対応

　子どもの健康管理は基本的に保護者の責任であり、原則として与薬はできないことを理解してもらいます。しかし、慢性疾患のため薬の使用なしでは保育所等での健康的な日常生活ができない場合に限り、保護者の代理として与薬を行います。与薬は、「与薬申込書」に書かれている医師からの指示のもとに実施し、主治医の処方薬以外は与薬できません。飲み薬は1回分ずつ、当日持参してもらいます。軟膏は1容器、坐薬は1個預かるなど、預かり方のルールについては保護者と保育者で確認が必要です。保護者から、具体的な投薬方法を教えてもらい、同じ方法で実施できるようにします。預かった薬を誤って違う子どもに与えてしまわないように、複数の保育者で確認を行い、薬品戸棚などにクラスと氏名を明記して、カギをかけて保管します。預かった薬の保管場所や対処方法など職員に周知し、安全に実施します。

3 ｜ 保護者との情報共有

　子どもの生活のなかで、家庭と保育所等での生活は連続的につながりのあるものであり、別々のものではありません。保護者と協働で実施していることになります。子どもが安全で安心して過ごすために、保護者との情報共有は必要です。

■1 子育て支援

　「保育所保育指針」の「保育所を利用している保護者に対する子育て支援[*1]」には、子育て支援について以下のような記述があります。

（1）保護者との相互理解
　ア　日常の保育に関連した様々な機会を活用し子どもの日々の様子の伝達や収集、保育所保育の意図の説明などを通じて、保護者との相互理解を図るよう努めること。
　イ　保育の活動に対する保護者の積極的な参加は、保護者の子育てを自ら実践する力の向上に寄与することから、これを促すこと。
（2）保護者の状況に配慮した個別の支援
　ア　保護者の就労と子育ての両立等を支援するため、保護者の多様

 ＊1　「保育所保育指針」第4章2「保育所を利用している保護者に対する子育て支援」

化した保育の需要に応じ、病児保育事業など多様な事業を実施する場合には、保護者の状況に配慮するとともに、子どもの福祉が尊重されるよう努め、子どもの生活の連続性を考慮すること。
イ　子どもに障害や発達上の課題が見られる場合には、市町村や関係機関と連携及び協力を図りつつ、保護者に対する個別の支援を行うよう努めること。

　保護者との情報共有は、保護者の特徴を知ることから始めます。保護者の気持ちに寄り添いながら、保護者の気持ちや考え方をしっかりと聞き、保護者の言葉を復唱し確認する作業を行います。そうすることにより、保護者は自分の気持ちを受け止めてもらえたと安心し、保育者に対する信頼が生まれます。保護者の日々のがんばりを慰労し、保育所等での取り組みや対応方法、子どもの成長の見通しを踏まえて事実を伝えていくことが必要です。信頼関係を築くことで支援が円滑に進み、子どもの成長につながります。

2 入園時の健康診断（入所前健診）

　子どもが集団生活を安全に過ごすために、入園前に健康診断（入所前健診）を行います。入所前健診では子どもの健康状態、発育・発達の状態、食事や睡眠などの生活習慣の把握、予防接種歴や感染症罹患歴、既往歴、アレルギーの有無などを確認します。そのときに必ず母子健康手帳を持参してもらいます。健康状況など重要な情報が記載されているため、保育者は母子健康手帳（図4-2）の見方を理解しておく必要があります。健康診断時に健康状況の情報を把握することが、入園後の生活を円滑に進めることにつながります。

3 保護者との健康情報の共有

　入所前健診で共有した情報は、定期的に更新する必要があります。予防接種歴や感染症罹患歴は、毎月行う身体測定結果を記載する健康カードなどに記載欄を設けることで、毎月更新できるようにしておくと便利です。また、日々の送迎時の会話や、保護者面談や保育参加などを適宜実施することにより、保護者に集団での子どもの様子を実感してもらうことができます。さらに、子ども同士の関係性の理解やクラス運営の向上につながります。

　子どもの健康状態に応じて、医療機関や療育機関にかかっている場合は、保護者の承諾のもと情報を共有するために、医療機関や療育機関に同行することも必要です。

　日常的には、子どもの体調を把握し、熱の有無、症状や感染状況などを踏まえて早めに保護者に連絡を入れ、相談します。保護者は、子どもの様子を保育者の説明から想像することになるため、わかりやすくていねいに伝えます。保育者は子どもの症状を伝え、その後の変化に対応できるようにしてもらい、「いつもの保育時間より早く何時までには迎えに来てほし

図4-2 母子健康手帳（抜粋）

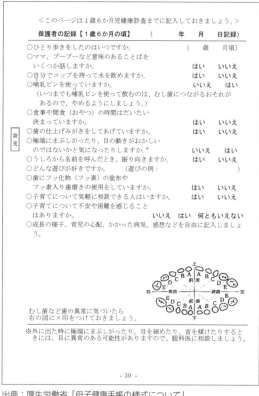

<1歳6か月児健康診査までに記入しておきましょう。>

保護者の記録【1歳6か月の頃】 （ 年 月 日記録）

- ○ひとり歩きをしたのはいつですか。　　　　　　　（ 歳 月頃）
- ○ママ、ブーブーなど意味のあることばを
　いくつか話しますか。　　　　　　　　　　　　　はい　いいえ
- ○自分でコップを持って水を飲めますか。　　　　　はい　いいえ
- ○哺乳ビンを使っていますか。　　　　　　　いいえ　はい
　（いつまでも哺乳ビンを使って飲むのは、むし歯につながるおそれが
　あるので、やめるようにしましょう。）
- ○食事や間食（おやつ）の時間はだいたい
　決まっています。　　　　　　　　　　　　　　　はい　いいえ
- ○歯の仕上げみがきをしてあげていますか。　　　　はい　いいえ
- ○極端にまぶしがったり、目の動きがおかしい
　のではないかと気になったりしますか。※　　　いいえ　はい
- ○うしろから名前を呼んだとき、振り向きますか。　はい　いいえ
- ○どんな遊びが好きですか。　　　　（遊びの例：　　　　　）
- ○歯にフッ化物（フッ素）の塗布や
　フッ素入り歯磨きの使用をしていますか。　　　　はい　いいえ
- ○子育てについて気軽に相談できる人はいますか。　はい　いいえ
- ○子育てについて不安や困難を感じること
　はありますか。　　　　　　いいえ　はい　何ともいえない
- ○成長の様子、育児の心配、かかった病気、感想などを自由に記入しましょう。

むし歯など歯の異常に気づいたら
右の図に×印をつけておきましょう。

※外に出た時に極端にまぶしがったり、目を細めたり、首を傾けたりすると
きには、目に異常のある可能性がありますので、眼科医に相談しましょう。

-30-

<1歳6か月児健康診査は、全ての市区町村で実施されていますので、必ず受けましょう。>

1歳6か月児健康診査
（ 年 月 日実施・ 歳 か月）

体重	． kg	身長	． cm
胸囲	． cm	頭囲	． cm

栄養状態：良・要指導	母乳：飲んでいない・飲んでいる	離乳：完了・未完了

目の異常（眼位異常・視力・その他）	なし・あり・疑	耳の異常（難聴・その他）	なし・あり・疑

予防接種（受けているものに○を付ける）　Hib　小児肺炎球菌　B型肝炎　ジフテリア　百日せき　破傷風　ポリオ
BCG　麻しん　風しん　水痘

健康・要観察

歯の状態	E D C B A A B C D E	むし歯の罹患型：O₁ O₂ A B C
	E D C B A A B C D E	要治療のむし歯：なし・あり（ 本） 歯の汚れ：きれい・少ない・多い 歯肉・粘膜：異常なし・あり（ ） かみ合わせ：よい・経過観察 （ 年 月 日診査）

特記事項

施設名又は担当者名

次の健康診査までの記録
（自宅で測定した身長・体重も記入しましょう。）

年 月 日	年齢	体重	身長	特記事項	施設名又は担当者名
		． kg	． cm		

※むし歯の罹患型　O₁：むし歯なし、歯もきれい　O₂：むし歯なし、歯の汚れ多い
A：奥歯または前歯にむし歯　B：奥歯と前歯にむし歯　C：下前歯にもむし歯

-31-

出典：厚生労働省「母子健康手帳の様式について」
(https://www.mhlw.go.jp/content/000622161.pdf [2020年5月11日確認])

い」「今すぐ迎えに来てほしい」「緊急性がある」など、保護者と相談しな
がら対応を決めることが保護者との信頼関係を深めることにつながります。
感染症が疑われる場合は、集団生活での感染防止のため、急ぎのお迎えと
医療機関の受診をお願いします。

事例　保育所をやめたほうがいいのかなぁ？

　0歳児クラスに入園した7か月のナオヤくんは、4月から数日登園し
ては体調を崩して休む日が続き、6月までほとんど登園できない状況に
なっていました。休みの電話の連絡がお母さんから園に入り「ナオヤはほ
とんど通えてない！　私が仕事を辞めて、保育所やめたほうがいいのか
なぁ？」と不安な胸のうちを話し始めました。「最初の3か月は体調を崩
して保育所に来られないお子さんも今まで何人もいましたよ！　ナオヤく
んももうそろそろ通えるようになるから、心配しないで大丈夫！」と伝え
ると7月以降は休む日が少なくなってきました。お母さんから「あの電話
で救われました！」との言葉もありました。保護者との信頼を築くこと
ができた瞬間でした。

> **ワーク**
>
> ①食事中に嘔吐をした子どもがいます。どのように対応しますか。
> ②「今日はいつもと違うサイン」を感じる保育者であるために、大切なことや対応方法について考えてみましょう。
> ③よくみられる症状や対応について保護者と共有するために、必要なことを考えてみましょう。

傷害が生じた場合の対応

写真提供：富士みのりこども園

保育所等では、子どもたちのすり傷の対応は日常茶飯事となっている。

1 傷の応急処置

1 すり傷・切り傷・刺し傷の処置

　元気に遊ぶ子どもたちは、さまざまなけがをすることがあります。それぞれの傷害の程度に応じて保育者には適切な対応が求められます。傷害と対応方法を理解し、実践できるようにしましょう。

　保育のなかで日々元気に遊ぶ子どもたちには、すり傷・切り傷は当たり前のように起きています。しかし適切な対応をしないと化膿してしまいます。転んですりむいた程度の傷は、付着した砂や土を流水できれいに洗い流し、絆創膏等で傷を覆います（図5-1）。損傷の程度は軽いものが多く、ほとんどは数日で治ります。絆創膏は入浴する前に剝がして傷の状態を保護者に確認するように伝え、次の日登園したら傷の程度を確認します。

図 5-1　すり傷等の処置

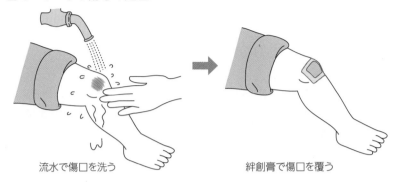

流水で傷口を洗う　　　　　　　　　絆創膏で傷口を覆う

　切り傷の場合は、ガーゼやきれいなハンカチ等で止血を行い、出血が止まったら傷口を流水できれいに洗い絆創膏等で覆います。出血が止まらない・傷が大きい・深い場合は医療機関を受診します。

　刺し傷の場合は、傷口は小さくても奥まで深く達していることがあります。刺さった場所やものにより、抜いてしまうとさらに傷の状態が悪化してしまうため、刺さったままの状態で医療機関を受診します。

【注意事項】

・ティッシュペーパーで傷口を押さえると、細かい繊維が残ることがあるため、なるべく使わないようにする。

・パウダータイプの消毒薬は傷を悪化させてしまうことがあるため、使わないようにする。

・絆創膏は傷の大きさに合ったものを使用し、きつく巻きすぎず、汚れたら交換する。

・血液には素手でふれないようにする。もし、手に血液がふれてしまったら、すぐに流水と石けんできれいに洗い流す。

2　かみ傷・ひっかき傷の処置

　犬や猫等の動物にかまれると深い傷になることがあります。小さい傷であっても口腔内細菌により二次感染を起こすことがあります。飼い主の氏名、連絡先を確認し、必ず医療機関を受診します。

　かまれたらすぐに傷口とその周辺を流水で洗い流します。ガーゼやハンカチ等で止血し、きれいなガーゼで傷を覆い医療機関を受診します。

　ひっかき傷は、傷を治すことはもちろん、ひっかかれた部位により、傷の痕が残らないかを心配する保護者も多く、特に顔の傷は、医療機関を受診する配慮が必要です。

　また、乳児クラスでは子ども同士でかんだり、ひっかいたりすることがあります。かまれた、ひっかかれた場合は傷口とその周辺を流水できれいに洗い、ガーゼ等で覆います。内出血を最小限にするために、氷のうなどで冷やして様子を見ます（シートタイプの冷却材を小さく切って使用するのは避けましょう）。

　保護者から苦情になりやすいのは、かまれた、ひっかかれたことへの対

応によるものです。マニュアルを作成し、全職員が同じ認識のもとに保護者対応することが望まれます。

■3■ 鼻血・鼻の異物の処置

①鼻血

子どもは鼻をほじって鼻の粘膜を傷つけたり、鼻をぶつけてしまい出血したりすることがあります。ほとんどは心配することはなく、図5-2のように止血します。

図5-2　鼻血の止血方法

下を向いて鼻をしっかりつまみ、強く3分間圧迫を続ける。鼻にティッシュペーパーはつめないようにする。15分以上鼻血が止まらない場合は医療機関を受診する。

【注意事項】
・上を向いたりあおむけに寝かせると、鼻から血液がのどに流れて苦しくなるので、少しうつむく（図5-2）。
・鼻血を止める効果はないため首の後ろを叩かない。
・鼻血を繰り返すときは、何らかの病気の可能性があるため、耳鼻咽喉科を受診する。

②鼻の異物

子どもは、鼻におもちゃなどの異物を入れてしまうことがあるため、年齢に応じたおもちゃの使用方法を確認します。

【異物の除去方法】
異物が入っていない小鼻を押さえて、強く鼻をかみます。鼻をほじるとさらに奥に入ってしまうため、異物がとれない場合は無理をせず医療機関を受診します。

■4■ 目の異物処置

目に砂が入ったり、友だちの指が目に入ってしまったりすることがあります。子どもは異物が入ると目をこすってしまうことがあり、角膜を傷つけてしまうため目をこすらないようにしましょう。

子どもが嫌がり、目を洗うことがうまくできない場合もあります。異物がとれていない場合や、とれていても違和感や痛みが続く場合は医療機関を受診します。

■5■ 耳の異物処置

耳の中にものを入れるのは幼児によくみられます。豆類、小さなガラス

玉、植物の種子、ボタンなどが多いようです。ときには虫が入ることもあります。また、異物がとれないときや異物がとれても痛みが残るとき、聞こえにくい、耳鳴りなどの症状があるときは耳鼻咽喉科を受診します。

【異物の除去方法】

　生きている虫は耳を上に向け、耳たぶを引いて、懐中電灯の光でおびきよせます。出てこなければ、ベビーオイルやサラダ油を 1 滴入れて、虫を窒息させてから、医療機関で取り除いてもらうようにします。豆類などふやけてしまうととりにくくなるものは耳に何も入れないようにします。

　水が入ったときは、①水が入った耳のほうを下にして片足ケンケンする、②耳を下にして、寝返りするようにゴロゴロする、③横になって、口を開けたり閉じたりする、④ドライヤーなどで乾燥させる、などの方法もあります。綿棒を入れるのは控えたほうがよいようです。

6　とげ

　木片や植物の枝、プラスチックの破片などが皮膚に刺さったもので、痛みや異物感があります。毛抜きやとげ抜き専用のピンセットなどで引き抜きます。完全に異物をとり出したあとは、皮膚をつまんで血液を出し、流水で洗ったあと消毒し絆創膏で保護します。もし途中で折れてしまいとれなかった場合などは医療機関を受診します。

2　打撲の応急処置

1　頭部打撲

　子どもは転んで頭をぶつけることがしばしばあります。こぶができたところを冷やせば、その後は元気で問題がないことのほうが多いのです。

　しかし、頭部打撲では脳などを損傷することもあり、見えないところの異常に気づくことが必要です。頭をぶつけてしまった場合は、横になって安静にし、患部を冷やします。顔色、吐き気、嘔吐、頭痛などの症状の有無を確認します。特に異常がみられない場合でも、できるだけ安静にします。保護者にも頭部をぶつけてしまったことを伝え、夜間嘔吐などの症状がある場合は医療機関の受診をお願いします。

2　目の打撲

　ボールやおもちゃ、大型遊具などが目やその周辺に当たることがあります。眼球には損傷がなくても、打撲した部位によっては視覚障害や失明につながることがあります。打撲後は、冷やしながら安静を保ちます。目の痛み、充血、腫れ、目が開かない、かすんで見えるなどの症状がある場合は医療機関を受診します。

3 耳の打撲

耳を強く打撲した場合は、外耳出血、耳の腫れ、痛み、鼓膜損傷、難聴、耳鳴り、めまいなどの症状があります。打撲した耳を上にして横向きで安静にして患部を冷やし様子を見ます。症状がある場合は医療機関を受診します。

4 歯の打撲

子どもは転んだときに手がでずに、歯を直接打撲してしまうことがあります。その結果歯が折れたり、抜けてしまったり、歯がグラグラしたりします。このような症状があるときはすぐに医療機関を受診します。歯が抜けてしまった場合は、保存液（ないときには牛乳か生理食塩水）に入れて、歯を乾燥させないように持参します。特に子どもの場合は、前歯をけがすることが多くみられます。

首から上のけがは保護者からの苦情になることがあります。前歯のけがは、細心の注意と配慮が必要です。

【手当ての方法】
・けがの部位を確認する。ずれた歯は痛くない範囲で元に戻す。
・出血が多いようであればガーゼを口に入れてかんで止血をする。
・脱落した歯は洗わずにそのまま保存液に入れる。保存液がない場合は生理食塩水、牛乳、本人の唾液などにつけて小児歯科を受診する。

5 胸部打撲

胸部の打撲は皮膚に傷がなく出血がなくても、肋骨や胸骨の骨折、内臓損傷などを起こしている場合があります。強く打撲している場合は、意識があっても医療機関を受診します。特に前胸部にボールやひじなどが強く当たると、心臓に衝撃が加わり心臓震盪となって、心停止を起こすことがあります。心臓を正常に戻すには、電気ショックが必要になります。すべての保育所等にAED（→レッスン6参照）を完備する必要があります。

6 腹部打撲

腹部は筋肉と皮下組織で保護されていますが、打撲の衝撃を受けると内臓の損傷や破裂が起こることがあります。内臓は外見では損傷の有無や程度が判断できません。受傷直後は元気であっても、時間の経過とともに命に関わる事態になることもあります。軽い痛みであっても医療機関を受診することが必要です。

3 ｜ 熱中症の対応と予防

熱中症は、気温や湿度の高い環境のなかで引き起こされます。汗をかき体温を平熱に保つために体内の水分や塩分が減少し血液の流れが滞り、臓

表 5 - 1　熱中症の症状

熱失神	暑さのため一瞬の「立ちくらみ」が起きること。
熱けいれん	暑さと疲労のなかで脱水が重なり、筋肉の一部に「こむら返り」が起きること。
熱疲労	体がぐったりする、力が入らない、「いつもと様子が違う」程度のごく軽い意識障害が起きること。
熱射病	意識障害、けいれん、手足の運動障害、高体温、肝機能異常、腎機能障害、血液凝固障害などが起きること。

出典：一般社団法人日本救急医学会熱中症に関する委員会『熱中症診察ガイドライン2015』2015年、7頁

器が高温にさらされることにより発症する全身の障害をいいます。死に至ることもありますが、予防法を知り実践することで完全に防ぐことができるといわれています。保育者として予防法と応急処置を理解しておくことが必要です。乳幼児が気温や湿度が高い環境下で過ごしていると、体温調節が未熟なこともあり、体内に熱がこもり、水分不足になり熱中症を起こします。症状として、熱失神、熱けいれん、熱疲労、熱射病があります（表 5 - 1）。日々、保育環境の設定やこまめな水分補給を心がけ、子どもの様子から変化を察知することが必要です。

1　輻射熱と体感温度

　輻射熱とは太陽光や地面からの照り返しなどにより、直接または間接的に受ける放射熱のことで、アスファルトからの照り返しと、地面からの高さにより温度に差が生じます。体感温度とはそのときの条件下で感じる暑さや寒さの度合いのことです。地面に近いほど気温が高くなります。大人が暑いと感じているときは、子どもはさらに高温の環境にいることになります（図 5 - 3）。暑い日のバギーでの移動は危険です。

図 5 - 3　体感温度の違い

出典：環境省「熱中症環境保健マニュアル 2018」2018年、40頁をもとに作成

2 暑さ指数（WBGT：湿球黒球温度）

　暑さ指数とは、1954年にアメリカで提案された熱中症を予防することを目的とした指標です。暑さ指数は人体と外気との熱のやりとりに着目し、人体の熱収支に与える影響の大きい気温、湿度、日射・輻射熱、風を取り入れた指標です（表5-2）。熱中症指数計（図5-4）などで計測できます。

　暑さ指数（WBGT）＝気温の効果1：湿度の効果7：輻射熱の効果2

　気温が同じでも、湿度の高いところのほうが熱中症を発生する可能性が高く、地球温暖化の影響や都市化によるヒートアイランド現象が日本でも起きています。暑さ指数を計測し、日々の保育に活用し安全な環境を整えます。例年5月になると熱中症に対する注意喚起が行われます。地域や保育所等の立地条件に応じた暑さ対策は、今後の課題です。

表5-2　気温と暑さ指数による注意事項

気温	暑さ指数（WBGT）	日常生活における注意事項	熱中症予防運動指針	
35℃以上	31℃以上	外出は避け、涼しい室内に移動する。高齢者は安静にしても発生する危険性が高い	運動は原則中止	子どもの場合は運動を中止する
31〜35℃	28〜31℃	外出時は炎天下を避ける。室温や湿度を確認し上昇に注意する	厳重警戒（激しい運動は中止）	熱中症の危険性が高く、激しい運動や体温が上昇しやすい運動は避ける。10〜20分おきに休憩をとり、水分・塩分の補給を行う
28〜31℃	25〜28℃	運動や激しい作業をする場合は、定期的に休憩と水分補給を十分行う	警戒（積極的に休憩）	熱中症の危険が増すため、積極的に休憩をとり、適宜水分・塩分を補給する。激しい運動では、30分おきに休憩をとる
24〜28℃	21〜25℃	危険性は少ないが激しい運動や重労働の場合は発症する危険性がある	注意（積極的に水分補給）	熱中症による死亡事故の可能性がある。熱中症の兆候に注意し、運動の合間に積極的に水分・塩分を補給する
24℃未満	21℃未満	安全と思われているが、休息と水分補給を定期的に行う	ほぼ安全（適宜水分補給）	熱中症の危険は少ないが、適宜水分・塩分の補給は必要である

出典：日本スポーツ協会『スポーツ活動中の熱中症予防ガイドブック2019』2019年をもとに作成

図5-4　黒球式熱中症指数計

熱中アラーム TT-562
（株式会社タニタ）

3 熱中症の分類と対応

　熱中症はⅠ～Ⅲ度に分類されます。吐き気、嘔吐、腹痛、頭痛、筋肉の
けいれん、大量の発汗、めまい、立ちくらみ、意識が朦朧とするなどの症
状が現れます（表 5 - 3）。

表 5 - 3　熱中症の分類と症状

分類	症状
Ⅰ度 （軽度）	・めまい・失神・立ちくらみ 　脳への血流が瞬間的に不十分になる ・筋肉痛・筋肉の硬直 　汗による塩分の欠乏により筋肉に痛みをともなう ・手足のしびれ ・気分不快
Ⅱ度 （中等度）	・頭痛、吐き気、嘔吐、倦怠感、虚脱感 　体がぐったりする、力が入らないなど、いつもと違う様子がある。程度は軽いが意識 　障害をともなうこともある
Ⅲ度 （重症）	・Ⅱ度の症状に加えて、意識障害・けいれん・手足の運動障害 　呼びかけなどへの反応がおかしい、体がガクガクとひきつけを起こす、まっすぐ歩け 　ない ・高体温 　体にふれると熱いという感触がある ・肝機能異常、腎機能障害、血液凝固障害 　採血の結果で判明する

出典：日本スポーツ協会『スポーツ活動中の熱中症予防ガイドブック2019』2019年を一部改変

【対応方法】

・風通しのよい涼しい場所に移動させる（可能であれば冷房の効いた
　室内に避難する）。
・衣服を緩めたり脱がせたりすることで、身体からの熱の放散を助ける。
・水分をとらせる（水500mLに食塩小さじ 1、スポーツドリンクな
　ど）。
・身体を冷やす（全身の動脈が通っている腋窩〔わきの下〕、鼠径部
　〔大腿のつけ根〕、頸部など）。
・意識が朦朧としている、反応がない、様子がおかしい場合は119番
　通報。

【体の冷却方法】

・氷枕・氷のうを全頸部、両腋窩部、鼠径部に置き体表に近い太い血
　管内を流れている血液を冷やす（図 5 - 5）。
・冷却マットとして、冷水を通したブランケットやタオルなどを敷い
　たりかけたりする。
・蒸泄法として水を浸したガーゼを体に広く載せて、扇風機で送風す
　る。

図 5 - 5　冷却部位

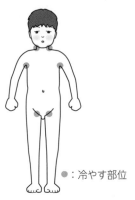

●：冷やす部位

水分補給ができない、症状に改善がみられない、様子がおかしいなど手当ての判断に迷う場合は、躊躇することなく救急車を要請します。

4 ｜ 溺水

　川、海、プールなどで起こる水の事故もありますが、5歳以下の子どもがおぼれる事故の多くは、浴室で起きています。家庭内で「おぼれる」事故は多く、子どもは10cmの深さの水でもおぼれることがあるため、子どもから目を離さないことが大切です。子どもをお風呂に入れているとき、水遊びをさせているときも決して目を離さないようにします。親がシャンプーをしている間に、子どもがおぼれる事故等も発生していることを、保育者の立場から保護者に伝えることが必要です。溺水状態を発見したら、意識レベルの確認、呼吸の有無を確認し、呼吸していない場合は119番通報と心肺蘇生を行います。

5 ｜ 熱傷（やけど）

　熱傷には熱い物体にふれて起こる「通常熱傷」、カイロや湯たんぽなどの比較的温度の低いものに長時間ふれていたために起こる「低温やけど」、化学薬品などがかかって起こる「化学熱傷」があります。痛みがともない、見た目にも瘢痕（はんこん）を残してしまうことがあり、さまざまな影響を及ぼします。

①熱傷の症状と程度

　熱傷の程度はⅠ～Ⅲ度の3つに分類されています。

・Ⅰ度熱傷

　皮膚が赤くなる程度のやけどです。通常3～4日程度で赤みが減少し、やけどの痕を残すことなく治ります。ヒリヒリとする痛みがあります。

・Ⅱ度熱傷

　皮膚に水疱を生じる中間の深さのやけどです。Ⅱ度の熱傷は治りが早い「浅いⅡ度熱傷」と、治りが遅い「深いⅡ度熱傷」に分けられます。浅いⅡ度では強い痛みと焼けるような感じがありますが、深いⅡ度では痛みや皮膚の感じがわからなくなります。

・Ⅲ度熱傷

　一番深いやけどであり、皮膚は硬く、黄白色となります。やけどが治ってもケロイド（肥厚性瘢痕（ひこうせいはんこん））などの傷痕が残ります。痛みや皮膚の感じがわからない状態です。

②熱傷面積

　熱傷面積は、基本的にどれくらいの範囲の皮膚に損傷が起きたのかを、5の法則にのっとって加算して面積を求めます。5の法則とは身体の区

図 5 - 6　熱傷面積 5 の法則

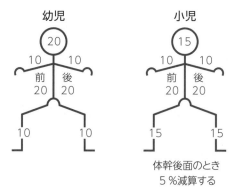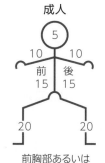

出典：「創傷・褥瘡・熱傷ガイドライン―― 6 ：熱傷診療ガイドライン」『日本皮膚科学会雑誌』127（10）、2261-2292頁

画をすべて 5 の倍数で評価する方法です（図 5 - 6 ）。主として身体に比して頭が大きい幼児や小児の熱傷面積を評価するときに使用されます。首から顔、頭を幼児では20、小児では15、成人では 5 としているのが特徴です。

　どのくらいの部位が損傷しているかを確認するとともに、損傷範囲が大きければ命の危険をともなうことも考慮し、救急車を要請します。

【手当ての方法】

- ・すぐ流水で冷やす（10分程度を目安）。
- ・衣服の上から水をかけて冷やす。
- ・顔は冷やしタオルを氷のうで冷やす。
- ・背部はうつぶせにして冷やしタオルに氷のうをのせて、患部に当てる。

【注意事項】

- ・水ぶくれ（水疱）をつぶさない。水ぶくれは傷口の保護をする効果があり、つぶしてしまうとそこから細菌が入り感染の原因になる。ガーゼやハンカチなどで保護する。
- ・消毒薬や軟膏類を使用しない。冷やして患部を保護した状態で医療機関を受診する。
- ・冷やしすぎると凍傷になることがあるため、10分を目安に冷やし、痛みを感じたら再び冷やすようにする。
- ・無理に衣服を脱がさない。焼けた衣類が皮膚に張りついていることがある。無理に脱がそうとすると皮膚も一緒に剝がれてしまうことがある。

③熱傷の種類

【低温やけど】

　低温やけどは見た目には小さく軽症に思えますが、皮膚の深くまでやけ

どが進行していることがあります。必ず医療機関を受診します。

【化学熱傷】

　化学薬品等による熱傷は、消毒薬、漂白剤、洗浄剤、さび落としなどの誤使用などで起こります。

　医療機関を受診するときに現物を持参するか、薬品名を確認しておくことで、診断および治療に役立ちます。

【手当ておよび注意事項】

・水道水で洗い流す。
・化学薬品の接触時間を短くするために、薬品がかかった衣服はすぐに脱がす（脱げない場合はかかった部分を切り取る）。
・化学薬品は洗い流しても皮膚組織に浸透しているため、必ず医療機関を受診する。

6 | 医務室（保健室）の整備

　保育所等において、医務室は欠かせません。保育時間が長いため、体調を崩してしまうこともあり、ほかの子どもと離して別室で保育することが必要だからです。医務室は風通しがよく、冷暖房や洗面所も完備し、子どもの安静と感染症対策を考慮した環境整備が理想です（表 5 - 4）。

　医務室では健診や身体測定などを実施し、書類の記録や保管も行います。子どもたちの健康管理を行うスペースとして、充実を図る必要があります。

表 5 - 4　医務室の必要備品

環境設備	ベッド、ついたて、手洗い設備、冷暖房、冷蔵庫、机、いす、薬品戸棚、加湿器、おむつ交換設備、トイレ、遊具、絵本、電話など
処置用備品と医薬品	絆創膏、テープ、包帯、滅菌ガーゼ、脱脂綿、カット綿、綿球、綿棒、膿盆、三角巾、とげ抜き、ハサミ、洗眼器、虫メガネ、ペンライト、体温計、氷枕、氷のう、瞬間冷却剤、冷却シート、血圧計、聴診器、副木（シーネ）、歯の保存液、抗ヒスタミン軟膏、ワセリン、湿布薬、傷の消毒薬、消毒薬（消毒用アルコール、逆性石けん、次亜塩素酸ナトリウム）、タオル、ティッシュペーパー、ガーグルベース、マスク、使い捨て手袋、使い捨てエプロンなど
救急バッグ	体温計、ハサミ、ペンライト、三角巾、包帯、アルコール綿、綿棒、脱脂綿、絆創膏、滅菌ガーゼ、ビニール袋、副木、歯の保存液、傷の消毒薬、瞬間冷却剤、筆記用具など
計測および健診用物品	身長計（乳児用・幼児用）、体重計、メジャー、聴診器、舌圧子、膿盆、血圧計、歯科健診用一式、耳鼻科健診用一式、視力測定用一式など

事例　　ひっかき傷の対応って…

　卒園式が終わり、大きく成長した子どもたちの姿に感動と喜びでいっぱいになる経験をもつ保育者も多いのではないでしょうか。しかし感動とともに、保育者としての反省を促されたことがあります。

　卒園式を終え、保護者とあいさつをしているなかで、「0 歳児クラスのときに、○○ちゃんにひっかかれた傷！　先生ほらこれ消えてないでしょう！」と保護者から言われました。見ると頬の真ん中に 5 mmほどの傷が縦にうっすらとあります。ずっと気にしていた保護者への対応ができていないことにそのとき気づかされました。

　保育者にとっては日常茶飯事のひっかき傷でも、保護者にとっては初めての経験であることにもっと寄り添い、保護者の思いを聞くことが必要であったことを痛感しました。

ワーク

①保育中に起こるけがにはどのような原因があるのか具体例を話し合いましょう。

②保育中にどのような配慮をすることで、けがが少なくなるかを話し合いましょう。

③保育所等に用意しておきたい救急用品を考えましょう。

救急処置および心肺蘇生法の習得

毎年、心肺蘇生法の訓練を実施している。

写真提供：富士みのりこども園

ポイント

1 救急体制と救急医療の現状を理解する。
2 状況に応じた応急処置を理解する。
3 救急処置・心肺蘇生法がいつでもできるようになる。

1 │ 救急体制と救急医療の現状

　2019年 4 月 1 日現在、わが国における救急隊は全国5,215隊設置され、救急隊員は 6 万3,723人で、全国1,719市区町村の98.3％にあたる1,690市区町村が救急業務を実施しています。2018年全国の救急出動件数は660万5,213件あり、2004年以降増加傾向が続いています。救急出動件数は 1 日平均約 1 万8,096件で約4.8秒に 1 回の割合となっています。そして119番通報をしてからの救急自動車の到着時間は全国平均8.7分、現場から病院収容所要時間は全国平均39.5分となっています（図 6 - 1 ）。救急搬送され、いつでも誰でも適切な救急医療を受けられるように、初期、第二次、第三次の救急医療機関ならびに救急医療体制の体系的な整備がなされています。

図6-1　救急自動車による現場到着所要時間と病院収容所要時間の平均推移

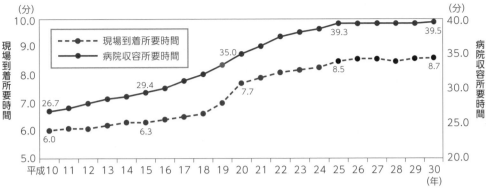

出典：総務省消防庁『令和元年版 消防白書』2020年、212頁をもとに作成

2 ｜ 救急処置

　救急処置とは、突然の事故や病気などによる傷病者を救助し医師や救急隊員等に引き継ぐまでの救命処置および応急手当てをいいます。意識障害、気道閉鎖、心肺停止、転落、大出血、重症のやけど、中毒などの場合、発見した人がただちに手当てと通報をしないと生命が危険な状態となります。

1 窒息の際の気道異物除去

①気道異物の原因と症状

　気道につまるものとして、玩具、食品（あめ・グミ・だんご）、袋や包み紙など日常生活で使用しているもので、口に入るもののすべてに窒息する可能性があります（図6-2）。生後5か月ごろ～1歳6か月ごろま

図6-2　「ものがつまる等」の食品と食品以外の割合

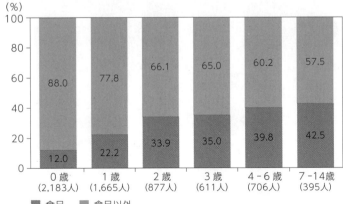

（備考）1．東京消防庁「救急搬送データ」（2012-2016年）に基づき消費者庁が集計。
　　　　2．各年齢下の（　）内は2012年から2016年までの5年間の救急搬送人員数。
　　　　3．関連器物を「食品」と「食品以外」に分類。
　　　　4．四捨五入のため合計は必ずしも一致しない。
出典：消費者庁『平成30年版 消費者白書』2018年、110頁をもとに作成

では手にとったものを口にもっていくことがあり、それを誤嚥してしまいます。突然、もがき苦しみ声がでない、異常音（狭くなった気道から空気が通ろうとする音）、チアノーゼ（顔・首・手）、意識がしだいに鈍る、チョークサイン（図6-3）など、呼吸ができなくなっている場合は気道の異物で窒息したと疑って対応することが必要です。このチョークサインの動作ができるようになるのは5歳くらいからです。

②窒息への対応

１）背部叩打法

　片方の手であごをしっかりもち、腕に胸と腹をのせて頭が下がるようにし、もう片方の手掌基部で肩甲骨と肩甲骨の間を4～5回叩きます。

　抱きかかえるまたは太ももにのせる方法では、頭を低くし手掌基部で肩甲骨と肩甲骨の間を4～5回叩きます。抱きかかえることができない場合は、子どもを座らせるまたは寝かせる方法で同様に叩きます（図6-4）。

図6-3　チョークサイン

図6-4　背部叩打法

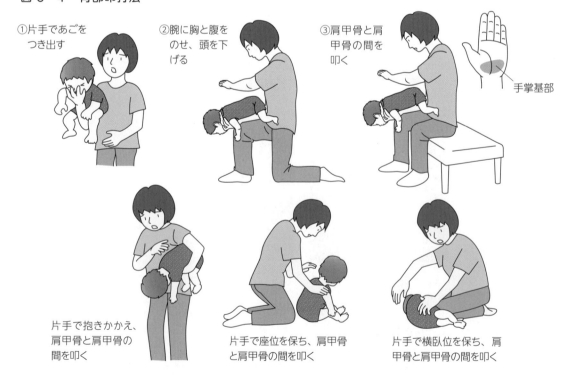

①片手であごをつき出す

②腕に胸と腹をのせ、頭を下げる

③肩甲骨と肩甲骨の間を叩く

手掌基部

片手で抱きかかえ、肩甲骨と肩甲骨の間を叩く

片手で座位を保ち、肩甲骨と肩甲骨の間を叩く

片手で横臥位を保ち、肩甲骨と肩甲骨の間を叩く

2）胸部突き上げ法

　乳児の場合、片方の腕に乳児の背中をのせ、手のひらで後頭部を支え、頭を下げあおむけにし、片方の手の指 2 本で乳頭上を結ぶ線の下指 1 本を目安に、胸の厚さ 1 / 3 まで力強く 4 〜 5 回圧迫します（図 6 − 5）（心肺蘇生法の胸骨圧迫と同様、64頁）。

図 6 − 5　胸部突き上げ法

 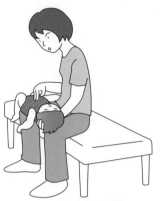

腕に体をのせ、頭を下げ
ながら支える

心肺蘇生と同様に
胸骨圧迫を行う

3）腹部突き上げ法（ハイムリック法）

　子どもを後ろから抱くような形で腹部に腕を回し、へそとみぞおちの中間に片方の手は握りこぶし、片方は手を当て瞬間的に引き上げます（乳児と妊婦では腹部突き上げ法は行えません）。たとえ異物がとれたとしても、必ず医療機関を受診して、内臓損傷がないかどうか調べることが必要です（図 6 − 6）。

　異物除去の方法を実施している場合、反応（意識）がなくなったときはただちに心肺蘇生法を実施します。

図 6 − 6　腹部突き上げ法

手の組み方

へそとみぞおちの中間
に握りこぶしを当てる

体を密着し、瞬間的に
引き上げる

2 救急処置や応急手当てを必要とする状態

①誤飲

　乳幼児は何でも口に入れて確かめています。それ自体は発達からみれば自然な姿です。そのために保育者はいつでも安全に配慮する必要があります。子どもが誤飲してしまったとき、①何を飲んだのか、②どのくらいの量を飲んだのか、③いつ飲んだのか、④子どもの全身状態および症状の確認が必要です。

【対応方法】

　飲み込んだものにより対応が異なります。一般的に毒性を薄めるために水や牛乳を飲ませて吐きださせる場合と、逆に水や牛乳を飲ませると吸収を速めてしまう毒性のものもあるため、正しい対応が必要になります。

　嘱託医やかかりつけ医、「中毒110番」に連絡し指示を受けます。吐かせることで、粘膜を傷つけたり、気管に入ってしまったりすることもあるため正しい知識と冷静な判断が求められます。子どもの状態によっては指示された対応ができないこともあると思われます。無理に実施しようとせず迅速に医療機関を受診することが必要です。受診時は誤って飲んでしまった現物を持参します。

【すぐに救急車を！】

・ぐったりして意識がない。
・けいれんを起こしている。
・鋭利なものを飲んでしまった。
・顔色が悪く嘔吐(おうと)が続いている。
・毒性の強いものを飲んでしまった。

【吐かせるもの】

・たばこ：2 cm未満は何も飲ませずに吐かせる（量が多いときは吐かせない）。
・大人の薬：水で吐かせる。
・口紅・乳液・化粧水：なめた程度なら様子を見る。化粧水は水を飲ませ吐かせる。

【何も飲ませず吐かせないもの】

・ボタン電池：飲むと放電し、のどや食道の壁を損傷する危険がある。
・鋭利なもの：画びょう、くぎ、ガラス片、針など
・殺虫剤：家庭用、園芸用、業務用
・石油、灯油、シンナー
・硬貨
・マニュキュア、除光液
・アクセサリー：イヤリング、指輪、ピアス

【水または牛乳を飲ませるが吐かせない】

> ・シャンプー、リンス：水か牛乳を飲ませる。
>
> ・強酸性・強アルカリ性洗剤、中性洗剤：水か牛乳を飲ませる。
>
> ・漂白剤：水か牛乳を飲ませる。
>
> ・防虫剤（しょうのう）：水を飲ませる（牛乳は禁）。

【相談するには】

> 【中毒110番】公益財団法人　日本中毒情報センター
>
> 日本中毒情報センターホームページ
>
> https://www.j-poison-ic.jp/110serviece/
>
> ・大阪中毒110番　072-727-2499
>
> 　（情報提供料無料、365日24時間対応）
>
> ・つくば中毒110番　029-852-9999
>
> 　（情報提供料無料、365日9〜21時対応）
>
> ・たばこ誤飲事故専用電話　072-726-9922
>
> 　（情報料無料、365日24時間対応、自動音声応答による情報提供）
>
> ・小児救急電話相談　「#8000」をプッシュすると、居住する都道府
>
> 　県の相談窓口に自動転送される（通話料は相談者負担）。

　散歩先の公園で、空き缶の中にたばこの吸い殻や飲み残しなどがあり飲んでしまうことや、ペットボトルなどの飲み残しが捨てられているものを口にもっていく姿などを見かけ、「ヒヤッと」したことがあるのではないでしょうか。散歩先の公園に着いたら、まずは空き缶やペットボトル、吸い殻など危険と思われるものがないかを確認してから、遊びを開始します。もしも誤って飲んでしまった場合は、現物を持参しすぐに医療機関を受診します。保育所等に連絡し応援体制を依頼し、迅速に対象児とほかの子どもを分けて対応する必要があります。

②骨折

　子どもは元気に遊んでいるなかで転んだり、遊具から落ちてしまったりすることがあります。骨折は転倒や転落、交通事故などの強い力により骨が折れたり、骨にひびが入ったりします。子どもは痛みを的確に伝えることができないこともあるため、「触ると泣く」「手を使わない」「足をつかない」などの骨折が疑われる場合は、全身症状を観察します。患部の動揺を防ぐことにより、痛みを和らげ出血を防ぎ新たな傷をつくらないように固定し、医療機関を受診します。

　以下のように少しでも骨折の疑いがある場合は、固定をすることで安静を保ちます。

【症状】

> ・痛み
>
> ・腫れ
>
> ・変形

・皮膚の変色（内出血）

【手当ての方法】

・全身状態を観察しながら安静を保つようにする。
・傷がある場合は、清潔なガーゼ等で保護する。
・骨折が疑われる部位の上下の関節を含めて固定する。固定には**副木（シーネ）**を使用する。ない場合は雑誌、新聞紙、段ボール、木、割りばし、座布団、毛布、タオル、傘など身近にあるものを副木として活用する。
・骨折部が曲がっている、骨が見えている場合は無理やり元の位置に戻さず、そのままの状態で固定をする。骨が見えている場合は傷がある場合と同じように清潔なガーゼで保護する。
・骨が見えている場合は、躊躇せず救急車を要請する。
・手当てを行いながら、けがをしたときの状況を聞き、確認する。
・一般的には整形外科を受診する（頭部の骨折や、意識状態や顔色が悪いなどの全身症状をともなう場合は、状況に応じての判断が必要になる）。

　全身状態もよく、整形外科に保育者と一緒に受診する場合は、事前に保護者にレントゲン撮影を行うことの確認をします。

③捻挫

　捻挫は、関節の動く範囲を超えた動きをすることにより起こる関節周囲の靱帯、筋、腱、血管の損傷です。子どもの場合、遊びのなかで急に無理な体勢となり脚に力を入れてしまい、結果的に足首をひねるという、足関節に起こる捻挫が多くみられますが、ほかに指、手首、ひざなどにも起こりやすいです。

　またその際、関節で骨をつなぐ靱帯、関節軟骨、関節全体を包んでいる関節包など、柔軟性のある組織に無理な力が加わり損傷を受け炎症を起こすため、痛み、関節周辺の腫れ、熱感をともないます。

【症状】

・痛み（触ると痛む）
・腫れ
・内出血
・変形している場合もある。

【手当ての方法】

・患部を氷のうや冷水、ぬれタオルなどで冷やし安静にする。
・患部に副木を当て固定する。

 用語　副木
骨折した部位や関節を応急的に固定する器材のこと。

図 6－7　RICE処置

患部の腫れ・痛み、血管や神経の損傷などを防ぐ。

R Rest 安静

二次性の低酸素障害による細胞壊死と腫脹を抑える。

I Icing 冷却

C Compression 圧迫

患部の内出血、腫脹を防ぐ。

E Elevation 挙上

患部の腫脹を防ぐ。

　捻挫と骨折を正しく診断するうえにおいてもレントゲンによる診断は欠かせません。受診前に保護者と連絡をとるときに必ずレントゲン撮影の許可をとる必要があります。

　なお、スポーツ外傷を受けたときに行う緊急処置に、RICE処置があります（図 6－7）。

④肘内障

　ひじの靱帯からひじの外側の骨が外れることによって起こります。子どもが手を引っ張られたあとなどに、痛がって腕を下げたままで動かさなくなります。保育所等では、とっさに子どもの動きを止めるために、保育者が腕をつかんだり、手をつないでいて子どもが急に体勢を変えたり、眠っていて寝返りをうつときなどでも起こります。肘内障は繰り返すため、注意することで保育中の配慮につながります。

　子ども同士で手をつなぐことへの年齢に応じた健康教育として、「腕は引っ張ってはいけない」など、体のしくみを継続的に伝える保健計画の実施が必要です。

【症状】

> ・激しい疼痛
> ・ひじを下げたまま動かすことができない。
> ・関節部分の形態異常

【手当ての方法】

> ・ひじの場合は三角巾を使用して固定する。
> ・関節周囲の炎症など、悪化を防ぐためにも、関節に戻そうとしない。
> ・できるだけ早く整形外科を受診する。

⑤爪や指のけが

　建物や車の窓やドア、引き戸や引き出しなどに指をはさんでしまったり、遊んでいて爪が割れてしまうことがあります。指先のけがは意外と多く、場合によっては指を切断することもあります。

　特に重たいドアのちょうつがい側にはさむと骨折や切断などの重大なけがにつながるため、子どもがドアで遊ぶことのないように出入りのときは十分に注意と配慮をしなければなりません。

【爪のけがへの対応】

　何らかの原因により、爪が剝がれてしまった場合は、傷を流水で洗い爪を戻して、ガーゼで保護し医療機関を受診します。

　爪が割れてしまった場合は、流水で洗い絆創膏やガーゼで保護します。痛みが強い、腫れているなどの症状がある場合は医療機関を受診します。

【指を切断した場合の対応】

　切断した場合は、ただちに救急車を要請します。傷口は滅菌ガーゼで保護し、包帯で圧迫止血を行います。切断した指を滅菌ガーゼにくるみビニール袋に入れ密封します。そのビニール袋の上から氷などで冷やしながら持参します（直接、切断された指を氷に入れると細胞組織が破壊されてしまうため行ってはいけません）。

【注意事項】

　通常のけがの対応方法は、流水で傷口を洗いきれいにして絆創膏やガーゼで保護しますが、切断した場合は指をつける手術（再接着手術）を行います。滅菌ガーゼで切断面を保護し包帯で圧迫しながら、救急車の到着を待ちます。

⑥ハチに刺された

　園庭で遊んでいるときや、散歩や園外保育などでハチに遭遇することがあります。特にスズメバチやアシナガバチなどは毒性が強いため、刺されないようにすることが大切です。もしハチに遭遇したら、追い払ったりせず静かに逃げます。またハチに何度も刺されたことがある場合は、蕁麻疹、呼吸困難、発熱などを起こし、死に至ることがあります。

【予防方法】

・ハチの巣を見つけたら近寄らない。
・ハチは黒い動くものに向かって行く習性があるため、帽子をかぶり頭を守る。
・園外保育など緑の多い場所などに行く場合は、黒い服は避けるよう保護者にお願いする。できるだけハチに刺されにくい服装として、黒以外の衣服（可能であれば白）、長袖長ズボン、帽子を着用する。
・においもハチを刺激するため、ファンデーション、整髪料、香水などの使用にも気をつける。

【症状】

・痛み
・赤く腫れる
・アナフィラキシー症状など

【手当ての方法】

・皮膚にハチの針が残っている場合は、ポイズンリムーバーやとげ抜きなどで針を抜く（素手で針に触らないようにする）。
・傷を絞りだすように流水で洗う。

・ぬれタオルや氷のうで冷やす。

・気分が悪い、吐き気、嘔吐、息苦しいなどアナフィラキシー症状が
ある場合は安静にし、ただちに救急車を要請する。

・誤った知識としてアンモニアが効くといわれていたが、かえって患
部を悪化させることが判明しているため絶対に使用しない。

⑦アナフィラキシー（→レッスン14参照）

日本アレルギー学会によるアナフィラキシーとは、「アレルゲン等の侵
入により、複数臓器に全身性にアレルギー症状が惹起され、生命に危機を
与え得る過敏反応*1」をいうとあります。表6 - 1 に原因となるものを示
します。子どもの急な症状の変化を見逃さず保育者は迅速に対応します。

表6 - 1　アナフィラキシーの原因となるもの

食物	卵、牛乳、小麦、大豆、そば、ナッツ類、チョコレート、甲殻類、果物
動物	ねこ、ハムスター、犬、ハト、うさぎ、ヘビ
昆虫	ハチ、ダニ、アリ、ゴキブリ、ガ
薬物	解熱鎮痛剤、麻酔薬、抗生物質、造影剤、抗てんかん薬、ワクチン、輸血
その他	ラテックスゴム、スギ、ヒノキ、金属

初期症状は、蕁麻疹、吐き気、嘔吐、腹痛、下痢、かゆみ、咳、くしゃ
み、喘鳴、目のかゆみ、口のなかの違和感、口唇が腫れる、声がかれる、
顔色が悪い、**チアノーゼ**などの症状が現れ、呼吸困難や意識が消失します。
ただちに救急車を要請し心肺蘇生法を実施します。

エピペン®（アドレナリン自己注射製剤→レッスン14参照）を処方され、
保育所等で預かっている場合は使用します。実際に症状の進行の速さや重
症度は想定がつかないため、ふだんからエピペン®を使用できるように練
習をしておくことが必要です。

⑧傷の保護と包帯法

保育中の子どものすり傷・切り傷や医療機関を受診する必要があるけが
の対応など、状況に応じた対応を保育者は行っています。そのなかで、絆
創膏、ガーゼ、包帯、三角巾、副木などを使用します。正しい使用方法を
保育者は身につけましょう。

【保護ガーゼ】

傷の大きさよりも大きく、厚みのある滅菌ガーゼを使用します。ない場
合はきれいなハンカチ、タオルなどで傷の安静、圧迫止血、血液などの吸
収、傷の清潔保持を行い、苦痛の軽減を図るよう実施します。

 ＊1　一般社団法人日本アレルギー学会『アナフィラキシーガイドライン』2014年

 チアノーゼ
皮膚や粘膜が青紫色になる状態をいう。

【包帯】

　傷に当てたガーゼの固定や骨折など、副木を使用しての固定に使用します。包帯には絆創膏、三角巾、ネット包帯、巻軸帯、弾性包帯、伸縮包帯などがあります。包帯を巻く部位により太さや種類を選びます。すべての種類がそろっているわけではないため、その場にあるものを工夫して使用することが保育者に求められます。

【固定の方法】

　基本的な巻き方を図6-8に示します。

> ・原則として末梢から中心部に向かって包帯を巻く。
> ・あまり引っ張りすぎず、適度な強さで巻くようにする。
> ・巻きはじめは先端を斜めに巻く。はみ出た先端を折り返し、ずれないようにする。
> ・巻き終わりは内側に折り返してから包帯止めかテープで止める。

図6-8　包帯の巻き方

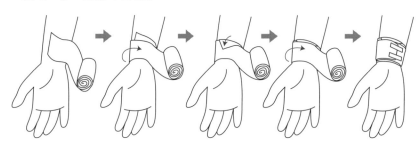

図6-9　三角巾の折り方

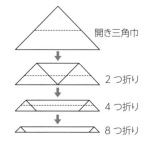

【三角巾】

　受傷部位やけがの大きさに応じて調整が可能なため、三角巾の折り方（図6-9）を知っておくと応急手当のときに活用できます。

⑨散歩リュックの応急物品

　近年増加している、園庭がなく、雨の日以外は毎日散歩に出かけなくてはならない保育所等の施設では、散歩先で発生する状況を想定して必要なものを用意していかなければなりません。そのため年齢に応じた対応ができるように、保育者は必ず散歩リュックをもち、散歩に出かけています。応急物品として入れておくものを、年齢や各保育所等の状況に応じて検討します。

> ・滅菌ガーゼ・洗浄綿・包帯・三角巾・絆創膏・ハサミ・テープ
> ・体温計・消毒液・カット綿・綿棒・瞬間冷却材・湿布・とげ抜き
> ・歯の保存液・水・使い捨て手袋・おんぶひも（さらし）・タオル
> ・ビニール袋・保温シート・ティッシュペーパー・ウエットティッシュ
> ・携帯電話・メモ帳・筆記用具

　応急物品とは別に現金、子どもの着替え、おむつ、お尻ふき、催涙スプ

レー、防犯ブザー、遊び道具（ボール、縄跳び）などを入れます。使用したものは補充し、いざというときに困らないように準備と点検を行います。

3 ｜ 心肺蘇生法

　子どもが急な事故やけがなどにより、ぐったりしている、意識がない、呼吸がない場合は大声で人を呼び、ただちに胸骨圧迫を行います。集まっ

図 6-10　小児の心肺蘇生手順

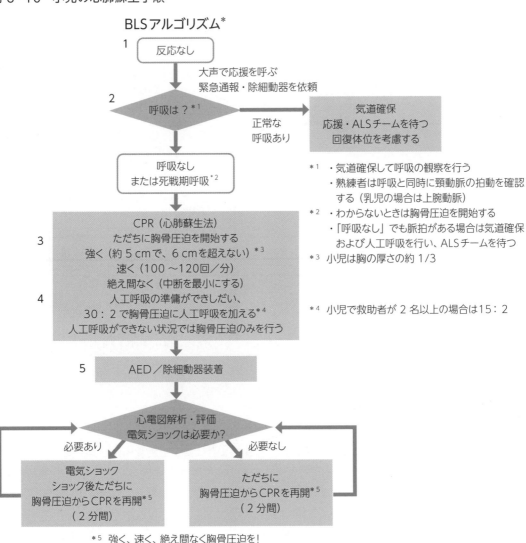

BLSアルゴリズム*

1　反応なし

大声で応援を呼ぶ
緊急通報・除細動器を依頼

2　呼吸は？*1　→　正常な呼吸あり　→　気道確保
応援・ALSチームを待つ
回復体位を考慮する

呼吸なし
または死戦期呼吸*2

3　CPR（心肺蘇生法）
ただちに胸骨圧迫を開始する
強く（約5cmで、6cmを超えない）*3
速く（100〜120回／分）
絶え間なく（中断を最小にする）

4　人工呼吸の準備ができしだい、
30：2で胸骨圧迫に人工呼吸を加える*4
人工呼吸ができない状況では胸骨圧迫のみを行う

5　AED／除細動器装着

心電図解析・評価
電気ショックは必要か？

必要あり　／　必要なし

電気ショック
ショック後ただちに
胸骨圧迫からCPRを再開*5
（2分間）

ただちに
胸骨圧迫からCPRを再開*5
（2分間）

*5　強く、速く、絶え間なく胸骨圧迫を！

ALSチームに引き継ぐまで、または患者に正常な呼吸や
目的のある仕草が認められるまでCPRを続ける

*1　・気道確保して呼吸の観察を行う
　　・熟練者は呼吸と同時に頸動脈の拍動を確認する（乳児の場合は上腕動脈）
*2　・わからないときは胸骨圧迫を開始する
　　・「呼吸なし」でも脈拍がある場合は気道確保および人工呼吸を行い、ALSチームを待つ
*3　小児は胸の厚さの約1/3
*4　小児で救助者が2名以上の場合は15：2

*心肺停止、呼吸停止に対する一次救命処置のこと。
出典：一般社団法人日本蘇生協議会「第3章　小児の蘇生（PLS）」『JRC蘇生ガイドライン』医学書院、2016年、184頁

た人は、119番通報、AEDの準備、子どもの対応、保護者への連絡、状況に応じてほかの子どもを別室に移動するなど、同時に手分けをして対応します（図6-10）。

1 乳児の心肺蘇生

乳児の心肺蘇生の手順について、図6-11に示します。

乳児は、気道閉塞のために呼吸停止することが多く、あごをもち上げ気道確保と人工呼吸を行います。

人工呼吸は口と鼻を同時に口で覆い、1秒間かけて静かに2回息を吹き込みます。そのとき胸の上がりが見える程度の量を吹き込みます。

胸骨圧迫30回と人工呼吸2回を1分間に100〜120回の速さで行い、救急隊が到着し引き継ぐまで続けて行います。

図6-11　乳児の心肺蘇生

①足の裏を刺激する。

②呼吸の確認をするため、胸部と腹部の動きを観察する。

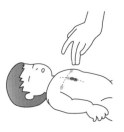

③両乳頭を結び線と胸骨が交差する部分から下指1本分の下を指2本で胸骨圧迫する。胸の厚さ1/3までしっかり押し下げる。

2 幼児の心肺蘇生

幼児の心肺蘇生の手順について、図6-12に示します。

子どもの体格に応じて片手または両手で胸骨圧迫を行います。胸骨下半分の位置を乳児と同様のテンポ数で実施します。人工呼吸用マスク（図6-13）を使用し、気道を確保したうえで鼻をつまみ、口をすべて覆い、呼気がもれないようにします。

3 AED（自動体外式除細動器）

AEDは2004（平成16）年から一般の市民が使用することができるようになり、国内で急速に普及しています。

小型で操作も簡単に使用でき、フタを開けるまたは電源ボタンを押すと、

図 6-12　幼児の心肺蘇生

肩を叩きながら大きな声で呼びかける。

呼吸の確認をするため、胸部と腹部の動きを観察する。

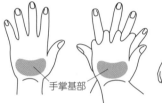

手掌基部

赤く印をつけた部分でしっかり圧迫する。

片手で頭部を固定し、片手で胸骨下半分の位置をとる。

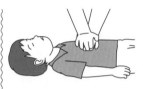

胸の厚さ 1/3 までしっかり押し下げる。

図 6-13　人工呼吸用マスク

機器の音声メッセージにより、使用法の手順を指示してくれます。

　AEDの手順は次のとおりに実施します。

①AEDの電源を入れる。

　・AEDの音声メッセージに従う。

②電極パッドを胸に貼る。

　・体がぬれている場合は拭きとる。

　・医療用貼付薬は剝がす。

　・ペースメーカーなどは避けて貼る。

　◎子どもが 6 歳未満までは、小児用電極パッド（図 6-14）を使用する。小児用がない場合は成人用を代用する。

　◎AED本体に成人用と小児用の切り替えスイッチがある機種は、小児用に切り替えて使用する。

③心電図の解析

　・「体から離れてください」と音声メッセージが流れ、自動的に心電図の解析を行うため、解析の妨げにならないように体に触れないようにする。

④「電気ショックが必要です」の音声メッセージが流れる。

図6-14 小児用の電極パッド装着例

電極パッドは心臓をはさむように
胸部、背部の真ん中に貼る。

・AEDは自動で充電を開始するため、音声の指示に従い、誰も体にふ
　れていないことを確認し、「ショックボタンの点滅」と音声により電
　気ショックの指示に従い、「ショックボタン」を押す。
⑤ただちに心肺蘇生を再開する。
・AEDの音声メッセージに従い、救急隊に引き継ぐまで続ける。
・AEDは2分ごとに心電図の解析を繰り返す。
※「電気ショックが不要です」との音声メッセージの場合は、「心肺蘇生
を中止してもよい」ということではありません。救急隊に引き継ぐまで心
肺蘇生を続けます。

| 事例 | 保護者会での異物除去の対応方法の訓練 |

　0歳児クラスの保護者から、ものがつまったときの対処方法を練習した
いとの要望があり、保護者会で人形を借りて実施しました。保護者の真剣
さに引き込まれ、本来予定していなかった心肺蘇生法の訓練も行いました。
　同じ訓練を保育者と保護者が共有したことで、その後の関係性が深まり
信頼の輪が広がりました。

ワーク

①保育中、子どもが口に入れてしまう危険性のあるものをあげましょ
　う。また、誤飲、誤嚥を防ぐための保育者としての配慮を考えま
　しょう。
②これまでの保育中の事故やけがの事例をあげ、具体的な対応方法を
　話し合いましょう。
③散歩先の公園で、4歳児クラスの子ども1名がブランコから落ち
　てしまいました。意識はありますがどのように対応したらよいで
　しょうか。

第3章

保育所等における
感染症対策

感染症の発症には、感染源、感染経路、感染源に感受性のある宿主という3つの要素が必要です。感染症に対する免疫機能が発達途上にある幼少児が集団生活している保育所等は、この3つの要素が容易に成立しやすく、感染症が広がりやすい場所です。感染症対策とは、感染源の特徴を知って、感染経路を断ち、感染に対する抵抗力をつける努力をすることです。子どもに多い感染症の知識を身につけ、予防についての指導と教育を行うためには、全職員と保護者の参加が大切です。そして、季節ごとに最新の情報を入手し伝えることはもちろん、日ごろから子どもたちの抵抗力をつけるための生活指導、予防接種についての知識も必要になります。また、感染症にかかった子どもへの対応は感染症の特徴に応じて行います。感染症が広がらないように、環境整備は計画的に日々行うことが大切です。

感染症発症時の対応

写真提供：やよいこども園

1歳6か月児。食
事前の手洗い。上
手に洗えたかな？

ポイント

1 感染症の疑いのある子どもへの適切な観察・記録・対応のしかたを理解する。
2 感染症が確定したときの保護者対応、および嘱託医や関係機関との連携の
必要性を理解する。
3 感染症罹患後の登園時の対応を理解する。

1 感染症の疑いがある子どもの対応

　日々の保育では、インフルエンザや手足口病、溶連菌感染症など通年に
おいてさまざまな感染症の流行があり、ひとたび感染症がもち込まれると
瞬く間に蔓延していきます。ときには、けいれんを起こしたり、呼吸困難
で入院するなど重篤な状態になることもあります。それゆえ、感染症の流
行を最小限にするために、感染時の適切な対処が求められます。

　何らかの感染症にかかると、多くの場合には診断がつけられる前に保育
所等で症状が現れています。子どもに多くみられる症状として、発熱・鼻
水・咳や機嫌が悪い、親から離れられないなどさまざまな体調不良の状態
があります。それらの症状に適切に対応することで子どもの苦痛や不安を
軽減できます。また、適切に対処することで感染拡大を防ぎ、安全・安心
な保育環境を整えることができます。

①登園時および保育中に子どもの体調が悪く、感染症の疑いのある子ども
　に気づいた場合には、他児と接触しないように医務室等で心身の状態に
　配慮しながら保育します。その際、体温測定を行い全身の状態の観察、

症状の変化を時系列で記録します。適宜看護師に報告し指示を得ながら、必要に応じ嘱託医（園医）に相談し指示を受けます。

②保護者と連絡をとり、記録をもとに症状や経過を伝え、必要であれば受診を依頼します。受診の際には、近隣地域や保育所等内での感染症発症の情報などを伝えます。速やかに受診結果の報告をしてもらいます。

③感染症による症状の多くは、発熱や咳、嘔吐、下痢、発疹などをともなうことがあります。子どもは不安感や不快感をもつため、「保育所における感染症対策ガイドライン（2018年改訂版）」別添 3「子どもの病気〜症状に合わせた対応」（図 7 − 1 ）を参考に適切なケアを行い、症状の軽減を図ります。また、家庭でも適切なケアができるように援助します。

④子どもへの対応は、感染拡大を防ぐために、基本となる手洗いや必要に応じてマスク、手袋を着用します。また、嘔吐物や下痢などの排泄物は、適切な消毒薬（次亜塩素酸ナトリウム）を用いて処理します。

図 7 − 1　子どもの病気〜症状に合わせた対応

【目】
・目やにがある
・目が赤い
・まぶたが腫れぼったい
・まぶしがる
・なみだ目である

【顔・表情】
・顔色が悪い
・ぼんやりしている
・目の動きに元気がない

【鼻】
・鼻水、鼻づまりがある
・くしゃみがある
・息づかいが荒い

【口】
・唇の色が悪い
・唇、口の中に痛みがある
・舌が赤い
・荒れている

【耳】
・耳だれがある
・痛がる
・耳をさわる

【のど】
・痛がる
・赤くなっている
・声がかれている
・咳がでる

【胸】
・呼吸が苦しそう
・咳、喘鳴がある
・咳で吐く

【睡眠】
・泣いて目がさめる
・目ざめが悪く機嫌が悪い

【皮膚】
・赤く腫れている
・ポツポツと湿疹がある
・かさかさがある
・水疱、化膿、出血がある
・虫刺されで赤く腫れている
・打撲のあざがある
・傷がある

【おなか】
・張っていてさわると痛がる
・股の付け根が腫れている

【尿】
・回数、量、色の濃さ、においがいつもとちがう
・血尿が出る

【便】
・量、色、固さ、回数、におい、下痢、便秘等いつもと違う

【食欲】
・普段より食欲がない

出典：厚生労働省「保育所における感染症対策ガイドライン（2018年改訂版）」2018年をもとに作成

2　感染症が確定した場合の対応

子どもや職員の感染症の発症が明らかになった場合には、看護師や嘱託

医に報告し指示を受けるとともに、全保護者および職員に対し発生状況や特異的な症状、予防、対策などの情報を提供し、それぞれの家庭、職員が子どもの体調の変化や健康状態の観察ができるよう努めます。また、感染症の拡大や麻疹・風疹などの報告義務のある感染症の発症のときには、必要に応じ関係機関（自治体、保健所）等に連絡します。

①罹患した子どもの保護者には登園のめやすについて説明します。登園の基準（めやす）には、「医師の意見書」「登園届」があり、必要に応じて提出してもらいます。

②予防接種で防げる感染症の場合には、子どもおよび職員の予防接種歴や感染症罹患歴を確認します。必要回数の予防接種を受けていない場合には、かかりつけ医と相談するよう伝えます。

③予防接種をしていない場合、感染する可能性の高いことを想定し、健康観察をより重視し、早期発見に努めることで感染拡大を防ぎます。

④流行を最小限に止めるためには、乳児との合同保育や行事は控えるなど、クラス単位での保育体制を整えることも必要です。

⑤欠席児がいる場合には、欠席理由や受診状況、診断名、回復期間を記録し、次の発生状況に備えます。

3 罹患児が登園するときの対応

　感染症罹患後に登園するときは、園内の感染拡大につながらないよう疾患ごとの登園基準が守られているかを確認します。そのためには、登園までの日数の数え方を知っておきましょう。

1 登園にあたっての注意

　保育所等内での、感染症発症後の登園にあたっては以下の点に注意しましょう。

①園内での感染症の集団発生や流行につながらないこと。

②子どもの健康（身体）状態が、保育所等での集団生活に適応できる状態に回復していること。

2 出席停止期間（登園基準）

　学校において予防すべき感染症は「学校保健安全法施行規則」で第1種から第3種に分類され、家庭で安静に過ごす出席停止期間が決められています。保育所等の子どもに多い感染症は主に第2種にあげられ、この規則を準用します（表7-1）。

3 登園までの日数の数え方

　登園日数の数え方は、その症状がみられた日は換算せず、その翌日を第1日とします。また、症状が治まった日（解熱日）は換算せず翌日から

表 7 - 1　疾患と登園基準

疾患	登園基準*
麻疹（はしか）	解熱後 3 日を経過していること
インフルエンザ	発症した後 5 日を経過し、かつ解熱した後 3 日を経過していること（幼児の場合）
風疹	発疹が消失していること
流行性耳下腺炎（おたふくかぜ）	耳下腺、顎下腺、舌下腺の腫脹が発現してから後 5 日を経過し、かつ全身状態が良好になっていること
水痘（水ぼうそう）	すべての発疹が痂皮（かさぶた）化していること
咽頭結膜熱（プール熱）	発熱、充血等の主な症状が消失した後 2 日を経過していること
百日咳	特有な咳が消失していること。または 5 日間の適正な抗菌薬による治療が終了していること
腸管出血性大腸菌感染症（O157、O26、O111など）	医師により感染のおそれがないと認められていること（無症状病原体保有者の場合、トイレでの排泄習慣が確立している 5 歳以上の小児については出席停止の必要はなく、また、5 歳未満の子どもについては、2 回以上連続で便から菌が検出されなければ登園可能）
流行性角結膜炎	結膜炎の症状が消失していること
結核	医師により感染のおそれがないと認められていること
急性出血性結膜炎	医師により感染のおそれがないと認められていること
侵襲性髄膜炎菌感染症	医師により感染のおそれがないと認められていること

＊保育所等では「登園のめやす」と記載

表 7 - 2　登園日数の数え方

	1 日	2 日	3 日	4 日	5 日	6 日	7 日	備考
発症（発熱）日からの数え方	発症日は含まない	1 日 解熱	2 日	3 日	4 日	5 日	登園できる	発症（発熱）後 5 日を経過するまで
解熱日からの数え方	発熱	発熱	解熱 この日は含まない	1 日	2 日	3 日	登園できる	解熱後 3 日を経過するまで

換算します（表 7 - 1、表 7 - 2）。

　たとえば、インフルエンザ発症の登園のめやすは、「発症（発熱）した後 5 日を経過し、かつ解熱した後 3 日を経過していること」となっています。

4　保育所等で多くみられる疾患と配慮事項

　子どもがかかりやすい感染症について、表 7 - 3 ～ 7 - 5 に表記しました（→くわしくは巻末資料「保育所における感染症対策ガイドライン（2018年改訂版）」［抜粋］を参照）。

表7-3　医師が記入する意見書の提出が望ましい感染症

疾患名	配慮すべき事項
麻疹（はしか）	・空気感染で感染力が非常に強く、肺炎や脳炎などで重症化する場合もある。感染拡大防止は困難で、有効手段はワクチンで予防することである。 ・入園の前には、母子健康手帳等で麻疹ワクチン接種歴を確認する。1歳以上で未接種の場合には、嘱託医と相談しワクチン接種を周知する。また、0歳児には、1歳になったらすぐにワクチン接種を受けるよう周知する。 ・平常時から、全園児および全職員の予防接種歴・罹患歴を確認しておく。
インフルエンザ	・潜伏期間が1～4日と短く、短期間で蔓延する。急な発熱によって熱性けいれんを起こすこともある。対策としてマスクの使用や手洗い、感染者との接触を避けることなどが有効である。 ・送迎者が罹患している場合には、送迎を控えてもらうことが望ましいが、どうしても送迎が必要なときには、室内に入らなくてもすむ玄関での送迎など配慮する。 ・抗ウイルス薬を服用すると解熱は早いが、ウイルスの排出は続くため、発症後5日を経過し、かつ解熱後3日の登園基準を守る。
水痘（水ぼうそう）	・空気感染で感染力は非常に強く、集団発症を起こしやすい。 ・免疫力の低下している人では重症化しやすい。 ・かゆみのある水疱疹で、かき壊しでとびひになりやすい。
風疹	・妊娠初期に罹患すると、先天性風疹症候群（難聴・白内障・先天性心疾患など）の子どもが生まれる可能性がある。 ・職員は感染のリスクが高いため、あらかじめワクチンを接種する。
流行性耳下腺炎（おたふくかぜ）	・集団発生を起こしやすい。合併症として難聴（片側性が多いが、ときに両側性）、無菌性髄膜炎、急性脳炎などがある。 ・耳下腺、顎下腺、舌下腺の腫れが始まってから5日経過し、ふだんの食事がとれ全身状態がよければ登園できる。
咽頭結膜熱（プール熱）	・夏季時に流行がみられるためプール熱ともよばれている。プールのみで感染するものではないが、流行時には、プールを一時中止するなどの対策も必要である。 ・回復後も咽頭から2週間、便から数週間ウイルスが排出されており、職員が媒介しないよう、便の処理、プールの適切な塩素消毒、手洗いの励行を重視する。
百日咳	・生後6か月以内やワクチン未接種児などは重症化（無呼吸発作からチアノーゼ、けいれん、呼吸停止など）しやすいので、注意が必要である。
腸管出血性大腸菌感染症（O157、O26、O111など）	・衛生的な食材・食器類の取り扱いと十分な加熱調理、手洗いの励行が必要である。 ・プールで集団発生を起こすことがあるため、適切な塩素消毒が必要である。 ・乳幼児では重症化しやすい。 ・発生時には、速やかに保健所に届け、保健所の指示を受け適切な消毒を徹底する。

表7-4　医師の診断を受け、保護者が記入する登園届の提出が望ましい感染症

疾患名	配慮すべき事項
溶連菌感染症	・発熱やのどの痛みがあり水分摂取もできないことがある。 ・感染後数週間して急性糸球体腎炎を合併することがあるため、症状が治まっても抗菌薬の服薬（約10日間）ができているか、服薬終了後尿検査をしているかを確認する。

 用語　とびひ（伝染性膿痂疹）
かき壊した傷に細菌感染し、びらんした状態。

伝染性紅斑 （りんご病）	・幼児や学童児に好発する。 ・まれに妊婦の罹患によって胎児水腫・流産が起こることがあり、流行中は妊婦の送迎などはなるべく避ける。玄関での受け渡しの配慮、マスクの着用を促す。 ・発症前には、すでにウイルスは排出されており、発疹の症状が出たころにはすでに感染力は消失しているため、対策は難しい。日々の予防対策を意識する。
手足口病	・夏季（7 月ごろがピーク）に流行しやすい。 ・回復後もウイルスは、呼吸器から 1 ～ 2 週間、便の中に 2 ～ 4 週間にわたり排出されているため、排泄物の取り扱いやなめるおもちゃは個別にするなど注意する。 ・水疱状の発疹が口腔、手のひらや足の裏などにでき、水分・食事が摂れないこともある。 ・ウイルスの型によって、爪がはがれる、髄膜炎など重症になることもある。
ヘルパンギーナ （夏かぜ）	・6 ～ 8 月ごろにかけ流行する。 ・回復後もウイルスは、呼吸器から 1 ～ 2 週間、便の中に 2 ～ 4 週間排出されているため、排泄物の取り扱いやなめるおもちゃは個別にするなど注意する。 ・突然の高熱とのどに白い水疱疹ができ、のどの痛みで食事や水分がとれないため脱水やけいれんに注意が必要である。
感染性胃腸炎 （ノロウイルス・ロタウイルス・アデノウイルス・サルモネラ菌など）	・さまざまな感染経路（経口・接触・空気・食品媒介）をもち、ウイルスが少量でも感染し、集団発生しやすいため、嘔吐物の適切な処理と消毒（次亜塩素酸ナトリウム液）が必要である。 ・症状が治まったあとも、ウイルスは 2 ～ 3 週間便の中に排出されるため、便とおむつの取り扱いには注意する。 ・冬季に流行する多くの胃腸炎はウイルス性である。ロタウイルスは 3 歳未満児の乳幼児が中心であるが、ノロウイルスはすべての年齢層に発症する。
RSウイルス感染症	・非常に感染力が強く、施設内感染に注意が必要である。特に 6 か月未満児が感染すると、肺炎や細気管支炎など呼吸困難を起こし重症になりやすい。 ・年長児や成人は感染しても、症状が軽くすむため感染していると気づかずに広げている場合もある。施設内で流行しているときは、乳児と幼児の合同保育は避け、特に 0・1 歳に関わる職員はマスクの着用、手洗いの徹底に努める。
突発性発疹	・6 ～24か月ごろの子どもが罹患することが多い。 ・生まれて初めての高熱である場合が多く、まれに熱性けいれんを起こすことがある。

表 7 - 5　医師の診断や治療が望ましい感染症

疾患名	配慮すべき事項
伝染性膿痂疹 （とびひ）	・夏場に好発する。 ・湿疹や虫刺され痕をかき壊すことで悪化するため、爪を短く切り、感染拡大を防ぐ。 ・アトピー性皮膚炎がある場合には重症になることがある。 ・湿潤部位はガーゼで覆い、治癒するまでプールは禁止する。 ・早めに医療機関を受診し医師の指示を仰ぐ。
伝染性軟属腫 （水いぼ）	・幼児期に好発しやすい。 ・プールの水で感染はしないが、タオルの共用は避ける。 ・かき壊し創がある場合には覆う。
アタマジラミ症	・保育所等では子ども同士が頭を近づけ遊ぶことや午睡での伝播も多い。 ・家族内での伝播も多く、家族内での駆除も必要である。

　保育所等で多くみられる感染症には、症状が出たときにはすでに病原体を排出しているもの、また、症状が出たときにはすでに病原体は減少しているものがあります。ここでは感染症に罹患後の登園に際し保護者とトラ

ブルになりやすい事例を見てみましょう。

事例 　症状はあっても、子どもが元気なら登園は可能！

　3歳のサチコちゃん。微熱と頬に赤くぽつぽつと発疹があり、受診の結果、伝染性紅斑（りんご病）の診断を受けました。翌日、頬は真っ赤で手や足にも赤い湿疹が広がっていましたが、元気だからと登園してきたところ、朝の受け渡しの際「ほっぺが真っ赤で症状がひどいし、広がると困るから、今日1日休んでください」と言われ連れて帰りました。「医師は保育園に行ってもいいと言ったのに、園で受けられないと言われると休まないといけないんですね」と保護者から苦情が寄せられました。

　しばしばこのような事例をみかけることはありませんか。それぞれの疾患によって登園基準が違うことを理解していないと、保護者の不信を招く事態になります。

ワーク

　次の課題のなかから1つ選び、小グループに分かれて話し合ってみましょう。

①感染症発症時の個人への対応および集団への対応について考えてみましょう（感染拡大防止、お知らせ、保護者対応、保育体制など）。

②情報収集や記録、保健所等への連携のしかたについて考えてみましょう（感染性胃腸炎、呼吸器系感染症〔RSウイルス等〕の発症の際の関係機関との連携等）。

③感染症発症時の行事のあり方について考えてみましょう。

レッスン 8

保育所等における
感染症の予防

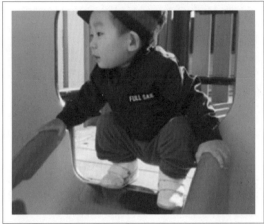

散歩先の公園の遊具で
遊ぶ。

写真提供：やよいこども園

ポイント

1 個々の子どもおよび集団の子どもの健康状態の把握と対応を理解する。
2 感染症の早期発見・対応のための保護者および他機関との連携を理解する。
3 血液を介して感染する病気、保育をするうえでの予防対策を理解する。

1 | 日々の子どもの健康状態の把握

　乳幼児は、集団に入ることで感染症にさらされ発病する機会が多くなります。特に入園 1 ～ 2 年は、さまざまな感染症にさらされます。

　日々の保育では、ふだんの子どもの様子や平熱を知っていることで体調の変化に早く気づくことができます。迅速な対応は、子どもの症状の悪化を防ぎ、感染拡大を防ぐことにつながります。

①一人ひとりの子どもの健康状態および集団としての健康状態を健康観察表に記録することで、クラスごと、および園全体の子どもの健康状態を把握することができます。

②登園の際には、熱や機嫌、食欲、便の性状など「いつもと違う」様子がないか健康状態を観察（「保育所における感染症対策ガイドライン（2018年改訂版）」別添 3「子どもの病気〜症状に合わせた対応」→図 7 - 1 参照）し、保護者と確認するとともに、医療機関への受診が必要な症状が認められた場合には受診を促します。

③一人ひとりの子どもの予防接種歴および感染症罹患歴について、常に最

新の情報を把握し、クラス別に一覧表にしておきます。

2 ｜ 保護者および他職種・自治体との連携

　感染症の予防対策には、保護者および職員との連携が不可欠です。日ごろから感染症の情報共有を心がけ、対応しましょう。

1 保護者との連携

①入園説明会や保護者会の開催、保健だよりの配布など機会あるごとに感染症の情報提供を積極的に行い、「体調不良時の対応のしかた」「登園基準」「施設で発症しやすい感染症」などについて保護者の理解を深めます。

②子どもの健康状態に気を配り、健康上気になる状態があるときや、体調不良の際には施設への連絡を依頼します。

③子どもの感染症発症には、家族内および近隣地域での発症がきっかけとなっている場合も考えられます。家族内・近隣地域の情報を提供してもらうよう依頼します。

2 職員との連携

①日々の子どもの健康状態の把握や感染症発症情報を共有できるよう、情報交換がスムーズにできる体制を整えます。

②職員が感染症を媒介しないよう、日々の健康管理に努め、感染症発症の際には看護師等と相談し対応します。職員の罹患状況や予防接種状況を把握し、必要なワクチンの接種をすすめます。

3 嘱託医・自治体・関係機関（保健所や学校）との連携

①嘱託医とは、日ごろから園内の感染症の発生や対策、園児の健康状態などの情報を提供し、協力体制を築きます。

②自治体や関係機関とは、**感染症サーベイランス**の体制を整え、地域での感染症情報を共有します。

 感染症サーベイランス
感染症の発症状況を調査・集計することで、感染症の蔓延と予防に役立てるシステム。なお、保育所等のサーベイランスについては、日本学校保健会が運営する「学校等欠席者・感染症情報システム」がある。

3 保育所等で多くみられる感染症の理解

1 感染症とその三大要因

　感染症の発症には、病原体を排出する「感染源」、病原体が人、動物等に伝播する「感染経路」、病原体に対する「感受性」が存在する人、動物等の宿主の 3 つの要因で成り立ちます。

2 感染症に罹患した際の取り決め

　感染症の流行を最小限にするために、医師の記入する登園届や登園基準を保護者、嘱託医、自治体と確認しておきます。

3 乳幼児が感染症にかかりやすい特徴の理解

①母胎から受け継がれた免疫が生後 6 か月くらいでかなり減少し、感染によって免疫が弱い状態の乳幼児が集団で保育されています。また、予防接種の月齢・年齢に満たない子どもたちも入園しています。

②長時間保育で、子ども同士や職員と濃厚な接触をしているため、感染の機会が多くなります。

③鼻水、よだれが多い年齢であり、特に乳児は床を這い、何でもなめて確かめ、なめたおもちゃを共有してしまうなど感染の機会が多くなります。

④乳幼児は手を洗う、鼻をかむ、マスクをするなどがうまくできないため、自らが感染予防対策をとることが難しい年齢です。

4 感染症に対する予防対策

　感染症の予防・対策には、感染症成立の三大要因を正しく理解し対策をとることが重要です。

1 感染経路を遮断する

　日常の保育のなかで飛沫感染が最も多い感染経路です。飛沫を浴びないように、感染者から 2 m 以上離れることやマスクの着用・手洗いの励行は予防に有効です。一方、空気感染は同じ部屋で空間を共有することで感染するので、感染者を隔離する（別の部屋に移す）ことが最も有効な手段です。また、経口感染では、食品に付着した病原体を洗浄で取り除くことや適切な吐物・排泄物の処理をすることが有効です。それぞれの疾患には複数の感染経路があることを意識して、常に予防対策を講じることが求められます（表 8-1）。

表 8 - 1　感染経路と主な疾患

感染経路	疾患*
空気感染	麻疹（はしか）、水痘（水ぼうそう）、結核
飛沫感染	インフルエンザ、流行性耳下腺炎（おたふくかぜ）、風疹、咽頭結膜熱（プール熱）、マイコプラズマ肺炎、百日咳、溶連菌感染症、手足口病
接触感染	とびひ、流行性角結膜炎、ヘルペス（帯状疱疹）
経口感染	ウイルス性胃腸炎（ノロ・ロタ・アデノウイルスなど） 腸管出血性大腸菌感染症（O157、O26、O111など）
血液感染	B型肝炎、C型肝炎

＊疾患によっては、複数の感染経路がある。

■2■ 感染源を取り除く

　感染の可能性のある者（子どもや大人）は医務室などで個別保育をします。また、感染している者は病原体を周囲に排出しているため、症状が軽減し一定の登園基準が経過するまで登園を控えてもらいます。

　感染の可能のある吐物や排泄物など、感染源となるものを取り除き適切な消毒を行います。

■3■ 宿主（ヒト）の免疫力を高める

　予防接種を受け、病気に対する免疫を体につくり、重い感染症の発病あるいは感染症の流行から子どもの健康を守ります。

　また、健康を守る生活習慣を身につけ、抵抗力のある健康な体づくりをすることも重要です。

5 ｜ 血液を介して感染する病気を予防するために

　日々の保育において、子どもたちは転倒によるすり傷、切り傷などよくけがをします。また、友だちと関わるなかでのかみつきやひっかきによる傷、鼻血など血液にふれる機会が多くみられます。また血液だけでなく、アトピー性皮膚炎などによる傷からの滲出液（血液成分の一種）なども感染源になります。日常生活で感染する可能性はまずないと言われていますが、日用品であるコップ・歯ブラシ、タオルなども感染源になることを念頭に共用は避け、取り扱いには注意しましょう。近年、乳幼児や保育者の間で、B型肝炎ウイルスの感染拡大の報告もあるため、「保育の場において血液を介して感染する病気を防止するためのガイドライン」（2014年）を参考に血液の取り扱いについて正しく理解しましょう。

■1■ B型肝炎ウイルスの理解

　B型肝炎ウイルスが含まれている血液や成分が傷口についたり、目や口の

中に入ったりすると感染することがあります。また、Ｂ型肝炎ウイルスをもっている母親から生まれた赤ちゃんは、出生のときに感染してしまうことがあります（垂直感染）。

　Ｂ型肝炎ウイルスに感染しても70〜80％は無症状で知らない間に治りますが、残りの20〜30％は急性肝炎を発症します。また、慢性的にＢ型肝炎ウイルスをもっていても85〜90％は免疫ができ、肝臓の機能は正常化しますが、残りの10〜15％は将来肝臓の病気（慢性肝炎、肝硬変、肝細胞がん）へ移行するとも言われています。

２　Ｂ型肝炎ワクチン接種

　血液媒介感染症を起こす病原体の代表的なものには、Ｂ型やＣ型肝炎ウイルス、ヒト免疫不全ウイルス（エイズウイルス）などがあります。ワクチンで予防できるのはＢ型肝炎です。免疫機能の未熟な乳幼児がＢ型肝炎ウイルスに感染することで、慢性的にウイルスを保有する（キャリア化）可能性が高くなるため、生後2か月からの定期のワクチン接種が実施されています。また、血液にふれる機会の多い保育現場では、職員もＢ型肝炎ワクチンの接種が望まれます。

３　日々の保育のなかでの血液の取り扱い

　血液を取り扱う際の注意事項は、以下のとおりです。
①血液・滲出液は素手ではふれないようにします。ふれる際には手袋をします。万が一、ふれてしまったときには、できるだけ早く手洗いをしっかりします。
②アトピー性皮膚炎児の軟膏塗布の際も、手袋の着用を忘れずにします。
③血液のついたものはそのまま捨てないようにし、必ずビニール袋に入れて捨てます。
④血液がついても捨てられない衣類・リネンは50〜60倍に希釈した塩素系漂白剤に10分程度つけてから洗濯します。
⑤血液や滲出液がつく可能性のある物品を使うときには、使い捨て製品を使います。

6 ｜ 予防接種の重要性

　予防接種の役割は、ワクチンを接種することであらかじめ病気に対する免疫を体につくり、重症となりやすい感染症の発病あるいは感染症の流行から子どもの健康を守ることです（表8-2）。

　保育所等では、子どもや職員の感染症罹患歴や予防接種歴を記録に残し保管します。未接種のワクチンがある場合には、予防接種の標準的なスケジュールに従って接種時期、回数など計画的な接種ができるように嘱託医等と相談し速やかな接種をすすめます。

レッスン **8**

保育所等における感染症の予防

表 8 - 2　予防接種とワクチンの種類

定期予防接種の種類	生ワクチン	BCG（結核の予防）・MR（麻疹・風疹混合）・水痘
	不活化ワクチン・トキソイド	DPT-IPV（四種混合：ジフテリア・百日咳・破傷風・ポリオ）・日本脳炎・ヒブ感染症（Hib）・肺炎球菌感染症・B型肝炎
任意予防接種の種類	生ワクチン	ロタウイルス*・流行性耳下腺炎
	不活化ワクチン	インフルエンザ（季節性）・髄膜炎菌

＊ロタウイルスワクチンは、2020年10月1日から定期接種になる。

図 8 - 1　予防接種間隔

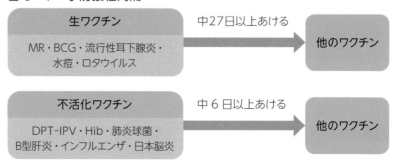

出典：一般社団法人日本ワクチン産業協会「2019年予防接種に関するQ&A集」
(http://www.wakutin.or.jp/medical/pdf/qa_2019.pdf#page=325 [2020年 5 月11日確認])

1　予防接種の種類

　予防接種の制度には、定期予防接種と任意予防接種があります。
・定期予防接種：予防接種法に基づき市区町村が実施。万が一接種後に健康被害が発生した場合、国の救済制度がある。
・任意予防接種：予防接種法に基づかず保護者の選択で接種するが、子どもたちにとって大切なワクチンである。
　ワクチンの種類には、生ワクチンと不活化ワクチンがあります。
・生ワクチン：病原体（細菌やウイルス）の病原性を弱めたもの。
・不活化ワクチン：病原体を培養し、精製・処理して病原性をなくしたもの。

2　予防接種間隔

　予防接種の間隔について、図 8 - 1 に示します。
・生ワクチンは、次の接種を行うまで中27日以上あける。
・不活化ワクチンは、次の接種を行うまで中 6 日以上あける。

3　予防接種後の注意

　予防接種後は、30分間くらい医療機関で副反応がないか様子を見ますが、その後はいつもの生活ができます。

次のようなことに注意をして子どもの様子を見守りましょう。

・予防接種後、注射部位が赤く腫れたり、しこりになったり、かゆみで
　ひっかいたりすることがあるので数日は観察をする。
・予防接種後数日間に、発熱や体調不良など気になる様子があったときに
　は、かかりつけ医や予防接種を受けた医師に相談する。
・子どもは、注射接種により不安な気持ちになったり、ふだんの生活と違
　うことで動揺したりするので、しっかり子どもの気持ちを受け止める。

4　その他の情報

そのほか予防接種に関するものとして、同時接種や、追加免疫（ブース
ター効果）などがあります。
・同時接種：同じ日に 2 本以上のワクチンを接種部位を変え接種すること。
　効果や安全性は変わらない。
・追加免疫：ワクチンを複数回接種することで、病気に対する免疫効果を
　上げること。

ここで、予防接種に関する事例についてみてみましょう。

事例　**予防接種後の登園はできないの？**

　生後 8 か月のカナタちゃんの保護者は、予防接種を受けるために早退し
迎えに行く（かかりつけ医の予防接種を受けられる時刻が13〜15時）と「予
防接種のあと、24時間は自宅で様子を見てください」と保育者から言われ
ました。医師からは「30分様子を見て何にもなければ保育所に行ってもい
いと言われたのに、次の日まで休まないといけないのはなぜか」と保育所
に問い合わせました。すると「小さい子どもは予防接種のあと何かあっても、
集団だと気づかないことがあると困るから」とのことでした。
　会社の同僚が預けている施設でも、「接種当日は休んでと言われている」
「予防接種後30分経てば接種後でも預かってもらっている」など、施設に
よって対応がまちまちでした。

事例のような保護者からの訴えについて、保育所等の方針と言われると
保護者はどうにもならないのでしょうか。

保育所等の運営方針もありますが、保育者はどのように考えればいいの
でしょうか。

　次の課題のなかから1つ選び、小グループに分かれて話し合ってみましょう。

①事例を読み、保護者の就労を支えるために、また、子どもへの影響なども考え、保育者としてどのような支援ができるのかを考えてみましょう。同時に、予防接種の把握のしかたやすすめ方についても考えてみましょう。

②日々の保育における健康状態の把握のしかたや記録のとり方、また、保護者にわかりやすい感染症情報提供のしかた（地域での発症や園内での発症、クラス内での発症）を話し合ってみましょう。

③感染症発症を想定し、通常の職員間および嘱託医、自治体や関係機関との連携（感染症サーベイランスシステムの構築）のしかたなどについて考えてみましょう。

感染症予防のための
環境整備および衛生管理

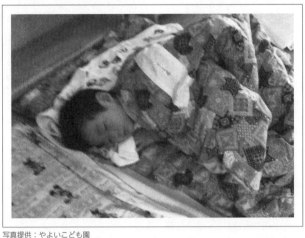

写真提供：やよいこども園

保育所等における
お昼寝の様子。

ポイント

1 標準予防策と手洗いなど衛生管理の基本を学ぶ。
2 日々の保育環境の整備や衛生管理を学ぶ。
3 職員の衛生管理意識の向上を図る。

1 | 日々の保育環境における衛生管理の基本的な考え方

　保育所は、子どもたちが集団で長時間生活をともにしている場です。感染症の流行を防ぎ、安全で快適な保育環境を保つためには、常日ごろからの清掃や衛生管理が重要です。

　また乳幼児期は、生理的機能も未熟なため、外気温、湿度などの外界の刺激に左右されやすいため、適切な保育環境を保つことを心がけましょう。

　看護師がいる場合には、看護師を中心に保健・安全委員会を立ち上げ、組織的に環境整備や衛生管理に取り組みましょう。

　保育所における環境整備や衛生管理については、「保育所保育指針」や「児童福祉施設の設備及び運営に関する基準」に示されています。また、食事の提供や衛生管理については、「保育所における食事の提供ガイドライン」などさまざまな通知が出されています。内容を理解しておきましょう。

1 標準予防策

集団生活において衛生の基本的な考え方として、標準予防策（standard precautions）を理解し適切な対応をすることで感染を最小限にすることができます。また、手指が主な感染拡大の媒介となっています。

標準予防策とは、「ヒトの血液、喀痰（かくたん）、尿、糞便等に感染性があるとみなして対応する方法[1]」です（表9-1）。「医療機関で実践されているものであり、血液や体液に十分な注意を払い、素手で触れることのないよう必ず使い捨て手袋を着用する、また、血液や体液が付着した器具等は洗浄後に適切な消毒をして使用し、適切に廃棄するなど、その取扱いに厳重な注意がなされています[2]」。

表9-1　感染する可能性があると考えられるもの

・血液・体液（精液、膣分泌液）
・粘膜（口、鼻の中、肛門、陰部）
・汗を除く分泌液（鼻水、目やに、涙、痰、唾液、母乳）
・排泄物（便、尿、吐物）
・傷や湿疹などのある皮膚　など

2 手洗いの原則

感染症の媒介の多くは手指からの感染で、手洗いは感染症予防の基本と言えます（表9-2）。保育現場では、大勢の子どもたちの排泄物や分泌物、鼻血、傷にふれる機会が多く、子どもや職員の手から、感染を広げることになります。正しい手洗いの方法や手洗いのタイミングを身につけ、感染経路を遮断することが大切です。

表9-2　手指の衛生管理

通常	流水、石けんで十分手洗いする。
下痢・感染症発生時	流水、石けんで十分手を洗ったあとに、消毒用エタノール等で消毒する。次亜塩素酸ナトリウム系消毒薬は手指には使用しない（便や嘔吐物処理時は、使い捨て手袋を使用）。
備考	毎日清潔な個別タオルまたはペーパータオルを使う。 食事用のタオルとトイレ用のタオルを区別する（手指専用消毒液を使用すると便利）。 血液は使い捨て手袋を着用して処理をする。

出典：厚生労働省「保育所における感染症対策ガイドライン（2018年改訂版）」2018年をもとに作成

 参照 　*1　厚生労働省「保育所における感染症対策ガイドライン（2018年改訂版）」2（1）
　　　　　イ）「感染経路別対策」⑤血液媒介感染〈血液についての知識と標準予防策〉
　　　　*2　同上

2 ｜ 園舎内外の環境整備と衛生管理

1 園舎内の環境整備と衛生管理

①保育室の環境整備と衛生管理

　季節に合わせた適切な室温・湿度を保ち、換気をします（表9-3）。また、各部屋に温度・湿度計を設置し、測定時は子どもの目の高さで測定します。

　冷房を使用している際には、床面温度が2～3℃低い場合があるため、扇風機などを使用し空気を循環させるとよいでしょう。

表9-3　保育室の環境

	夏	冬	注意
温度	26～28℃	20～23℃	冷房を使用する際は外気温との差が5℃以内にする。
湿度	60%		除湿器・加湿器を適時使う。
換気	通常は最低2時間に1回、感染症流行時には最低1時間に1回窓を開け空気の入れ替えをする。		

　日々の清掃は感染予防のために最も大切です。通常の清掃は日常使う洗剤などを使用し湯拭きでよいですが、子どもや職員がよくふれるところ（ドアノブ・手すり・蛇口など）は適切な消毒薬を使います。また、感染症の流行のときには適時消毒薬液を使いますが、消毒する際にまわりに子どもがいないことを確認することも必要です。

　日常生活で使用する衣類やタオルなどの共用は避け、コップや歯ブラシなどは個人もちにし、他児のものとふれたり誤って使ったりしないように注意します。

②おもちゃの衛生

　特に乳児のおもちゃは、しゃぶったり、なめたりと直接口にふれるため、ほかの子が使う前にそのつどお湯などで洗い流し清潔にします。洗えないものは定期的に湯拭き、または消毒液を使い拭きます。感染症の流行のときには、できるだけ洗えるおもちゃに取り換えます（表9-4）。

③おむつ交換場所

　特に便のなかには病原体が多く排出されています。なかでもウイルス性胃腸炎（ノロウイルス・ロタウイルスなど）や手足口病、咽頭結膜熱、ヘルパンギーナなどから、回復後も2～4週間もの長期間排出されていると言われています。日々の排泄物の取り扱い時には感染防止のため、手袋の着用や個別シートを使います。おむつ交換場所は、一定の場所を設定し、清潔区域と交差しないことや手洗い場の近くが望ましいです。

表 9-4　遊具の衛生・消毒

	ふだんの取り扱い	消毒方法
ぬいぐるみ 布類	定期的に洗濯 陽に干す（週1回程度） 汚れたら随時洗濯	便、嘔吐物で汚れたら、汚れを落とし、0.02％の次亜塩素酸ナトリウム液*に十分浸し、水洗いする ※汚れがひどい場合には処分する
洗えるもの	定期的に流水で洗い陽に干す ・乳児がなめるものは、毎日洗う ・乳児クラス：週1回程度 ・幼児クラス：3か月に1回程度	便や嘔吐物で汚れたものは、洗浄後に0.1％の次亜塩素酸ナトリウム液に浸し、陽に干す
洗えないもの	定期的に湯拭きまたは陽に干す ・乳児がなめるものは、毎日拭く ・乳児クラス：週1回程度 ・幼児クラス：3か月に1回程度	便や嘔吐物で汚れたら、汚れをよく拭き取り、0.1％の次亜塩素酸ナトリウム液で拭き、陽に干す

＊0.02％の次亜塩素酸ナトリウム液＝製品濃度6％の次亜塩素酸ナトリウムを300倍希釈した液
出典：表9-2と同じ

表 9-5　次亜塩素酸ナトリウム（製品濃度約6％の場合）の希釈方法

消毒対象	濃度（希釈倍率）	希釈方法
便や嘔吐物が付着した床 衣類等の漬け置き	0.1％ （1,000ppm）	20mLの次亜塩素酸ナトリウムに水を足して1Lにする。
食器等の漬け置き トイレの便座やドアノブ、手すり、床等	0.02％ （200ppm）	4mLの次亜塩素酸ナトリウムに水を足して1Lにする。

※次亜塩素酸ナトリウムは、すべての微生物に有効
出典：表9-2と同じ

④トイレの清掃

　感染源とならないように、日ごろからしっかりと清掃および消毒（塩素系消毒が望ましい）で清潔に保ちます。特に便器、汚物槽、蛇口、トイレサンダルなどはていねいに清掃します（表9-5）。トイレ使用後の手拭きは、ペーパータオルが望まれます。

⑤嘔吐物の処理

　嘔吐物には1g当たり100万個から10億個もの大量のウイルスが含まれていると言われており、迅速で適切な処理が必要です。また、飛散した吐物は、広範囲に飛び散っていることを知っておきましょう（50cmの高さで吐いた場合、吐物の内容物にもよるが飛散距離は約130～150cmほど）。

　嘔吐物の処理に際しての注意事項は、以下のとおりです。

・嘔吐物の処理には使い捨てのものを使う（表9-6）。
・応援を呼び、他児を別の部屋に移動させる。
・嘔吐物を覆い消毒液を使い拭き取り、嘔吐場所は消毒する。
・処理に使用したものはすべて破棄する。
・換気を忘れない。
・処理後は手洗い・うがいをし、状況により着替える。

表9-6　吐物処理に必要な物品

使い捨て手袋・使い捨てマスク・使い捨て袖付きエプロン・使い捨て足袋・使い捨て雑巾・ビニール袋（大・小）・消毒容器（バケツにまとめておく）・次亜塩素酸ナトリウム（50～60倍希釈液）

・汚染された衣類は、二重のビニール袋に密閉し家庭で処理してもらう（家庭での消毒のしかたをきちんと伝える）。

■2　園舎外の環境整備と衛生管理

①園庭：安全管理とともに衛生管理を徹底する

　砂場は猫の糞などによる寄生虫や大腸菌で汚染されていることがあります。動物の糞、尿などは速やかに除去するとともに、シートで覆います。また、砂場は定期的に掘り起こし（30cm位）、日光に当てます。砂場で遊んだ後は石けんで手洗いをします。

　樹木や雑草は適切に管理し、害虫、水たまりなどができないよう駆除や消毒を行います。

　小動物の飼育施設は清潔に管理し、飼育後の手洗いを徹底します。

②プール：水質管理を徹底し感染予防に努める

　「遊泳用プールの衛生基準」に従い、遊離残留塩素濃度が0.4～1.0mg /Lに保てるよう毎時間**水質検査**を行い塩素消毒します。簡易ミニプール（ビニールプール等）についても同様です。また、排泄が自立していない乳幼児には個別のタライを用います。

　汗や汚れでも塩素濃度が減少するため、プール前には全身をシャワーで洗います。また、排便処理が確実ではない乳幼児には、石けんでのお尻洗いも必要となります。幼児はできるだけ自分で洗えるよう指導します。

　プールによる感染予防のためにも、プール後の全身シャワーやうがいを促します。

③職員の衛生：職員が感染の媒介者にならないように衛生管理を心がける

　保育中の確実な手洗いと、感染源となりうるものへの安全な処理方法を身につけます。

　自身の日ごろの体調管理に気をつけ、熱や咳など体調不良を感じた場合には早急に医師の診察を受け、可能な限り子どもと接することを避けます。

　自身の手に手荒れや傷がある場合、傷口を絆創膏などで完全に覆います。子どもに軟膏を塗布するときには手袋などを着用し、直接ふれないようにします。

用語　水質検査
水の色やにおいなどを調べ、使用目的の基準を満たしているかを判定する。

第 4 章

保育所等における
事故防止と危機管理

　保育所等における事故は大きなニュースとなり、そのたびに対応の不備が問われています。実際には、事故が起きてから対応を考えるのではなく、その前に何ができるのかが問題です。1つの重大事故の背後には、いくつかの軽微な事故と数多くのミスがあると言われています。事故となるかならないかは、ふだんからの組織的な取り組みの有無が関係しているのです。子どもたちが生活する場での事故防止のためには、日常的な取り組み、検討し合う環境づくりが欠かせないだけでなく、さまざまな場面を想定した点検や研修も大切です。何より、子どもたちと関わる人々の危機管理を常に意識しなければなりません。そのためには、ほかの保育所等での事故や災害を、自分たちも関わる可能性があるものとして考え、小さなミスもなくすような努力が必要です。

事故防止の実践と
事故発生時の対応

保育所等では、子どもの安全を確保するため保護者とともに訓練を実施している。

写真提供：富士みのりこども園

1 | 事故防止の実践

1 「教育・保育施設等における事故防止及び事故発生時の対応のためのガイドライン」

　教育・保育施設等における死亡事故などの重大事故は、残念ながら毎年発生しています。2015（平成27）年4月に施行された「子ども・子育て支援新制度」において「特定教育・保育施設及び特定地域型保育事業並びに特定子ども・子育て支援施設等の運営に関する基準」が定められました。これを機に、特定教育・保育施設および特定地域型保育事業、認可外保育所等・事業を含め、施設・事業者、地方自治体に応じて体制整備や教育・保育等を実施していくにあたり参考にするために、「教育・保育施設等における事故防止及び事故発生時の対応のためのガイドライン」（以下、ガイドライン）が作成され、2016（平成28）年3月に公表されています。このガイドラインに沿って、事故発生防止等のための取り組みとして、それぞれの実情に応じた具体的な指針を策定し、教育・保育等を実施することとなります。

2 ガイドラインの内容

①事故発生防止（予防）のための取り組み

　ガイドラインは、事故発生防止（予防）のための取り組みについての記述が、1）安全な教育・保育環境を確保するための配慮点等、2）職員の資質の向上、3）緊急時の対応体制の確認、4）保護者や地域住民等、関係機関との連携、5）子どもや保護者への安全教育、6）設備等の安全確保に関するチェックリスト、7）事故の発生防止のための体制整備の7つの項目で構成されています。安全な教育・保育環境を確保するため、子どもの年齢や発達に応じた配慮事項、場所、活動内容に留意するとともに、事故の発生防止に取り組むために、睡眠中、プール活動・水遊び、誤嚥（食事中・玩具・小物等）、食物アレルギー等に対する注意事項が記載されています。このガイドラインを参考にそれぞれの状況に応じて、具体的な対応策を検討することが重要です。

②事故の再発防止のための取り組み

　このガイドラインでは事故の再発防止のための取り組みについての記述が、1）再発防止策の策定、2）職員等への周知徹底の2つの項目で構成されています。教育・保育施設等、地方自治体等は、死亡事故などの重大事故が発生した場合、どのような事故であったかの検証を行い、改善点を検討することにより重大事故の再発防止に努めます。

2 ｜ 事故発生時の対応

1 重大事故の現状

　内閣府より、毎年教育・保育施設等における事故報告集計が公表されています。2018（平成30）年1月1日から12月31日までの期間内で全治30日以上の重篤な事故等の報告件数は1,641件あり、負傷事故件数は1,632件で、そのうち骨折が1,330件（81.5％）を占めています。死亡事故は9件（0.5％）です。事故の発生場所としては施設内が1,461件（89％）、施設内のうち805件（55％）は施設内の室外で起きています[*1]。表10−1は教育・保育施設等における事故報告の概要です。

　死亡事故9件の発生状況は、「睡眠中」に認可保育所1件、認可外保育施設6件、家庭的保育事業1件、「その他」に認可保育所1件となっています。

　図10−1は2004年からの保育施設等における死亡事故の報告件数の推移です。

---

　*1　内閣府子ども・子育て本部「『平成30年教育・保育施設等における事故報告集計』の公表及び事故防止対策について」2019年

表10-1　教育・保育施設等における事故報告

（件）

	認定こども園・幼稚園・認可保育所等*	放課後児童クラブ	合計	割合（％）
負傷等	1,212	420	1,632	99.5
（うち意識不明）	（11）	（2）	（13）	（負傷等の0.8）
（うち骨折）	（974）	（356）	（1,330）	（負傷等の81.5）
（うち火傷）	（4）	（2）	（6）	（負傷等の0.4）
（うちその他）	（223）	（60）	（283）	（負傷等の17.3）
死亡	9	0	9	0.5
事故報告件数	1,221	420	1,641	100

＊認定こども園・幼稚園・認可保育所等とは、放課後児童クラブ以外の施設・事業
出典：内閣府子ども・子育て本部「『平成30年教育・保育施設等における事故報告集計』の公表及び事故防止対策について」2019年

図10-1　これまでの保育施設等の死亡事故件数

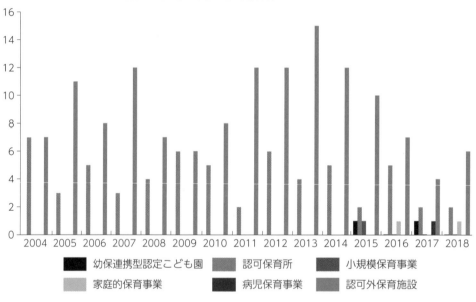

幼保連携型認定こども園　　認可保育所　　小規模保育事業
家庭的保育事業　　病児保育事業　　認可外保育施設

出典：表10-1と同じ

▶2◀ 重大事故が発生しやすい環境

①睡眠中

　午睡の時間に、保育者は日誌や連絡帳の記入、打ち合わせなどさまざまなことを行っています。しかし、子どもが眠っている間に死亡事故が起きていることを重要視し、安全な子どもの睡眠を確保することを一番に考えた保育を検討することが大切です。

　特に乳児は、窒息やSIDSの可能性があることを考慮した環境設定を睡眠前に整え、睡眠中の配慮事項を守り、5分ごとに睡眠中の様子を確認しチェック表に記載します（表10-2）。

　医学的な理由で医師からうつぶせ寝を指示されているケースを除き、乳

表10-2　午睡チェック表

年　　月　　日(　)	歳クラス　午睡チェック表					室温　　℃　湿度　　%	

時間		12:45	12:50	12:55	13:00	13:05	13:10
氏名	顔の向き 身体の向き 症状	上 下 右 左 上 下 右 左 咳 熱 鼻汁	上 下 右 左 上 下 右 左 咳 熱 鼻汁	上 下 右 左 上 下 右 左 咳 熱 鼻汁	上 下 右 左 上 下 右 左 咳 熱 鼻汁	上 下 右 左 上 下 右 左 咳 熱 鼻汁	上 下 右 左 上 下 右 左 咳 熱 鼻汁
氏名	顔の向き 身体の向き 症状	上 下 右 左 上 下 右 左 咳 熱 鼻汁	上 下 右 左 上 下 右 左 咳 熱 鼻汁	上 下 右 左 上 下 右 左 咳 熱 鼻汁	上 下 右 左 上 下 右 左 咳 熱 鼻汁	上 下 右 左 上 下 右 左 咳 熱 鼻汁	上 下 右 左 上 下 右 左 咳 熱 鼻汁
観察者名							

※向きと症状がある場合は○をつける

児の顔が見えるあおむけに寝かせることが重要であり、①一人にしないこと、②寝かせ方に配慮を行うこと、③安全な環境を整えることは、窒息、誤飲、けがなどの事故を防ぎます。

　特に以下の項目は、リスクを除去するうえで重要です。

・柔かなふとんやぬいぐるみ等を使用しない。

・ひも、またはひも状のものを置かない。

・ミルクや食べたものなどの嘔吐物がないかを確認する。

・定期的に子どもの呼吸・体位、睡眠状況を観察する。

　しかし、連絡帳や日誌を書きながらでは、どうしても書くことに集中してしまい、5分ごとのチェックがおろそかになります。午睡チェックを行うための人的配置の検討が望まれます。

　午睡時間にさまざまなことを保育者は行わなければならない状況のなかで休憩時間を満足にとることができないまま、実際に多くの業務を行っています。人的な努力だけでは限界があります。ICT（情報通信技術）による睡眠時の呼吸や体動を検知し、子どもの安全を守るシステムの活用が実施されています。しかし、価格の面ですべての保育所には導入できずにいるため、さらなる行政の支援が必要です。

②乳幼児突然死症候群（SIDS：Sudden Infant Death Syndrome）

　生後2か月から6か月ごろに多く、まれには1歳以上で発症することがあります。睡眠中に発症し、日本での発症頻度はおおよそ出生児6,000～7,000人に1人と推定されています。それまでの健康状態や既往歴からその死亡が予測できず、しかも死亡状況調査および解剖検査によってもその原因が特定されず、原因不明の乳幼児の突然死です。予防法は確立していませんが、以下のことがリスクを低くします。

【リスクを低くする方法】

・うつぶせ寝をしない。

・できるだけ母乳で育てる。

・喫煙をしない。

③プール活動・水遊び

　保育所等では、複数の子どもの様子を複数の保育者で観察している状況のなかでは、どうしても目が離れてしまうのが現状です。

　ちょっと目を離したすきに、おぼれてしまう事故が発生しています。プールや水遊びは楽しい反面、命に関わる重大事故につながります。事故を防ぐために十分な事前教育を行います。

【事前教育の項目】

・監視を行うときに見落としがちなリスクや注意事項をクラスごとに確認し、職員間で共有する。

・監視者・プールや水遊びの指導者・衛生管理者（塩素濃度の測定および管理）が、それぞれの役割に専念できる人的配置を確認する。

・通常の保育者の配置では対応できない場合は、応援体制を検討し無理な人員配置のままプールや水遊びは実施しない。

・緊急事態に対応できるように準備と実践的な訓練を行う。

【ガイドラインにおける注意すべき項目】

・監視者は監視に専念する。

・監視エリア全域をくまなく監視する。

・動かない子どもや不自然な動きをしている子どもを見つける。

・規則的に目線を動かしながら監視する。

・十分な監視体制の確保ができない場合については、プール活動の中止も選択肢とする。

・時間的な余裕をもってプール活動を行う。

1）水質管理

　保育者が子どもを実際にプールや水遊びをさせながらプールの遊離残留塩素の測定を行い、適正濃度を維持管理します。

　プールの大きさもクラスや施設の環境に応じ、タライや大小さまざまなビニールプール、組み立て式プールなどを使用します。保育者は5〜20分程度おきに塩素濃度を測定し、塩素を投入します。塩素投入時は子どもをプールサイドに上げ、投入後よくかき混ぜて塩素濃度の確認をしてから再度、プール活動を行います。

　使用しているプールごとにプール日誌の記入が必要となります（表10-3）。日時、天候、気温、水温、遊泳人数、残留塩素濃度、塩素投入量、水の補給の有無、プール状況の記録をします。

　水質管理を行い健康支援、感染対策としての安全への配慮も必要です。現状としてガイドラインの対策を実施するには人的配慮が必要です。監視や水質管理をするための人員への、新たな行政からの支援体制が求められています。

表10-3　プール日誌

組　　　年　　月　　日（　　）　　気温　　℃　水温　　℃　天気

時間	残留塩素濃度	塩素投入量	遊泳人数	水の補給	状況
				有 ・ 無	
				有 ・ 無	
				有 ・ 無	
				有 ・ 無	
				有 ・ 無	

表10-4　プール表

組　　　　　　年　　月　　日（　　）

氏名	体温　℃	健康状態	プール可・否
			可 ・ 否 ・ シャワー
			可 ・ 否 ・ シャワー
			可 ・ 否 ・ シャワー
			可 ・ 否 ・ シャワー

2）健康管理

　保護者へプール活動や水遊びの注意事項を保健だよりなどで知らせることにより、保育所等での集団生活としての配慮事項を理解し協力を得ます。保護者とともに子どもの健康管理を行うために、自宅で体温測定、健康状態（咳・鼻汁・頭痛・下痢・腹痛・吐き気・嘔吐・目やに・目の充血・発疹の有無・傷の有無・元気がない・機嫌が悪いなど）を確認します。その結果、プールに今日は入ることができる・できない、プールに入ることはできないがシャワーで汗を流すことは可能であるなど、クラスごとの状況をプール表に毎日保護者に記入してもらいます（表10-4）。

3）遊泳前の準備

　保育所等のプールは1人当たりの水量が一般のプールに比べるとかなり少ないため、プールを汚す原因をもち込まないようにすることが大切です。そのため各園児の健康状態の確認が重要になります。確認後、全身をシャワーで洗いますが、特にお尻洗いは手袋を使用し、石けんで十分に洗い流します（お尻洗いは水着を着用する前に行います）。

【遊泳前の注意事項】

・排尿をすませ、鼻をかんでおく。

・髪は束ねて帽子の中に入れる。

・準備体操をする。

・爪を短く切る。

・水着を着用する（裸でプール活動・水遊びは行わない）。

・プライバシー保護のため、周辺から見えないようにする。

【遊泳中の注意事項】

プールの入水時間は、乳児は 5 ～10分、幼児は10～20分ぐらいが適当です。この時間を目安に水から上げ、休息をとります。光化学スモッグ注意報が発令された場合は、ただちに中止とします。

遊泳中の様子で気になることがあるときはプールサイドに上げ、状態をを確認し、場合によっては中止とします。

【遊泳後の注意事項】

プール後は目と体を洗い、体の水分をなるべく早く拭きとります。うがいのあとに水分補給を行います。もし耳に水が入ってしまった場合は出すようにします。

プール後の健康状態の把握と対応を行います。

④誤嚥（食事・玩具・小物等）

1）食事

保育所等では、複数の子どもの食事の介助を 1 人の保育者が行います。いつも食べている食材でも窒息する可能性があることを意識して、食事の介助と観察を行います。

【ガイドラインにおける食事介助の注意事項】

> ・ゆっくり落ち着いて食べることができるよう子どもの意思に合ったタイミングで与える。
> ・子どもの口に合った量で与える（一口で多くの量を詰めすぎない）。
> ・食べ物を飲み込んだことを確認する（口の中に残っていないか注意する）。
> ・汁物などの水分を適切に与える。
> ・食事の提供中に驚かせない。
> ・食事中に眠くなっていないか注意する。
> ・正しく座っているか注意する。

食事中に誤嚥や窒息した場合、すぐに救急対応を行わなければなりません。子どもの食事の様子をしっかり観察することが重要です。

過去に事故が起きた食材として、ミニトマト、白玉だんご、りんごなどがあります。

2）玩具や小物等

乳児は特に何でも、口に入れてなめてしまいます。玩具や小物等は口に入れ、誤って気管につめ窒息するおそれが常にあることを意識して、保育を行います。日々、玩具の部品が外れていないかのチェックをしたり、口に入る形状のものは常に数を確認したりします。さまざまな玩具を日々点検することで、安全な保育環境を設定しましょう。誤飲防止ルーラーなどで、ふだん使用している玩具や小物等が通る大きさであれば、乳幼児の口にも入ってしまいます。実際に確認すると、意外と大きなものが入ることを実感します（図10‐2）。

子どもが身につけているものが誤嚥の原因になることもあります。洋服

図10-2　乳幼児の最大口径

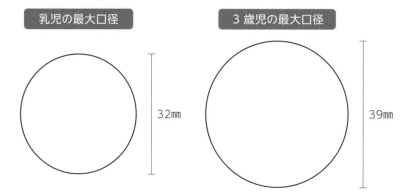

乳児の最大口径	3 歳児の最大口径
32mm	39mm

のボタン（おしゃれで飾りになっていることもある）、髪飾り（ゴム、ピン）など、子どもがかわいらしく着飾ることによる事故にも注意が必要です。

⑤食物アレルギー

　アレルギーのため、食物の除去や内服、軟膏塗布など保育所で配慮が必要な場合は、保護者の申し出により対応を行います。実施にあたり、医師による「保育所におけるアレルギー疾患生活管理指導表」（→レッスン14参照）の記入内容をもとに完全除去を基本としています。

　保護者の経済的負担を少なくするため、医師の指示のもと、保護者の申請書類のみで対応し、完全除去ではなく、卵、牛乳、小麦などは量や調理方法によってさまざまな対応を行っているのが現状です。狭い調理室で複数の除去食を調理しているなかで安全管理を保つことができるかが、今後の課題です。

【ガイドラインにおける人的ミスを減らす方法の例】

・材料等の置き場所、調理する場所が紛らわしくないようにする。
・食物アレルギーの子どもの食事を調理する担当者を明確にする。
・材料を入れる容器、食物アレルギーの子どもに食事を提供する食器、トレイの色や形を明確に変える。
・除去食、代替食は普通食と形や見た目が明らかに違うものにする。
・食事内容を記載した配膳カードを作成し、食物アレルギーの子どもの調理、配膳、食事の提供までの間に 2 重、3 重のチェック体制をとる。

　くわしくは「保育所におけるアレルギー対応ガイドライン（2019年改訂版）」を確認し、安全でおいしい食事の環境を整えることが子どもの成長につながります。

3　重大事故発生時の対応

　子どもの意識がない、けいれんしているなどの異変に気づいたら、すぐに救急車を呼べる体制が必要です。園長や施設長などに相談しないと救急

車を呼べない施設はありませんか。発見した職員が救急車を呼ぶ判断ができる、心肺蘇生ができる、自分の判断で動ける訓練を行うことで子どもの安全につながります。

　通常であれば「ほうれんそう」で報告や相談をして対応することが求められますが、緊急事態は一刻を争います。事故発生時の指示命令系統や役割分担を決め、事務室の見やすい場所に掲示しておきます。

【ガイドラインにおける緊急時の役割分担の例】

> ・心肺蘇生、応急処置を行う。
> ・救急車を呼ぶ。
> ・病院に同行する。
> ・事故直後、事故に遭った子どもの保護者、地方自治体関係部署に連絡する。
> ・事故当日、事故に遭った子ども以外の子どもの教育・保育を行う。
> ・事故直後、交代で事故の記録を書くよう職員に指示する。
> ・施設・事業所全体の状況を把握しつつ、病院に同行している職員など、それぞれの役割の職員間の連絡をとる。
> ・事故当日、必要に応じて、事故に遭った子ども以外の子どもの保護者に事故の概要について説明をする。
> ・翌日以降の教育・保育の実施体制の確認を行う。

①救急車の通報

　保育所等の住所や通報時に伝えるポイントをいざというときのために備えて、各保育室に掲示をしておくと、慌てずにかけられます。掲示場所を職員全員が把握していることが必要です。

②救急時の必要物品

> 家庭連絡票（氏名・生年月日・住所・保護者の連絡先）
> 園児の健康状態（アレルギーの有無・予防接種歴・感染履歴・体重）
> 子どもの着替え一式（上下洋服・下着・おむつ・靴）
> 筆記用具・タオル・ティッシュペーパー・現金・携帯電話など

　救急搬送時は状況を記録する必要があります。記録用紙を事前に作成・準備します。そして対応や変化があるときは、忠実に記録することが大切です（表10-5）。

③第一発見者の対応

　最初に子どもの異常を発見した保育者には、次のような対応が求められます。
・子どもから目を離さず、子どもを一人にしない。
・助けを呼ぶ。
・その場で状態を判断し、適切な処置を行う。
・ほかの子どもを別の保育室へ誘導および他の保育者に保育をお願いする。
・発生時からの経過を記録する。

④保護者対応

表10-5　緊急対応時の記録表

緊急時の記録表	
	年　　月　　日（　　）

園児クラス（　　　歳）　氏名（　　　　　　　　　　　　　　）
発生時刻　　時　　分
発生場所（　　　　　　　　　　　　　　　　　　）
第一発見者（　　　　　　　　　　　　　　　　　）
保護者に連絡　　　時　　分（父・母・他　　　　　）　電話対応職員（　　　　　　　）
救急車連絡　　　時　　分
救急車到着　　　時　　分
搬送医療機関到着　　時　　分　　　　　　　搬送医療機関名（　　　　　　　　）

時刻	症状および観察内容

　保護者への対応は、園長や施設長が責任をもって行います。園長や施設長が不在の場合はどのようにすればいいのか、マニュアルに記載します。

　今の園児の状態を伝え、医療機関に救急搬送するために救急車を依頼したことを伝えます。憶測や保育者の主観的な判断は伝えず、搬送先が決まったら、再度電話を入れ病院に来てもらうようお願いします。

⑤ほかの保護者や近隣住民・マスメディア対応

　保護者会を開き、事故の状況を報告し今後の対応策などを伝えます。近隣住民やマスメディア対応も必要となり、個人情報の取り扱いに重々注意が必要です。事故直後はわからないこと、決まっていないことが多い状況です。コメントは「今のところ原因については不明で、現在調査中です。これから防止策等検討します」などにとどめ、憶測での発言は禁物です。重大事故が発生したことを想定して、職員間の共通理解を深めることが必要です。

事例 保育者のつぶやき「プールが怖い!」

　プール活動最終日、5歳児クラス18名が1人ずつ「自分の一番の泳ぎ」を披露しているとき、アキラくんが意識がない状態でプールに浮かんできました。担任はすぐにアキラくんを抱きかかえプールサイドにいた園長に託しました。園長はすぐ事務所に移動し救命処置を行い、救急車で病院に搬送されました。アキラくんは数日間入院したあと元気に退院しました。

　元気に遊ぶアキラくんの姿にほっとしたものの、担任はもうプール活動をするのが怖いとつぶやいていました。その後、メンタル面でのフォローを行い、1年後にはプール活動を行えるようになりました。

ワーク

①保育者としてプール活動を行うことが怖くなってしまうような状況として、どのようなことが想定できますか。もし自分がそのような状況になった場合、どのように対応することが必要なのかを話し合いましょう。

②おもちゃの点検はどのような方法で実施していますか。実際の状況を踏まえて、安全なおもちゃの提供について話し合いましょう。

③重大事故発生時の対応について、園内研修を企画し講師を担当することになりました。どのような内容で実施するのかを話し合いましょう。

レッスン 11 災害への備えと危機管理

毎月行う避難訓練。
真剣な顔の2歳児
クラスの子どもたち。

写真提供：富士みのりこども園

ポイント

1 火災や地震などの災害の発生に備え、マニュアルを作成する。
2 定期的な避難訓練や防犯訓練を実施する。
3 保護者や地域との連携を深め、連絡体制や引き渡し方法の確認をする。

1 危機管理

　危機管理とは危機的な事態が発生した場合、可能な限り適切な対応を行うことにより、平常時の状態に復旧させることです。災害が発生する前に対応策の検討を行い、危機管理システムを整えておくことが必要です。特に乳幼児を預かる保育所等においては、保育者に子どもの命を委ねることになります。緊急事態発生時の役割分担を行うことが重要です。そのため、保育所等では予想されるすべての危機に対して、危機管理マニュアルの作成が行われています。自然災害や不審者などによる犯罪、交通事故などさまざまな状況が想定されます。すべてを予想することは難しいことですが、地域の特性を踏まえ、地方自治体のハザードマップなどを活用し、地域に根ざした危機管理を検討しましょう。

2 | 災害への備え

　2011（平成23）年3月11日の東日本大震災という未曾有の災害から、今も復興に向けてのさまざまな取り組みが行われています。その後も熊本地震、西日本豪雨災害（正式名称「平成30年7月豪雨」）、北海道胆振東部地震など、予想を超えた深刻な災害があちこちで起きており、私たちはいつどこで大きな災害に襲われるかもわからない状況になっています。

　それにより、「保育所保育指針」の「4　災害への備え*¹」が新設され、すべての保育所等で、大きな災害を想定した備えや安全対策を実施することが課せられています。

　4　災害への備え
（1）施設・設備等の安全確保
　ア　防火設備、避難経路等の安全性が確保されるよう、定期的にこれらの安全点検を行うこと。
　イ　備品、遊具等の配置、保管を適切に行い、日頃から、安全環境の整備に努めること。
（2）災害発生時の対応体制及び避難への備え
　ア　火災や地震などの災害の発生に備え、緊急時の対応の具体的内容及び手順、職員の役割分担、避難訓練計画等に関するマニュアルを作成すること。
　イ　定期的に避難訓練を実施するなど、必要な対応を図ること。
　ウ　災害の発生時に、保護者等への連絡及び子どもの引渡しを円滑に行うため、日頃から保護者との密接な連携に努め、連絡体制や引渡し方法等について確認をしておくこと。
（3）地域の関係機関等との連携
　ア　市町村の支援の下に、地域の関係機関との日常的な連携を図り、必要な協力が得られるよう努めること。
　イ　避難訓練については、地域の関係機関や保護者との連携の下に行うなど工夫すること。

---

1 施設・設備の安全点検と安全な環境整備

①施設・設備の安全点検

　保育所等の施設そのものが安全でなければ、ほかの対策をいくら行っても安心して過ごすことはできません。まずは施設の耐久性・耐震性に問題がないという安全性のお墨つきが必要です。そのうえで、日々の確認とし

　＊1　「保育所保育指針」第3章4「災害への備え」

表11-1　クラス別安全点検表

0歳児クラス

	点検項目	月　　日	月　　日	月　　日	月　　日	月　　日
1	テーブル、いす、棚					
2	おしぼりウォーマー落下防止					
3	お昼寝コット・ベッド・ふとん					
4	おもちゃの破損の有無					
5	ペン・ハサミ・カッターの管理					
点検者氏名						

※問題がない場合はレ点、異常がある場合はその内容を記載し報告する。

て破損しているところはないか、避難経路の確保はされているのか、防災扉が作動するためのスペースの確保ができているのかなどの確認が必要です。保育現場では限られたスペースのなかで保育環境の設定を行うことから、避難経路を塞いでしまったり、防災扉の周辺に荷物を置いたりすることがあります。いつ災害が発生するかわかりませんので、いつでも安全に避難できる経路の確保が重要です。

　施設全体の確認とは別に、保育所等の施設内として保育室、ホール、事務室、調理室、調乳室、医務室、トイレ、倉庫、階段、テラス、洗濯室、シャワー室、園庭など、それぞれの用途に応じた安全点検が必要になります。地震発生時に転倒、移動、落下しやすい家具、電化製品、備品などに転倒防止策が講じられているか、講じられていても日々点検を続けていくことが必要になります。

　保育所等は職員が当番制で、日々出勤時間が違うことから、それぞれの場所の担当責任者を決め、毎日クラス別および施設の用途別の点検を行い、安全点検表をそれぞれの場所ごとに作成し、職員全員で共有します（表11-1）。誰が点検しても確認しやすいように確認項目を細かく表示します。

②安全な環境整備

　保育所等では、子どもの手の届かない高いところとして、棚の上を活用しています。特に連絡帳や日誌などの書類のほか、ハサミなどの鋭利な刃物を置くなど、つい日常的に便利な場所となっています。しかし、地震発生時は落下することでけがをしたり、落下物で扉が開かなくなり避難ができず、状況によっては孤立してしまうことも考えられます。日ごろから高いところにものを置かない保育環境の整備が必要です。それにはカギをつけ、子どもが開けることができない棚を下に設置することが必要です。カギのついている棚は保育者の大切なものが入っているところ、子どもが勝手に開けてはいけないところであるなど、年齢に応じて伝えます。

　園庭などの施設外では、固定遊具の安全点検として、ねじなどのゆるみや破損箇所がないか、塗装が剝がれていないかなどを子どもが遊ぶ前に毎回確認します。園庭は外からものが投げ入れられていることもあります。子どもが遊ぶ前には、危険物、汚染物などが落ちていないかを確認し、不

表11-2　災害に備えた保育環境整備

保育室の出入り口	棚・靴箱	壁・窓・廊下・テラス
・避難経路の確保 ・扉の前にものを置かない ・カギ（大人の高さに設置） ・防犯用安全装置	・棚の転倒防止 ・落下防止やガードの設置 ・おもちゃや絵本の位置 ・泥などで汚れていないか	・壁や床の備品の固定 ・窓のカギと飛散防止 ・破損箇所の有無 ・滑り止め
トイレ・手洗い場	電気設備・コンセント	防災用品
・排泄物で汚れていないか ・洗剤や消毒液はカギをかけ保管 ・ぬれても滑りづらいマットを敷く ・水もれや破損箇所の有無	・感電防止対策 ・スイッチ等の破損の有無 ・非常灯と誘導灯の設置 ・蓄電システム ・照明器具の落下防止	・防災ずきんは常に使用可能にする ・避難リュックは常に使用可能にする ・調理室、事務室、医務室等の持ち出し物品を常に準備し使用可能にする

適切なものは取り除きます。

　園庭や散歩先で固定遊具で遊ぶ際の保育者の配置は、子どもの発達に応じてクラスごとに検討し、安全に使用できるようにします。遊具の使用時のルールを決めることで、全職員がこの遊具での遊び方を認識し、ルールを守ることができていない子どもには同じ対応が行えるようにします。保育者により遊びのルールが違うと、子どもたちが混乱します。

　狭い園庭で安全に楽しく過ごせるように、全体での協力体制が必要です。

③災害時に安全な保育室の環境

　保育室には、日々子どもたちと使用したものや制作物など、ものがたくさんあり、棚の上に一時置いてしまうことがあります。整理整頓を心がけていても、ものが増えていくのが保育室の現状です。そのなかで、災害時に安全な保育環境整備の視点での環境構成が子どもの安全を守ります（表11-2）。

2　災害発生時の体制および避難への備え

①災害発生に備えたマニュアルの作成

　保育所等における災害は、地震、津波、台風、ゲリラ豪雨、土砂崩れ、落雷、竜巻などの自然災害と、火災や保育活動などにともない発生するものまで多岐にわたります。それは予知が可能なものから、まったく予測不能なものまでさまざまであり、そのなかで保育者は子どもたちの安全を確保しなければなりません。そのために予測される災害ごとのマニュアルを作成し、職員間の共通理解を図ります。

1）自然災害への対応

　保育中に災害が起きた場合のマニュアルは作成されていますが、最近の台風などの自然災害の状況をかんがみると、前日の予報で交通機関の計画運休などの発表があった場合の休園ができるシステムを、今後行政と検討していくことが必要です。

　福祉施設としての役割は重要ですが、園児、保護者、職員の生命を脅かすおそれがあるため、安全第一の新たな対策を整えることが求められてい

ます。

2）災害時の指揮系統

　保育所等の多くは当番制で職員が出勤しています。通常の時間帯での指揮系統と、職員が少ない場合の指揮系統のマニュアルが必要になります。

　一般的には、園長（施設長）などが指揮命令を行います。不在だからわからないではなく、すべての時間帯での指揮系統を全職員が理解し対応できるように決めておくことが必要です。指示系統のフローチャートを作成し、事務所の見えるところに掲示します。そして安全に避難誘導できる役割分担表を作成し、毎月の避難訓練を実施するなかで課題を見つけたらすぐに変更していくことが大切です（表11-3）。

3）役割分担

　それぞれの役割分担を理解し、職員全体で子どもの生命を守るために落ち着いて行動することが大切です。

表11-3　災害時の役割分担表

園長	・園内への災害通報・放送・合図 ・安全への指示命令・安全誘導の指示 ・非常持ち出し（園児名簿、園児引き渡しカード、携帯電話）
副園長	・119番通報 ・園舎の残留児の確認 ・施設点検・全体の補助 ・保護者向け避難場所の明示
看護師	・園児、職員の救護および応急処置 ・救急用品の持ち出し ・非常持ち出し（パソコン、ガムテープ、ペン、紙） ・アレルギー対応の一覧と除去食対応名札 ・感染予防への対応（消毒薬、石けん、ペーパータオル）
保育士	・放送や声かけにより状況を把握し、適切な対応を行う ・指示により園児を集め、安全に誘導する ・防災ずきんを着用させる ・園児の人数を確認し報告する ・出席簿を持ち出す ・避難リュック ・保護者への引き渡し確認 ※クラスごとの分担と園全体としての連携を迅速に行えるようにしておく
調理員	・調理室の電気、ガスの元栓を閉める ・初期消火にあたる ・乳児クラスの避難誘導にあたる ・非常持ち出し（水、非常食）
用務員	・初期消火にあたる ・園舎の最終見回り ・園児の誘導にあたる ・非常持ち出し（衛生用品）
パート職員	・園児が安全に避難できるように誘導する ・避難車の準備 ・非常持ち出し（子どもの衣類）

【緊急時の対応】

> ・複数の避難経路を確保し、迅速に全園児がスムーズに避難する。
> ・書類として持ち出すもの：児童出欠簿（全園児名簿）、家庭連絡票、園児引き渡しカードおよび確認表、アレルギー・慢性疾患等対応表など。
> ・避難用リュックには緊急薬品、現金、園旗、笛、携帯電話、筆記用具、ガムテープ、タオル、ティッシュペーパー、保温シート、ビニール袋などを入れておく。
> ・応援体制を決め、誰がどのクラスに入るかを事前に決めておく。
> ・子どもが過度に不安にならないように努める。
> ・冷静に落ち着いて行動する。

②避難訓練の実施と安全教育

　保育者の適切な判断や指示により、子どもの生命を確保し被害を最小限にとどめるために、保育所等では、避難訓練の年間計画を年度ごとに見直し、毎月実施しています（表11-4）。火災、地震、防犯など毎月のテーマを決め、保育者と子どもたちが一緒に取り組むことで安全への意識が培われていくことになります。ふだんの保育で子どもの発達を踏まえながら、安全への意識を高める関わりが重要です。クラスごとに安全教育のテーマを決め、年間を通して実施します。

【安全教育】

　災害時に守ることを、子どもたちにわかりやすく伝えることが大切です。

　絵本、紙芝居、ペープサート、パネルシアター、人形劇、かるたなど災害時の対応を、子どもの年齢に応じてわかりやすく伝える安全教育を実施します。

・地震がきたら頭を守り、素早くテーブルの下に入る。
・非常ベルや放送があったら、すぐ保育者のところに集まる。
・火災のときは、煙を吸いこまないように口に手を当てる（ハンカチがあれば使用する）。
・お口はチャックし（話はしない）、先生の話を聞く。

③災害発生時の連絡方法および地域との連携

　災害発生時は園児・職員の安全確保や避難、災害の状況確認などが最優先となり、保護者からの連絡の個別対応は難しくなります。

　また、電話での連絡は回線状況の混雑もあり、不可能となることも考えられます。ある程度状況が落ち着いた段階で、緊急時災害連絡システムによるメール送信などの方法で情報発信を行うことをふだんから保護者と確認しておくことが必要です。災害時は、電話での問い合わせは控えるよう保護者に理解を求め、協力をお願いします（→保護者との連絡体制についてはレッスン12参照）。

表11-4　避難訓練年間計画

月	訓練種類別	計画内容
4	地震と火災	0 歳児、1 歳児クラスは保育室内でベルの音や合図に慣れる。新たなクラスでの環境下でテーブルの下に入り、園庭に避難する。防災ずきんをかぶる
5	地震と火災	地震により調理室より出火。園庭に避難し第一避難所へ、全クラスで歩いて避難する。0 歳児クラスはおんぶと避難車 1 台、1 歳児クラスは避難車 2 台とおんぶ、2 歳児クラスは避難車 1 台と徒歩、3 歳児クラスからは全員徒歩で避難所に移動する
6	救急法	・消防署員による、心肺蘇生法の指導および訓練 ・全職員を対象（パート、嘱託員、非常勤、委託業者、正規職員）
7	消火・通報	・消防署員による、消火訓練および通報訓練 ・全職員を対象（パート、嘱託員、非常勤、委託業者、正規職員）
8	プール中の地震	・各クラスごとのプール・遊泳中に訓練を行う ・ぬれた水着の上からTシャツを着る（Tシャツを 4 月に預かる）
9	防犯	子どもをあまり怖がらせないよう、考慮して行う
10	当番時の地震・火災	早番・延長など、朝一番早い時間帯での訓練と延長の最後の時間帯での訓練を実施する
11	合同訓練	同じ建物の児童館との地震と火災の訓練を行う
12	散歩中の地震	散歩先で地震があり、クラスごとでの訓練を行う
1	予告なしの地震と火災	予告なしで、突然訓練が始まる
2	地震	廊下に落下物、棚も転倒の状況で、保育室内の安全と思う場所に一時集まる
3	近隣火災	隣の住宅が火災。園庭に避難せず、クラスごとに避難所へ

事例　**3・11の東京都内の保育所**

　地震直後から都内の交通網はまったく機能していない状況となり、「孫が心配で」と 0 歳児クラスのマコトちゃんの祖父母が初めてお迎えに来ました。

　保育所では祖父母との面識がなく、保護者とも確認がとれず、マコトちゃんからも確認はとれません。身分証明となるものを確認し、このような状況でわざわざ来てくれる人は本当に祖父母であると園長が判断し、マコトちゃんを引き渡しました。でも本当によかったのか、ずっと気になっていました。翌日母親から電話があり、「お迎えに行くことができない状況だったので、引き渡していただき助かりました」と言われてほっとしたことを覚えています。

　その後、引き渡しカードの対応方法が変わり、事前にお迎えに来てくれる人に渡してもらい、必ず引き渡しカードをもっていないと引き渡さないことになりました。

ワーク

①保育所等で行っている安全教育の実践例をあげ、子どもの発達に応じた安全教育を行うための配慮を話し合いましょう。

②避難訓練の実施状況の事例をあげ、どのような視点で今後実施していくことが必要なのかを話し合いましょう。

③災害マニュアルは日々見直し、全職員と共有することが必要です。どのような点を考慮してマニュアルを見直す必要があるのかを話し合いましょう。

事故防止および危機管理に関する組織的取り組み

避難用のすべり台でいつもと違う雰囲気を感じる子どもたち。

写真提供：富士みのりこども園

ポイント

1️⃣ ヒヤリハット事例を共有し、重大事故につながるリスクを防ぐ。
2️⃣ 事故防止に向けた環境づくりを行う。
3️⃣ 事故発生時の保護者対応に注意する。

1 危機を未然に防止する取り組み

　危機を未然に防ぐには、子どもの特性を十分理解し、一人ひとりの職員が日々事故防止や災害時への対応に心がけ、起こりうるリスクをできる限り少なくすることが大切です。子どもを危険から守るために、全職員とともに保護者の協力を得ながら取り組んでいかなければなりません。

1 ヒヤリハット

　ヒヤリハットとは、重大な事故やけがに至らなかったものの、「ヒヤッとした」「ハッとした」ということです。

　1930年代にアメリカの損害保険会社で技術・調査をしていたハインリッヒが発表した理論「ハインリッヒの法則」によると、1件の重大事故のかげに29件の軽小な事故、300件のヒヤリハットが存在し、その裾野には数千から数万の危険を予感させるものが存在するとしています。ヒヤリハットが多いということは、重大な事故につながる危険があるため、ヒヤリハット事例を共有し重大事故につながるリスクを防ぐ組織的取り組みが

図12-1　ハインリッヒの法則

重要となります（図12-1）。

　保育者はヒヤリハットの内容をすぐにメモとして書き留める必要があります。負担感が少なく、共有できるように記入用紙を作成するとよいでしょう。発生日時、クラス、園児名、性別、発生場所、ヒヤッとした状況などをその日のうちに書きます（表12-1）。ヒヤリハットの報告は共有するためであり、保育者個人を責めるためのものではないことを明確にするなど、書くことが苦痛にならない対策も必要です。

　記入した用紙は、誰でも見ることができるようにファイリングすることで、「知らなかった」を防ぐ取り組みとなります。

　ヒヤリハットは子どもによって個人差があることを考慮して、想定外の遊びをしたことも加えることで裾野が広がり、よりリスクを軽減できます。

　集まった事例を検討する場を設け、組織としての取り組み方法を決めることが重大事故を防ぐことにつながります。

表12-1　ヒヤリハットの報告例

	年　　月　　日
ヒヤリハット	
	記入者
発生日時　　年　　月　　日（　） 時　　分	
クラス　　　　　　　　　　歳児クラス	
園児名・性別　　　　　　　　　　　 男 ・ 女	
発生場所	
【ヒヤリハットした状況】	

2 ヒヤリハットマップ

　保育中に「ヒヤッとした」「ハッとした」こと、忙しい保育のなかで「ついうっかり」見逃してしまうこと、同じようなけがや事故が続いてしまう経験をしたことがある保育者もいるのではないでしょうか。はじめは意識をしていても、時間の経過とともに忘れてしまうのを防ぐために、ヒヤリハットマップを作成します（表12-2）。

　ヒヤリハット事例から、園舎内、園舎外（園庭）、園外保育などに分けて分類します。さらに、どこの場所でヒヤリハットが起きたのかを明らかにします。大きなヒヤリハットマップは事務所に貼りますが、それぞれの場所には、カードを掲示し日々誰でも注意を喚起します。注意喚起を行い、日々の保育のなかから評価し、継続的に分析・検討していくことで重大事故の予防につながります。

表12-2　ヒヤリハットマップの手順と注意事項

手順	注意事項
①クラスごとに園舎内、園舎外、園外保育の活動マップを用意する。 ②発生が予想される場所を示す。 ③発生頻度などから職員間で検討し優先順位を決める。 ④子どもの予想される行動をカードに表し、それぞれの場所に掲示する。	①同じ場所に置いても、クラス、時間、天候、行事などの条件により危険度が違うため、条件ごとに作成する。 ②それぞれの場所で、このような行動をしたら危険になると気づくことが重要。兆しが見えたら注意を促す。 ③カードが掲示してある場所では、特に注意を促し、保育者は子どもたちから目を離さない。

出典：白河健一・脇貴志『保育園の危機管理──保育サービスは「質」こそすべて』筒井書房、2012年をもとに作成

　事故予防の組織的取り組みは日々の保育で実施していくなかで、取り組みの成果が見えにくい、実感できないということがあります。それは事故予防の対策をしたから事故が起きなかったのか、対策をしていなくても起きなかったのか、わからないことが多いからです。成果が実感できなくても続けることが大切です。事故予防の組織的取り組みを保護者に伝えていますか。「子どもの命を守る」ために日々の対策を理解してもらうことや、ときには一緒に取り組むことも必要です。

　保護者への安全教育を行うことにより、さらなる事故予防につながります。

2 ｜ 保育の環境設定

1 外遊び中の対応

①園庭の場合

　子どもがあちこちで遊んでいる場合は、保育者のもとに「集まれ！」と

声をかけます。そして「だんごむしのポーズ」など、頭に手を当て丸くなるように指示します（図12-2）。園舎からの落下物や倒壊の危険もあるため、園庭の安全な場所を把握し安全の確保に努めます。保育者は常にポケットに園児の名簿やペン、笛などを入れておくと間違いもなく、人数確認がスムーズです。

図12-2　だんごむしのポーズ

地震では身を守ることのできる場所があるとは限らない。そんなとき揺れたら「だんごむしのポーズ」をして頭を守る。体全体を丸くして小さくなることをふだんから遊びに取り入れることで、自然とできるようにする。体の中で頭を守ることが一番大事であることを伝えるようにする。

②園外保育の場合

　事前に散歩先やその経路などのハザードマップの確認をしておきます。そのうえで実際に保育者の目線で下見を行い確認します。いざというときの退避場所のめどをつけておきます。それでも園外保育は常に危険がいっぱいな状況です。いざというときの子どもの安全を優先に、落ち着いて行動できるようにしましょう。地域の人に協力してもらえるように、助けを求めることも必要です。園外保育の場所から保育所等または避難所に向かうのかは、保育者の状況判断に委ねます。

【下見の確認事項】

- ・目的地までの往復の経路（経路も数か所を確認しておく）。
- ・目的地のハザードマップを確認したうえで、実際の遊具などの状況を確認する。
- ・目的地からの避難場所の確認（避難場所までの経路の確認も行う）。
- ・災害時の医療機関の確認。
- ・連絡方法や保護者への引き渡し方法などの確認。
- ・目的地や途中の経路などに公衆電話やAEDなどの有無を確認。

■2　遊びと安全教育

　子どもの遊びは、心身の発育・発達を促す重要なものであり、安全を守ることができるように、乳幼児期からの取り組みが大切です。ふだんの遊びのなかで防災に関することを取り入れ、楽しく学ぶことにより自然に身につくような保育を行います。

①防災紙芝居

　午睡に入る前の時間を利用して、防災に関するテーマの絵本や紙芝居の読み聞かせを避難訓練の実施に合わせて行います。

【地震のときの身を守る方法】

> ・外に飛び出さない
> ・頭を守る（机の下に入る）
> ・泣かない・騒がない
> ・押さない
> ・先生の話を聞く

②防災かるた

　いろいろな災害時に「命を守るために」自分でしなければならないことを、かるたの絵札を通して理解します。かるたのルールを伝え、そのなかで災害の意識を育みます。

③ペットボトルのフタの上を歩こう

　地震が起きたときにいろいろなものが散乱することから、裸足で歩いて足をけがしたりしないように、ペットボトルのフタをホールなどの場所に敷きつめて、瓦礫（がれき）体験を行います。

　靴下を履いて（裸足で行う場合はけがに注意）歩いたあとに、靴を履いて再度歩いてみることで、災害時に靴を履くことの重要性を知らせます。

④電気が消えたとき

　災害時など電気が消えてしまうことがあります。停電になったときを想定し、冬場の夕方暗くなる時刻になってから電気を消して行います。暗がりを怖がらないように、「保育者の声かけ」「懐中電灯の使用」などの工夫をします。暗い廊下を歩いてほかの保育室に移動することや、慣れてくると意外とまわりが見えることを感じることができます。

⑤防災ずきんとヘルメット

　災害時は落下物から頭を守るためにかぶる必要があることを伝えます。避難訓練のときだけでは乳児クラスの子どもたちは嫌がり、かぶることができない子どももいます。ふだんから防災ずきんを身近に置いて、ふれたり遊んだりして慣れるようにします。人形やぬいぐるみにかぶせるなど遊びにひと工夫することで、災害時にすんなりとかぶることができるようになります。

３ 午睡中の災害

　午睡中に災害が起こらないとも限りません。実際に東日本大震災は14時46分に発生したので、午睡中の保育所等もありました。筆者が勤めていた保育所でも目覚めている子どももいましたが、ふとんの中で大きな揺れを感じていました。いつもと違うことを察知して、静まり返っていた子どもたちの様子を今も覚えています。

①地震

　午睡中に大きな揺れを感じて、寝起きでぼーっとしている子ども、驚いて泣いてしまう子ども、慌てて走りだす子どもなど、子どもの反応はさまざまです。そのときは、ふとんの中にもぐり体を落下物から守ります。室内に転倒するようなものがないかを確かめ、危険な場所にいる子どもはす

ぐに移動させます。本来ならば、午睡室に倒れるものがないようにするのが基本ですが、日本の保育室の環境は、遊ぶ・食べる・寝るがすべて同じ部屋であることが多く、落下物や転倒するようなものを置きたくなくてもそうせざるをえないという厳しい環境で保育を実施しているのが現状です。せめて頭の上に直撃するような配置は避けます。

・揺れが収まったら、子どものけがや状態、人数を確認する。
・すぐに身支度をする（薄着またはパジャマのため上着をはおる、靴下を履き落下物等がある場合は靴も履かせる）。
・防災ずきんまたはヘルメットをかぶる。
・周囲の被害状況を確認し保育室に留まるか、園庭や避難場所に移動する。

②災害時の備え

　毎回、午睡時には上着・靴下・靴を手の届く場所に置くことが必要になります。避難することを考えてパジャマを使用するのがよいのか、ふだんの服のまま寝るのがよいのか、保育所等の立地条件によっても、検討課題は千差万別です。寝ぼけていても避難できる方法を、職員間で話し合うことが必要です。

　午睡の時間になるとふとんを敷くスペースを確保するため、棚などを移動する保育所等もあるでしょう。そのときに落下物になりそうなものも一緒に移動しておくことが安全につながります。毎回午睡に入る前に点検することが重要です。またふとんも部屋中ぎっしり敷きつめてしまうと、いざ逃げるときにつまずき、ほかの子どもを踏みつけてしまうことになります。ふとんを斜めに敷いて少し隙間をつくれば足の踏み場ができ、ほかの子どもを踏んでしまうことを防ぐことができます。午睡時には安全面を考慮してふとんを敷く必要があります。

③午睡中の避難訓練

　午睡中に避難訓練を行い、寝ぼけている状況での子どもの様子を知っておくことが必要です。子どものさまざまな反応を知り、起きてすぐに保育者の指示どおり動けるかどうかという視点で観察することや、上着や靴下、靴を履くために要する時間などを計り、どのような対策をとることが必要であるかを職員間で検討します。午睡中に避難訓練を行うことによって、その日の睡眠時間が短くなるため、保護者には事前に伝えておき、当日はいつもより早めの就寝をお願いすることが必要です。

3 ｜ 保護者対応

1 けがや事故の連絡方法

　保育者は、けがや事故などの状況を保護者に電話連絡しなければなりません。そのときの伝え方や対応がよくないと苦情となる場合があります。慌てず、保護者に伝える内容をきちんと整理して連絡をすることが大切です（表12-3）。

表12-3　事故発生後の電話連絡時の注意事項

> ①最初に事故を起こしたことのお詫びをする。
> ②事故の概要を要領よく伝える。
> ③保護者は子どもの状況がわからないので、事故の状況、けがの程度を具体的、客観的に説明する。
> ④「大丈夫です」「たいしたことはありません」などの判断はしない。
> ⑤保護者からけがの程度を聞かれたら、子どもの状況を確認できる範囲内で説明する。
> ⑥最後に改めてお詫びをする。
>
> ※時系列できちんと整理して記録する。

出典：上尾市「上尾市立保育所危機対応要領」をもとに作成

電話連絡では、①謝罪、②事故の発生状況およびけがの程度、③医療機関への受診に関する確認、④今後の連絡方法の確認など、ていねいに誠意をもって行います。119番通報などの訓練は行っていても、保護者への電話対応の訓練をしているところは少ないようです。電話での最初の対応が肝心です。ふだんから電話での注意事項を考慮して、落ち着いて対応できるようにします。

2　保護者と協力体制を整える

保護者に、けがや事故および防災などに関する対応や取り組みなどを園だよりや保護者会、掲示板などで伝えることが、「子どもの命を守る」ことにつながります。保護者とともに危機管理を行う取り組みとして、①毎月行う避難訓練に保護者に参加もしくは参観してもらう、②毎月行う避難訓練の様子を写真や動画などで見てもらい意見を聞く、③避難訓練の年間計画のなかで保護者自身が守り手になる訓練の実施、④危機管理に関する情報の共有を行う、⑤危機管理の勉強会や講習会を保護者と一緒に学ぶ機会をつくるなど、保護者とよい関係を保ち協力体制を整えることが必要です。

3　保護者との連絡体制

災害時には電話の使用ができなくなります。さまざまな連絡方法を事前に確認しておくことが必要です。
①インターネット
多くの人が利用しているFacebook、LINE、Twitter、Skypeなどを活用し、災害時の情報共有に役立てることができます。
②一斉配信メール
メールで園からの情報を連絡できる、一斉配信システムを活用します。事前に登録しておくことが必要です。
③災害用伝言ダイヤル「171」
大規模災害時にNTTが行っているサービスで、音声の伝言板。
④携帯用災害伝言板
あらかじめ送信してほしいメールアドレスを登録することにより、自身

の安否を配信できるサービスです。

⑤地域のFM

　地域のコミュニティのFMラジオに安否情報をリクエストすることで、園児の安否を知らせることができます。

⑥トランシーバー

　通信距離は機種により差がありますが、登録し電波使用料を支払うと簡単に使用することができます。職員間の迅速な連絡手段になります。

⑦公衆電話

　今では公衆電話の数が減り、公衆電話を探すのが大変になっています。しかし公衆電話は災害時には優先的につながるようになっています。災害時の通話料は無料となり、硬貨を入れてかけると最後に硬貨が戻ってくるシステムになっています。ふだんから小銭を用意しておきましょう。

4　地域のハザードマップの確認

　自治体が発表しているハザードマップを確認したことがありますか。自宅、保育所等、通園経路、職場までの経路など、災害別に確認することにより、必要な対策がみえてきます。

①火災の場合

　住宅密集地、古い住宅街、細い路地などの立地条件により、火災の広がりを予想することが可能になります。より安全な避難経路や避難場所を確認します。

②洪水の場合

　最近では集中豪雨など局地的に豪雨になることがあります。近くの山、川、湖、海、上流のダム、地盤の状況などにより、大雨が降った場合に、どのように避難することができるのかを確認します。

　0歳児クラスから5歳児クラスまでの子どもたちを安全に避難させるためのタイミングを判断する必要があります。警報が発令されてからで間に合うのかなど、それぞれの施設の環境で違いがあるため、立地条件を踏まえ総合的に判断し、早目の避難を心がけます。

③地震の場合

　各自治体では、地震防災マップ（揺れやすさマップ）や液状化マップなどが公表されています。もしも大きな地震が起きたら、子ども自ら身を守れるように、日ごろの保育に取り入れます。液状化が起こると、地面が隆起したり、陥没したりと、外に出ることが危ないこともあるため、その場の状況に応じて判断します。

　津波や火山、土石流ハザードマップも活用し、それぞれの地域の保育環境からどんなことが起こるのかを見極めることで、さまざまな対応策を保護者とともに検討しましょう。

5　備蓄品の準備

　災害時に最初にもち出すものは、避難リュックに常時入れておきます。避難が長くなる可能性を考え、常備しておくものなど、被災したら必要な

ものを用意します（写真12-1）。また、避難時にはアレルギーなどへの特別な対応が難しい状況が考えられるため、保護者から3日分の食料を用意してもらって預かるなど個別の対応策を保護者と検討することが必要です。

写真12-1　備蓄品の設置例

富士みのりこども園では、園舎内の数か所に備蓄倉庫や防災倉庫を設置している。

写真左の備蓄倉庫の中身。

災害用の食材倉庫内には、3日分の米や調味料などを用意している。

事例　**2歳児クラスの散歩**

　2歳児クラス20名、保育者3名がいつものように近くの公園に散歩に行ったときのことです。ふだんから慣れている公園のため、すぐ子どもたちは遊び始めました。すると転がっていた缶ジュースをもち、飲もうとしている子どもがいました。大きな声で「飲んじゃだめ！」と叫びながら駆け寄るとびっくりしたのか、缶を落としてしまいました。飲まずにすんだ瞬間でした。

　いつも遊んでいる公園のため、危険物の確認を怠っていたために起きたヒヤリハットでした。

ワーク

①今まで自分自身が経験したヒヤリハットを分類し、どのような傾向があるかを考えてみましょう。

②避難訓練をどのような設定で実施しているのか、事例をあげて話し合いましょう。

③保護者対応で困った、苦情になったなどの事例をあげ、何が悪かったのかを話し合いましょう。

第 5 章

個別的な配慮を必要とする
子どもへの対応

　本来、子どもの保育では一人ひとりの特性に合わせた配慮が必要ですが、集団生活を行っている場合、慢性疾患や障害のある子どもたちに対しては、通常の発育・発達の知識だけでの対応では十分ではなく、個別的な配慮が必要になることがあります。一人ひとり必要な配慮が異なるので、保護者や関係者からの情報共有が必要となります。全職員で配慮の方法を検討し、ほかの子どもたちとの関係性も大切にしながら、よりよい成長を促すように支えます。個別的な配慮とは、一部の子どもたちに必要な配慮ではなく、多様性のある子どもたちの成長にとっても大切なことです。身体的に健康で安全にというだけでなく、精神的にも社会的にも配慮がある関わりとするために、今まで集団生活が難しかった子どもたちも、保育の現場では受け入れられるようになってきています。

レッスン13

個別的な配慮を必要とする子どもの保健

レッスン14

アレルギー疾患の子どもへの対応

レッスン15

医療的な配慮が必要な子どもへの対応

個別的な配慮を必要とする子どもの保健

写真提供：わらしこ保育園

保育所等では、障害のある子どももない子どもも、一緒に生活している。

ポイント

■1 個別的な配慮を必要とする子どもの発育・発達を理解する。
■2 個別的な配慮を必要とする子どもの健康上の特性を知っておく。
■3 個別的な配慮を必要とする子どもの理解を子どもたちと共有する。

1 個別的な配慮を必要とする子どもの発育・発達

1 個別的な配慮を必要とする子どもとは

　集団保育においては、出産予定日より早く生まれた早産児や、障害があったり、慢性疾患を抱えていたりする子どもは、標準的な発育・発達とは異なっていたり、健康上の配慮が必要であることがしばしばあります。一人ひとりの背景がさまざまであるだけに、個別的な対応が必要になってきます。就学前は、集団生活の経験がなかった子どもたちが、集団保育で同年齢の子どもたちと生活することにより、発達が通常より進むということもありますが、感染症にかかりやすかったりなど、個別の健康上の特性を理解していないと新たな合併症を起こしてしまうこともあります。それだけに、集団保育を始める前に家族と個別の面談を行い、健康面で必要な配慮について、ていねいに聞き取っておくことが大切です。

2 個別的な配慮を必要とする子どもの発育・発達上の特徴

①早産児

　通常、妊娠40週が出産予定日となりますが、妊娠37週未満で出生したときは、早産といいます。出生体重が2,500g未満の場合は、低出生体重児といいます。早産児と低出生体重児を合わせて未熟児ということもありますが、予定日より早く生まれるほど、出生体重が軽いほど、新生児の病気になりやすく、その後の発育・発達に影響を与えます。妊娠28週未満で生まれた新生児を超早産児、出生体重1,500g未満の新生児を極低出生体重児、出生体重1,000g未満の新生児を超低出生体重児と呼びます。超早産児や超低出生体重児では、合併症を起こすかどうかでも異なりますが、新生児期の入院期間が長くなることがしばしばあります。早産児、低出生体重児の分類を図13-1に示します。

　早産や低出生体重児となる原因として、母親の妊娠高血圧症候群（妊娠中毒）、子宮内感染症、多胎妊娠、胎児の先天性疾患などがありますが、母親が自分の責任と感じ、自責的になることがありますので、子どもの成長を注意深く見守る必要があるだけではなく、保護者への配慮も大切です。

図13-1　早産児・低出生体重児の分類

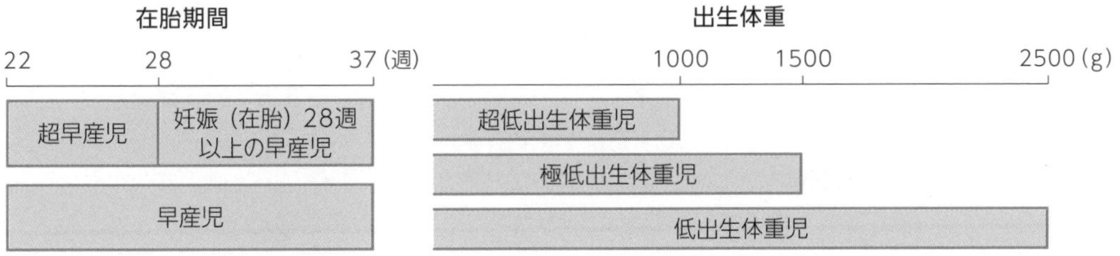

　早産児の場合、発育・発達は出産予定日から起算して修正して評価しますが、早く生まれれば生まれるほど、通常の発育・発達に追いつくまでに時間がかかることが多いです。

②運動障害児（肢体不自由児）

　神経疾患、筋疾患、関節疾患によって、四肢や体幹の運動障害があります。障害の程度によって、栄養素が十分とれなかったりして発育が異なってきます。原因となる疾患によっても発達が異なってきます。知的障害など、ほかの障害を合併するかどうかでも異なります。進行性の神経疾患や筋疾患では発達が退行して、できていたことができなくなることもあります。運動障害が固定している場合も、最初ははっきりしなかった障害が成長とともに明らかになることが多く、療育や発達によって、体の動き方は変化してきます。運動障害の程度が左右不対称の場合は、発育とともに側弯症になることもあり、正しい姿勢を保つような補助具の使用が必要です。

用語　側弯症
背骨が左右に弯曲した状態で、進行すると背部痛や心肺機能の低下をきたす。

運動障害児の場合、障害のある部分のリハビリだけでなく、障害が少ない部分の発達の成長も考え、将来の生活を見据えた発達支援が大切です。たとえば、足が不自由で、手の動きがないと体が支えられない場合、手の微細な運動を育てるために、足の補助具や車いすを使うことで、手を自由に動かすことができるようになります。また、子どもたち同士で同じ目線で交流ができることも、社会性の発達を促します。飲み込みが不自由な場合も、食材を工夫して固形物を食べ続けることで、口のまわりの筋肉の発達を促し、声の出し方にも影響を及ぼします。

③知的障害児

　原因不明のことが多いのですが、出生時の障害や染色体異常が原因の場合があります。

　21番目の染色体に異常があるダウン症の場合、筋肉の発育が十分でなく、離乳食も一人ひとりの食べ方に合わせて時間をかけて進める必要があります。また年長児になっても運動量が少なくなりがちです。思春期の成長のしかたも異なるので、発育曲線も異なったものとなります（図13－2）。

④内部障害児

　内部障害には、先天性心疾患、腎疾患、内分泌疾患、消化器疾患、アレルギー疾患、血液疾患、免疫疾患などさまざまな慢性疾患によるものがあります。原因となる疾患やその治療の影響によっても発育・発達が異なってきます。主治医と情報共有しながら、発育・発達を見守っていく必要が

図13－2　ダウン症児の発育曲線

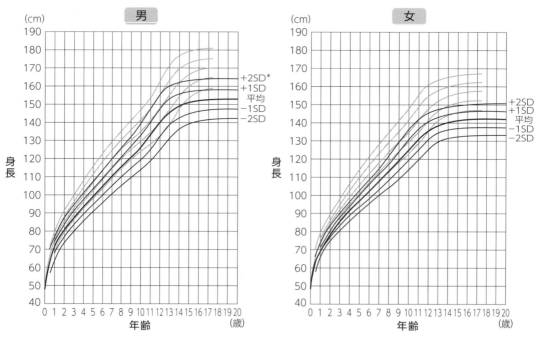

＊SD（標準偏差）については23頁を参照
出典：立花克彦「ダウン症候群の成長曲線」藤枝憲二編『成長曲線は語る——成長障害をきたす小児疾患　症例と解説』診断と治療社、2005年、35-36頁

あります。

⑤発達障害児

　コミュニケーションや社会性の発達に支援が必要な子どもが多いのですが、**自閉スペクトラム症**で食べるものにこだわりがあったり、感覚過敏があったりして新しい食物をなかなか受け入れられない場合は、離乳食がなかなか進まなかったり、栄養に偏りが出てきてしまったりすることがあります。また、ちょっとした物音やまわりの雰囲気で睡眠がとれないことで、生活リズムが保てなくなることもあります。なるべく、特定の保育者が関わって、本人の特性に合わせた保育を行うことが大切です。

2 ┃ 個別的な配慮を必要とする子どもの 健康上の特性

　早産で生まれた子どもの場合は、母子健康手帳を見ると、どれくらい早産か、どれくらいの体重で生まれたのか、その後の健診の結果から発育の状況がわかります。心疾患があって運動制限があるときには、主治医に小学生用の学校生活管理指導表を作成してもらい、提出されたものを参考に運動量や活動範囲を決めます（表13-1）。そのほかに個々に配慮が必要なときには、主治医に診断書か情報提供書を依頼します。服薬しているときには、薬の名称や投薬方法も確認しておきます。複数の医療機関にかかっているときには、それぞれの情報が得られるとよいでしょう。また、保護者との個別面談をていねいに行い、発育・発達についての悩みも共有し、利用している福祉制度についての情報も共有しておきます。

1 心疾患

　日常生活に問題なく経過観察のみの場合と、心不全があったり、チアノーゼ型心疾患で日常生活に制限があったりする場合を区別します。学校生活管理指導表で、運動制限の必要があるかを主治医と情報を共有化します。日常生活に制限がある場合は、運動量、寒さ・暑さへの対応、服薬があるのか、体調が悪くなるときの症状を確認します。感染症の合併で心機能に影響することもあるので、流行時の情報は、早めに伝達します。体内に病原菌が入ったときに、治癒するまで長期化することがありますので、けがの処置や歯の生え変わり時期には、特に情報の共有化をするようにします。手術を行う場合は、その前後の感染症には特に注意が必要です。手術を行って、心疾患の病態が改善されれば、日常生活の制限がなくなる場合もあります。

用語 **自閉スペクトラム症（自閉症スペクトラム障害）**
　従来、自閉症、アスペルガー症候群、広汎性発達障害に分類されていた障害で、対人関係の難しさやこだわりの強さなど、自閉傾向を連続的にもつという特徴がある障害のこと。

表13-1　学校生活管理指導表（小学生用）

〔平成23年度改訂〕

氏名＿＿＿＿＿＿＿＿＿＿＿＿＿＿＿＿＿＿　男 ・ 女　平成＿＿＿＿年＿＿＿月＿＿＿日生（＿＿＿＿）歳

①診断名（所見名）	②指導区分 要管理：　A ・ B ・ C ・ D ・ E 管理不要

【指導区分：A…在宅医療・入院が必要　B…登校はできるが運動は不可　C…軽い運動は可　D…中等度の運動まで可　E…強い運動も可】

体育活動			運動強度	軽い運動（C・D・Eは"可"）
運動領域等	体つくり運動*	体ほぐしの運動 多様な動きをつくる運動遊び	1・2年生	体のバランスをとる運動遊び （寝転ぶ、起きる、座る、立つなどの動きで構成される遊びなど）
		体ほぐしの運動 多様な動きをつくる運動	3・4年生	体のバランスをとる運動 （寝転ぶ、起きる、座る、立つ、ケンケンなどの動きで構成される運動など）
		体ほぐしの運動 体力を高める運動	5・6年生	体の柔らかさを高める運動（ストレッチングを含む）、軽いウォーキング
	陸上運動系	走・跳の運動遊び	1・2年生	いろいろな歩き方、ゴム跳び遊び
		走・跳の運動	3・4年生	ウォーキング、軽い立ち幅跳び
		陸上運動	5・6年生	
	ボール運動系	ゲーム、ボールゲーム・鬼遊び（低学年） ゴール型・ネット型・ベースボール型ゲーム （中学年）	1・2年生	その場でボールを投げたり、ついたり、捕ったりしながら行う的当て遊び
			3・4年生	基本的な操作 （パス、キャッチ、キック、ドリブル、シュート、バッティングなど）
		ボール運動	5・6年生	
	器械運動系	器械・器具を使っての運動遊び	1・2年生	ジャングルジムを使った運動遊び
		器械運動 マット、跳び箱、鉄棒	3・4年生	基本的な動作 マット（前転、後転、壁倒立、ブリッジなどの部分的な動作） 跳び箱（開脚跳びなどの部分的な動作） 鉄棒（前回り下りなどの部分的な動作）
			5・6年生	
	水泳系	水遊び	1・2年生	水に慣れる遊び （水かけっこ、水につかっての電車ごっこなど）
		浮く・泳ぐ運動	3・4年生	浮く運動（伏し浮き、背浮き、くらげ浮きなど） 泳ぐ動作（ばた足、かえる足など）
		水泳	5・6年生	
	表現運動系	表現リズム遊び	1・2年生	まねっこ遊び（鳥、昆虫、恐竜、動物など）
		表現運動	3・4年生	その場での即興表現
			5・6年生	
	雪遊び、氷上遊び、スキー、スケート、水辺活動			雪遊び、氷上遊び
文 化 的 活 動				体力の必要な長時間の活動を除く文化活動
学校行事、その他の活動				▼運動会、体育祭、球技大会、スポーツテストなどは上記の運動強度に準ずる。 ▼指導区分、"E"以外の児童の遠足、宿泊学習、修学旅行、林間学校、臨海学校などの参加について不明な場合は学校医・主治医と相談する。

その他注意すること

定義：《軽い運動》　同年齢の平均的児童にとって、ほとんど息がはずまない程度の運動。
　　　《中等度の運動》　同年齢の平均的児童にとって、少し息がはずむが息苦しくない程度の運動。パートナーがいれば楽に会話ができる程度の運動。
　　　《強い運動》　同年齢の平均的児童にとって、息がはずみ息苦しさを感じるほどの運動。
＊体つくり運動：レジスタンス運動（等尺運動）を含む。
出典：公益財団法人日本学校保健会ホームページ「〔平成23年度改訂〕学校生活管理指導表（小学生用）」
　　　（http://www.hokenkai.or.jp/〔2020年4月21日確認〕）をもとに作成

令和　　年　　月　　日

＿＿＿＿＿＿＿＿＿＿＿＿＿＿＿＿小学校　＿＿＿年＿＿＿組　　医療機関＿＿＿＿＿＿＿＿＿＿＿＿＿＿＿＿＿＿＿＿

③運動クラブ活動	④次回受診
（　　　　　　　　　　）クラブ 可（ただし、　　　　　　）・禁	（　　　）年（　　　）カ月後 または異常があるとき

医　師＿＿＿＿＿＿＿＿＿＿＿＿＿＿＿＿　印

中等度の運動（D・Eは"可"）	強い運動（Eのみ"可"）
用具を操作する運動遊び （用具を持つ、降ろす、回す、転がす、くぐるなどの動きで構成される遊びなど）	体を移動する運動遊び （這う、走る、跳ぶ、はねるなどの動きで構成される遊び）
用具を操作する運動 （用具をつかむ、持つ、回す、降ろす、なわなどの動きで構成される遊びなど）	力試しの運動（人を押す、引く動きや力比べをする動きで構成される運動） 基本的な動きを組み合わせる運動
巧みな動きを高めるための運動 （リズムに合わせての運動、ボール・輪・棒を使った運動）	時間やコースを決めて行う全身運動 （短なわ、長なわ跳び、持久走）
ケンパー跳び遊び	全力でのかけっこ、折り返しリレー遊び 低い障害物を用いてのリレー遊び
ゆっくりとしたジョギング、軽いジャンプ動作（幅跳び・高跳び）	全力でのかけっこ、周回リレー、小型ハードル走 短い助走での幅跳び及び高跳び
	全力での短距離走、ハードル走 助走をした走り幅跳び、助走をした走り高跳び
ボールを蹴ったり止めたりして行う的当て遊びや蹴り合い 陣地を取り合うなどの簡単な鬼遊び	ゲーム（試合）形式
簡易ゲーム （場の工夫、用具の工夫、ルールの工夫を加え、基本的操作を踏まえたゲーム）	
雲梯、ろく木を使った運動遊び	マット、鉄棒、跳び箱を使った運動遊び
基本的な技 マット（前転、後転、開脚前転・後転、壁倒立、補助倒立など） 跳び箱（短い助走での開脚跳び、抱え込み跳び、台上前転など） 鉄棒（補助逆上がり、転向前下り、前方支持回転、後方支持回転など）	連続技や組合せの技
浮く・もぐる遊び （壁につかまっての伏し浮き、水中でのジャンケン・にらめっこなど）	水につかってのリレー遊び、バブリング・ボビングなど
浮く動作（け伸びなど） 泳ぐ動作（連続したボビングなど）	補助具を使ったクロール、平泳ぎのストロークなど
	クロール、平泳ぎ
まねっこ遊び（飛行機、遊園地の乗り物など）	リズム遊び（弾む、回る、ねじる、スキップなど）
軽いリズムダンス、フォークダンス、日本の民謡の簡単なステップ	変化のある動きをつなげた表現（ロック、サンバなど）
	強い動きのある日本の民謡
スキー・スケートの歩行、水辺活動	スキー・スケートの滑走など
右の強い活動を除くほとんどの文化活動	体力を相当使って吹く楽器（トランペット、トロンボーン、オーボエ、バスーン、ホルンなど）、リズムのかなり速い曲の演奏や指揮、行進を伴うマーチングバンドなど

▼陸上運動系・水泳系の距離（学習指導要領参照）については、学校医・主治医と相談する。

2 腎疾患

心疾患と同様に、経過観察のみの場合と運動制限や食事制限がある場合があります。運動制限や食事制限がある場合は、学校生活管理指導表で、主治医と情報を共有化します。

3 アレルギー疾患

年々増加しており、その対応もさまざまな配慮が必要になってきています（→くわしくはレッスン14を参照）。

4 運動障害

神経疾患、筋疾患、関節疾患では、四肢の運動障害になることがあります。障害の種類によって、援助のしかたがさまざまなので、移動のしかた、衣服の着脱のしかた、食事の介助、排泄の介助など具体的方法を確認します。杖などの補助具、手足につける補装具、車いすなどの用具を使う場合は、使用方法も確認します。ふだんからリハビリを行っている場合は、どのように行っているか、集団生活でも可能なのかなどを確認します。知的障害をともなっているときには、本人の意思伝達の様子についても確認します。運動障害がある場合、保育者と家族は共同で介護するというだけでなく、一緒に発達支援をしていくという姿勢も大切です。

5 神経疾患

運動障害や知的障害のほかにてんかんがあります。その場合、けいれん発作がどのようなときに起こるか、そのときの症状や対応についても情報共有します。

発熱時に発作が起きる可能性がある場合は、熱性けいれんを起こしたときと同様の対応になります。

6 血液・免疫疾患

さまざまな疾患がありますが、出血傾向があるかどうか、感染しやすさがあるときには、どのような注意が必要なのかを面談して確認します。ときには、主治医に集団生活についての注意点を確認します。感染性が高い感染症が発生したときには、個別に保護者に連絡して、集団生活を継続するかどうかを確認します。

7 糖尿病

糖尿病治療薬を使っているかどうかを確認します。その場合は、低血糖のときの症状と対応方法についても情報共有します。

8 内分泌疾患

ホルモン補充が必要な疾患が多いですが、補充し忘れたときや補充が足りなくなったときの症状を確認しておきます。

9 知的障害

　原因となる疾患によっても異なりますが、コミュニケーション方法を確認します。言葉の理解が難しくても、絵や写真、手ぶりでコミュニケーションができることがあります。運動障害をともなうときには、けがなどを起こさないようにするための配慮を確認します。

10 発達障害

　こだわりや感覚過敏があるときは、一人ひとり異なるので、確認をします。食事についてもこだわりが強いと、食べるものに偏りがおこり、栄養障害や貧血になることがあります。

3 個別的な配慮を必要とする子どもの理解を子どもたちと共有する

　個別的な配慮を必要とする子どもが集団保育に参加する場合、子どもたち同士の理解も大切です。子どもたちに理解を促す方法として、絵本、紙芝居、動画、人形劇など子どもたちが興味を引いて理解しやすい工夫が必要となります。

　子どもたちにとっては、身近な友だちのことを理解してよりよい関係をつくるきっかけになると同時に、家庭で家族に話すことにより、大人たちの理解も深まります。幼いうちからさまざまな子どもの特性を理解することは、将来の学校生活や社会生活、**ユニバーサルデザイン**などへの理解を身につけることになるでしょう。

4 個別的な配慮を必要とする子どもの災害時の対応

　災害発生時は、個別的な配慮を必要とする子どもにおいて、予期できないような状態が予測されます。ふだんの保育で配慮していることや緊急連絡先をまとめたカードや手帳を作成しておいてもち出すようにします。体調が変化したときの薬なども一緒にしておきます。コミュニケーションに障害のある子どもの場合は、困ったときに誰かに説明できる絵カードももっているとよいでしょう。避難訓練などのときに、個別的な配慮を必要とする子どもたちへの対応を決めておいて、ふだんから用意しておくことも大切です。

　ここで、個別的な配慮を必要とする子どもの集団保育における事例につ

用語 ユニバーサルデザイン
　文化、国籍、年齢、性別、障害の有無にかかわらず、すべての人々を対象として使いやすさを目指したデザイン手法のこと。

いてみていきましょう。

事例1　みんなと一緒にお散歩に行きたい！

　チアノーゼ心疾患の2歳のマミちゃんは、まだ心臓手術を受けていないので、動き回るとチアノーゼがひどくなって酸素が足りない状態になってしまいます。でも、お友だちと一緒に散歩に行きたいし、公園でも遊びたがります。障害枠で加配の先生がついていますが、なかなか本人の気持ちを抑えることができません。こんなときは、ベビーカーを使って、公園への行き帰りは歩かないようにしたり、できるだけ木陰などの涼しいところで過ごすようにしたりします。ちょっと疲れた様子がみえたら、早めに保育所に帰るようにします。特に暑さは苦手なので、夏場は、室内でも冷房のある部屋で過ごすようにします。

　水分をとりすぎると、心臓に負担がかかってしまいがちですが、逆に足りないと脱水症になる心配もあります。少しずつの水分を小分けにして飲ませるとよいでしょう。苦しくなったときはしゃがむ姿勢をとるほうがよいので、泣いたときにのけぞる姿勢をとりがちな子どもの場合は、体を前に丸めるような姿勢にして優しく抱いてあげます。

事例2　みんなと同じ食事がなかなか食べられない！

　1歳のダウン症のマサヒロくんは、発達がゆっくりで、食べ物をかんだり飲み込んだりするのが苦手です。幼児食がまだ食べられないので、家庭でもつい哺乳瓶でミルクをあげてしまっています。

　離乳食の進め方は個人差が大きいので、できるだけ本人の食べ方に合わせたものにします。食事の時間は、ほかの子どもより多めにとるようにします。固形物がなかなか食べられないからと、すぐ哺乳瓶でミルクをあげると、おなかが空かないのでかえって食事が進まなくなり、かんだり飲み込んだりする力が育ちません。ここはご家庭にも協力してもらって、根気強い付き合いが必要です。ときに、家庭で特定の食べ物ばかり食べていることもありますが、保育所で食べている食べ物をお伝えして、できるだけいろいろな食べ物の味や形態に慣れさせていくことが大切です。

ワーク

　次の課題に沿って、個別的な配慮を必要とする子どもへの対応を小グループで話し合ってみましょう。

①個別的な配慮を必要とする子どもへの対応は、職員間での連携が欠かせません。特に、担当の保育者が休みのときや時間外の対応をどうするのか、事例 1 と事例 2 それぞれについて考えてみましょう。

②災害時には、個別的な配慮を必要とする子どもへの対応では特に配慮が必要となります。地震が起きたときを想定し、発達障害児への対応を考えてみましょう。

③内部障害のある子どもの保育では、ほかの子どもたちの理解も大切です。糖尿病の子どもを保育しているときのほかの子どもたちへの伝え方を考えてみましょう。

アレルギー疾患の子どもへの対応

写真提供：白梅学園大学

アレルギーのある子どもへの理解を深めるために子どもたちを対象に人形劇を上演する。

ポイント

1 アレルギー疾患の特徴を理解する。
2 アレルギー疾患のある子どもへの対応を知る。
3 アナフィラキシー症状が出たときの対応を練習する。

1 アレルギー疾患の特徴

1 アレルギー疾患とは

　アレルギーも免疫反応の一つですが、感染症を克服する免疫反応と違って、人体に不利に働いた場合を言います。

　感染症の場合は、人体に不利な作用を起こす原因となるものは細菌やウイルスですが、アレルギーの場合は、花粉や食べ物などで、アレルギー症状を起こす原因となる物質をアレルゲン（抗原）と言います。

　感染症の場合、再度感染しないように免疫グロブリンの一種であるIgGという抗体ができますが、アレルギーの場合はアレルゲンに対し、IgEという抗体ができて、再度アレルゲンと接触したときに症状を起こします（図14-1）。

　アレルギー疾患では、遺伝的体質や環境により影響を受け、年齢、季節、体調により症状が変化したり、違うタイプのアレルギー疾患を繰り返したりします。

　アレルギーによって疾患が起こっていると診断するには、原因となるア

図14-1　免疫とアレルギー

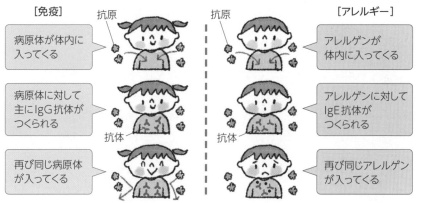

出典：独立行政法人環境再生保全機構「ぜん息予防のためのよく分かる食物アレルギー対応ガイドブック 2014」をもとに作成

レルゲンを除去して症状が軽減することを確かめる除去試験、再びアレルゲンと接触させて症状が起こることを確かめる誘発試験を行うことで確定しますが、実際に実施するのは難しいことが多いので、血液検査で推定されるアレルゲンのIgE値が上昇することやアレルゲンに接触した皮膚反応で診断しています。

2　アレルギー疾患の種類と症状

①食物アレルギー

　ある特定の食品を食べると、食べたあとに、発疹などの皮膚症状がでたり、嘔吐、下痢などの腹部症状やぜん息様の喘鳴がでるなどさまざまな症状が誘発されることがあります（図14-2）。原因となる食物はさまざ

図14-2　食物アレルギーの症状

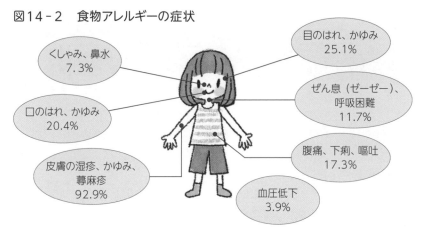

出典：日本医療研究開発機構「食物アレルギーの診療の手引き2017」2017年をもとに作成

用語　喘鳴
　呼吸をするときゼーゼーする音が聞こえることで、気道が狭くなっているときに聞こえる。

表14-1　年齢別食物アレルギーの原因物質

n=1,706

	0歳 (884)	1歳 (317)	2、3歳 (173)	4-6歳 (109)	7-19歳 (123)	≧20歳 (100)
1	鶏卵 57.6%	鶏卵 39.1%	魚卵 20.2%	果物 16.5%	甲殻類 17.1%	小麦 38.0%
2	牛乳 24.3%	魚卵 12.9%	鶏卵 13.9%	鶏卵 15.6%	果物 13.0%	魚類 13.0%
3	小麦 12.7%	牛乳 10.1%	ピーナッツ 11.6%	ピーナッツ 11.0%	鶏卵 小麦 9.8%	甲殻類 10.0%
4		ピーナッツ 7.9%	ナッツ類 11.0%	ソバ 魚卵 9.2%		果物 7.0%
5		果物 6.0%	果物 8.7%		ソバ 8.9%	

注：各年齢群ごとに5％以上占めるものを上位5位表記
出典：日本医療研究開発機構「食物アレルギーの診療の手引き2017」2017年

までですが、幼少時は卵、牛乳、小麦などが多く、年長になるとピーナッツ、そば、甲殻類、果物などになることが多いです。幼少時に症状がでても、しだいに食べても大丈夫なように変化していくことが多いです（表14-1）。

②アトピー性皮膚炎

　乳幼児期に湿疹から始まり、皮膚がかさかさになり、かゆみをともなうようになる皮膚炎です。子どもの場合、皮膚をかき壊して皮膚のバリア機能を壊して、皮膚感染症になったり、アトピー性皮膚炎の症状が悪化することがあります（図14-3）。

図14-3　アトピー性皮膚炎のバリア機能障害

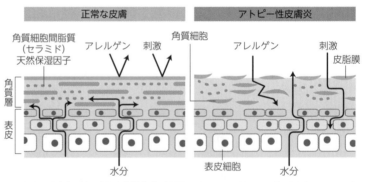

出典：独立行政法人環境再生保全機構『ぜん息悪化予防のための小児アトピー性皮膚炎ハンドブック』
　　　2009年をもとに作成

③気管支ぜん息

　ダニやハウスダストなどを吸入して、アレルギー反応により気道が狭窄し、発作的に呼吸困難となります。かぜをひいていたり、疲れていたりしたときに症状が出やすいです。花火やたき火の煙、動物にふれたり、運動をすると発作が起きることもあり、どのようなときに発作が起きやすいかの聞き取りが大切です。

④花粉症

くしゃみ、鼻水などのアレルギー性鼻炎の症状が主体ですが、目がか
ゆくなる、涙目などのアレルギー性結膜炎の症状もしばしばともないます。
アレルゲンは、スギ花粉が多く、2月から春先まで症状が出ることが多
いのですが、ヒノキの花粉などほかの花粉に反応するときは長期間症状が
続きます。以前は、年長になってから突然発症することが多かったのです
が、最近は、低年齢化してきています。

2 ｜ アレルギー疾患児への対応

1 集団生活におけるアレルギー疾患児への対応

集団生活で配慮が必要なアレルギー疾患のある子どもでは、医療機関で
記載した生活管理指導表を毎年提出してもらい、それに沿った対応を行い
ます（表14-2）。

2 食物アレルギー児への対応

食物アレルギーを疑ったときには医療機関で検査を受け、その診断に基
づきアレルゲンとなる食物を除去します。卵にアレルギーがある場合、卵
白だけなのか、卵黄も食べられないのか、加熱していれば大丈夫なのかも
確認します。除去食を行うときには、加工品に含まれる食品についても注
意が必要です。また、成長期の子どもでは、除去した食物に代わる栄養が
十分かどうか、という配慮も必要です。

集団保育においては、食物アレルギーのある子どもの配膳では、トレー
や食器の色を変えたり、食べる場所を分けたりするなど、ほかの子どもの
給食を間違って食べてしまわないような配慮が必要です。アナフィラキ
シーなど重い症状がでる場合は、調理場所や調理器具を変えたりして、間
違ってアレルギーの原因となる食物が混ざらないような配慮が必要なこと
もあります。同時に、食物アレルギーのある子どもが、ほかの子どもと同
じものが食べられないという負担感をなくすために、代替食品で、同じよ
うな形のものが食べられるような工夫ができるとよいでしょう。献立や調
理では、栄養士や調理員と連携をとることが欠かせません。

食物アレルギーの症状は、年々変化するので、医療機関との連携が大切
で、該当の食物摂取を再開する時期について指導を受けます。ときどき食
物アレルギーの症状がでることをおそれて離乳食の開始時期を遅らせる保
護者がいますが、必要な栄養をとることも大切ですので、最近は、遅らせ
すぎないほうがよいと言われています。

3 アトピー性皮膚炎児への対応

皮膚を清潔にし、保湿剤やステロイド剤などの塗り薬を症状に分けて使
い分け、皮膚症状を悪化させないようにします。かゆみがひどいときには、
抗アレルギー剤を服用することもあります。夏場は、汗をかいて悪化する

表14-2 保育所におけるアレルギー疾患生活管理指導表

（表面）

保育所におけるアレルギー疾患生活管理指導表（食物アレルギー・アナフィラキシー・気管支ぜん息）　　提出日　　年　　月　　日

名前＿＿＿＿＿　　男・女　＿＿年＿＿月＿＿日生（＿＿歳＿＿ヶ月）＿＿組

※この生活管理指導表は、保育所の生活において特別な配慮や管理が必要となった子どもに限って、医師が作成するものです。

【緊急連絡先】
★保護者：
電話：
★連絡医療機関
医療機関名：
電話：

	病型・治療	保育所での生活上の留意点

食物アレルギー（あり・なし）アナフィラキシー（あり・なし）

病型・治療

A．食物アレルギー病型
　1．食物アレルギーの関与する乳児アトピー性皮膚炎
　2．即時型
　3．その他（新生児・乳児消化管アレルギー・口腔アレルギー症候群・
　　　食物依存性運動誘発アナフィラキシー・その他）

B．アナフィラキシー病型
　1．食物（原因：　　　　）
　2．その他（医薬品・食物依存性運動誘発アナフィラキシー・ラテックスアレルギー・
　　　昆虫・動物のフケや毛）

C．原因食品・除去根拠
　該当する食品の番号に○をし、かつ（　）内に除去根拠を記載
　1．鶏卵　（　　）
　2．牛乳・乳製品　（　　）
　3．小麦　（　　）
　4．ソバ　（　　）
　5．ピーナッツ　（　　）
　6．大豆　（　　）
　7．ゴマ　（　　）
　8．ナッツ類*（すべて・クルミ・カシューナッツ・アーモンド・　）
　9．甲殻類*（すべて・エビ・カニ・　）
　10．軟体類・貝類*（すべて・イカ・タコ・ホタテ・アサリ・　）
　11．魚卵*（すべて・イクラ・タラコ・　）
　12．魚類*（すべて・サバ・サケ・　）
　13．肉類*（鶏肉・牛肉・豚肉・　）
　14．果物類*（キウイ・バナナ・　）
　15．その他（　　　　　）
　　　　［*は（　）の中の該当する項目に○をするか具体的に記載すること］

【除去根拠】
　該当するもの全てを（　）内に番号を記載
　①明らかな症状の既往
　②食物負荷試験陽性
　③IgE抗体等検査結果陽性
　④未摂取

D．緊急時に備えた処方薬
　1．内服薬（抗ヒスタミン薬、ステロイド薬）
　2．アドレナリン自己注射薬［エピペン®］
　3．その他（　　　　　）

保育所での生活上の留意点

A．給食・離乳食
　1．管理不要
　2．管理必要（管理内容については、病型・治療のC．欄及び下記C．E欄を参照）

B．アレルギー用調整粉乳
　1．不要
　2．必要　下記該当ミルクに○、又は（　）内に記入
　　ミルフィーHP・ニューMA-1・MA-mi・ペプディエット・エレメンタルフォーミュラ
　　その他（　　　　　）

C．除去食品においてより厳しい除去が必要なもの
　病型・治療のC．欄で除去の際に、より厳しい除去が必要となるもののみに○をつける
　※本欄に○がついた場合、該当する食品を使用した料理については、給食対応が困難となる場合があります。
　1．鶏卵：卵殻カルシウム
　2．牛乳・乳製品：乳糖
　3．小麦：醤油・酢・麦茶
　4．大豆：大豆油・醤油・味噌
　7．ゴマ：ゴマ油
　12．魚類：かつおだし・いりこだし
　13．肉類：エキス

D．食物・食材を扱う活動
　1．管理不要
　2．原因食材を教材とする活動の制限（　　　　）
　3．調理活動時の制限（　　　　）
　4．その他（　　　　）

E．特記事項
　（その他に特別な配慮や管理が必要な事項がある場合には、医師が保護者と相談のうえ
　記載。対応内容は保育所が保護者と相談のうえ決定）

記載日　　年　　月　　日
医師名
医療機関名
電話

気管支ぜん息（あり・なし）

病型・治療

A．症状のコントロール状態
　1．良好
　2．比較的良好
　3．不良

B．長期管理薬（短期追加治療を含む）
　1．ステロイド吸入薬
　　剤形：　　　　　投与量（日）：
　2．ロイコトリエン受容体拮抗薬
　3．DSCG吸入薬
　4．β刺激薬（内服・貼付薬）
　5．その他（　　　　　）

C．急性増悪（発作）治療薬
　1．ベータ刺激薬吸入
　2．ベータ刺激薬内服
　3．その他（　　　　　）

D．急性増悪（発作）時の対応（自由記載）

保育所での生活上の留意点

A．運動に関して
　1．管理不要
　2．防ダニシーツ等の使用
　3．その他の管理が必要（　　　　）

C．外遊び、運動に対する配慮
　1．管理不要
　2．管理必要
　　（管理内容：　　　　）

B．動物との接触
　1．管理不要
　2．動物への反応が強いため不可
　　動物名（　　　　）
　3．飼育活動等の制限（　　　　）

D．特記事項
　（その他に特別な配慮や管理が必要な
　事項がある場合には、医師が保護者と
　相談のうえ記載。対応内容は保育所が
　保護者と相談のうえ決定）

記載日　　年　　月　　日
医師名
医療機関名
電話

● 保育所における日常の取り組み及び緊急時の対応に活用するため、本表に記載された内容を保育所の職員及び消防機関・医療機関等と共有することに同意しますか。
　・同意する
　・同意しない

　保護者氏名＿＿＿＿＿＿＿＿＿

（裏面）

保育所におけるアレルギー疾患生活管理指導表（アトピー性皮膚炎・アレルギー性結膜炎・アレルギー性鼻炎）

名前＿＿＿＿＿　男・女　＿＿＿年＿＿月＿＿日生（＿＿歳＿＿ヶ月）　　　　組　　　　提出日　　年　月　日

※この生活管理指導表は、保育所の生活において特別な配慮や管理が必要となった子どもに限って、医師が作成するものです。

	病型・治療	保育所での生活上の留意点	記載日
ア（あり・なし）トピー性皮膚炎	A. 重症度のめやす（厚生労働科学研究班） 1. 軽症：面積に関わらず、軽度の皮疹のみみられる。 2. 中等症：強い炎症を伴う皮疹が体表面積の10%未満にみられる。 3. 重症：強い炎症を伴う皮疹が体表面積の10%以上、30%未満にみられる。 4. 最重症：強い炎症を伴う皮疹が体表面積の30%以上にみられる。 ※軽度の皮疹：軽度の紅斑、乾燥、落屑主体の病変 ※強い炎症を伴う皮疹：紅斑、丘疹、びらん、浸潤、苔癬化などを伴う病変 B-1. 常用する外用薬 1. ステロイド軟膏 2. タクロリムス軟膏 　（「プロトピック®」） 3. 保湿剤 4. その他（　　） B-2. 常用する内服薬 1. 抗ヒスタミン薬 2. その他（　　） B-3. 食物アレルギーの合併 1. あり 2. なし	A. プール・水遊び及び長時間の紫外線下での活動 1. 管理不要 2. 管理必要（　　） B. 動物との接触 1. 管理不要 2. 動物への反応が強いため不可 　動物名（　　） 3. 飼育活動等の制限（　　） 4. その他（　　） C. 発汗後 1. 管理不要 2. 管理必要（管理内容：　　） 3. 夏季シャワー浴（施設で可能な場合） D. 特記事項 （その他に特別な配慮や管理が必要な事項がある場合には、医師が保護者と相談のうえ 記載。対応内容は保育所が保護者と相談のうえ決定）	記載日　　年　月　日 医師名 医療機関名 電話

	病型・治療	保育所での生活上の留意点	記載日
ア（あり・なし）レルギー性結膜炎	A. 病型 1. 通年性アレルギー性結膜炎 2. 季節性アレルギー性結膜炎（花粉症） 3. 春季カタル 4. アトピー性角結膜炎 5. その他（　　） B. 治療 1. 抗アレルギー点眼薬 2. ステロイド点眼薬 3. 免疫抑制点眼薬 4. その他（　　）	A. プール指導 1. 管理不要 2. 管理必要（管理内容：　　） 3. プールへの入水不可 B. 屋外活動 1. 管理不要 2. 管理必要（管理内容：　　） C. 特記事項 （その他に特別な配慮や管理が必要な事項がある場合には、医師が保護者と相談のうえ 記載。対応内容は保育所が保護者と相談のうえ決定）	記載日　　年　月　日 医師名 医療機関名 電話

	病型・治療	保育所での生活上の留意点	記載日
ア（あり・なし）レルギー性鼻炎	A. 病型 1. 通年性アレルギー性鼻炎 2. 季節性アレルギー性鼻炎（花粉症）　主な症状の時期：春、夏、秋、冬 B. 治療 1. 抗ヒスタミン薬・抗アレルギー薬（内服） 2. 鼻噴霧用ステロイド薬 3. 舌下免疫療法 4. その他（　　）	A. 屋外活動 1. 管理不要 2. 管理必要（管理内容：　　） B. 特記事項 （その他に特別な配慮や管理が必要な事項がある場合には、医師が保護者と相談のうえ 記載。対応内容は保育所が保護者と相談のうえ決定）	記載日　　年　月　日 医師名 医療機関名 電話

● 保育所における日常の取り組み及び緊急時の対応に活用するため、本表に記載された内容を保育所の職員及び消防機関・医療機関等と共有することに同意しますか。
・同意する
・同意しない

保護者氏名＿＿＿＿＿＿＿＿＿＿

※「緊急連絡先」欄の連絡医療機関には、発作が発生した場合等の緊急時の連絡先として、保育所の最寄りの救急医療機関を記入することが考えられます。
※生活管理指導表（特に食物アレルギー欄）に医師が記載した内容について、保育所から保護者に対し、関連する検査結果を求める必要はありません（医師の判断により血液検査等を行った場合を含む）。
出典：厚生労働省「保育所におけるアレルギー対応ガイドライン（2019年改訂版）」2019年

こともあるので、こまめにシャワーを浴びて、汗を流します。冬場は、皮膚が乾燥して皮膚症状が悪くなることもありますので、保湿をていねいに行います。皮膚をかき壊すと、とびひなどの皮膚感染症になってさらに皮膚症状が悪化することもありますので、早めに治療をすることが大切です。

4 ぜん息児への対応

発作が起きたときには、水分をとらせ、座らせてできるだけ腹式呼吸をさせるようにします。年長児で、発作が起きたときの薬を預かっている場合は、保護者に連絡をして使用します。水分がとれない、話ができないくらい呼吸が苦しいときには、医療機関に連れて行きます。

日常生活では、アレルゲンとなるほこりや動物の毛をなるべく吸い込まないようにする、住居ではほこりがたまりやすいじゅうたんをなるべく使わない、ペットを屋内で飼わないなどの配慮が必要です。発作が起きていないときには、ピークフロー（図14-4）を測定して息を吐き出す力を鍛えることもあります。発作の回数が多いときには、飲み薬や吸入薬で予防し発作の回数や程度を改善することができますので、医療機関に相談するようにします。また、年長児では、腹式呼吸が上手にできるように、笛を吹く練習をしたり、腹筋を鍛える運動をしたりします。

図14-4　ピークフロー

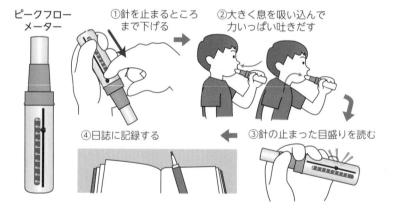

5 花粉症児への対応

予防のためにはマスクやゴーグルがありますが、年少児には使いにくく、症状を和らげるための点鼻薬や点眼薬も嫌がって使えないことも多いです。予防薬を飲んだり、外出から帰宅したときには、手洗いやうがいをするようにします。

3 ｜ アナフィラキシー症状がでたときの対応

アナフィラキシーは、アレルギー反応のうち最も重症な状態で、蕁麻疹、

口腔・咽頭の腫脹、喘鳴、血圧低下などの一連の症状を認めます。通常、原因物質と接触後30分以内に起こることが多く、起こったときには、急いで救急病院に連れて行くか、救急車を呼ぶ必要があります。

　原因となる物質は、食物が多く、特にソバやピーナッツに反応することが多いのですが、卵や乳製品で起こすこともあります。薬品やハチに刺されたとき、ゴム製品にふれて起こすこともあります。原因となる物質を間違って食べたり、触ったりしたときには、口をすすいだりして原因物質をできるだけ取り除くようにします。年長児では、食物アレルギーがあっても、ふだんは普通に食べられるのに、食後すぐに運動することにより発症する食物依存性運動誘発アナフィラキシーということもあります。

　急速に発疹が全身に広がって、せき込んでゼーゼーしたり、顔色が悪くなってきたりしたときには救急車を呼び、足を高くしてあおむけに寝かせます。以前にアナフィラキシーを起こしたことがある場合には、症状がでたときに服用する薬や、緊急時に家庭で筋肉内注射できるアドレナリン

図14-5　エピペン®の使い方

STEP 1　準備

オレンジ色のニードル（針）カバーを下に向けてエピペン®の真ん中を利き手でしっかりと握り、もう片方の手で青色の安全キャップを外します。

安全キャップ

STEP 2　注射

エピペン®を太ももの前外側に垂直になるようにし、オレンジ色のニードル（針）カバーの先端を「カチッ」と音がするまで強く押し付けます。太ももに押し付けたまま数秒間待ちます。

STEP 3　確認

注射後、オレンジ色のニードル（針）カバーが伸びたことを確認します。

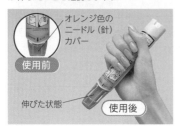

オレンジ色のニードル（針）カバー

使用前

伸びた状態

使用後

STEP 4　片付け

①青色の安全キャップの先端を元の場所に押し込んで戻します。

②オレンジ色のニードル（針）カバーの先端を机などの硬い面の上に置きます。オレンジ色のニードル（針）カバーの両側上部を指で押さえながら、トレーナー本体を下に押し付けて収納します。

患者本人以外が投与する場合

注射時に投与部位が動くと、注射部位を損傷したり、針が曲がって抜けなくなったりするおそれがあるので、投与部位をしっかり押さえるなど注意してください。

出典：マイランEPD合同会社『エピペン®ガイドブック』2019年

の自己注射製剤（エピペン®）が処方されていることがあります。事前に医療機関で記載した「保育所におけるアレルギー疾患生活管理指導表」を確認しておき、薬や緊急用のエピペン®を預かるときには、職員全員が保管場所とどんなときに薬を飲ませるのか、エピペン®トレーナーを用いたエピペン®の使い方（図14-5）などを周知してから預かるようにします。エピペン®の使い方の研修では、子どもへの声かけのしかた、子どもを動かないように押さえる方法、記録をする方法なども学び、救急車を呼ぶ人、ほかの子どもを保育する人、子どもを介助する人、記録する人、実際にエピペン®を打つ人など役割分担をして、実際のシミュレーションを行うようにします（図14-6）。

アナフィラキシーの症状は、グレードを3段階に分け、グレード1では、

図14-6　アナフィラキシー発症時の施設内での役割分担

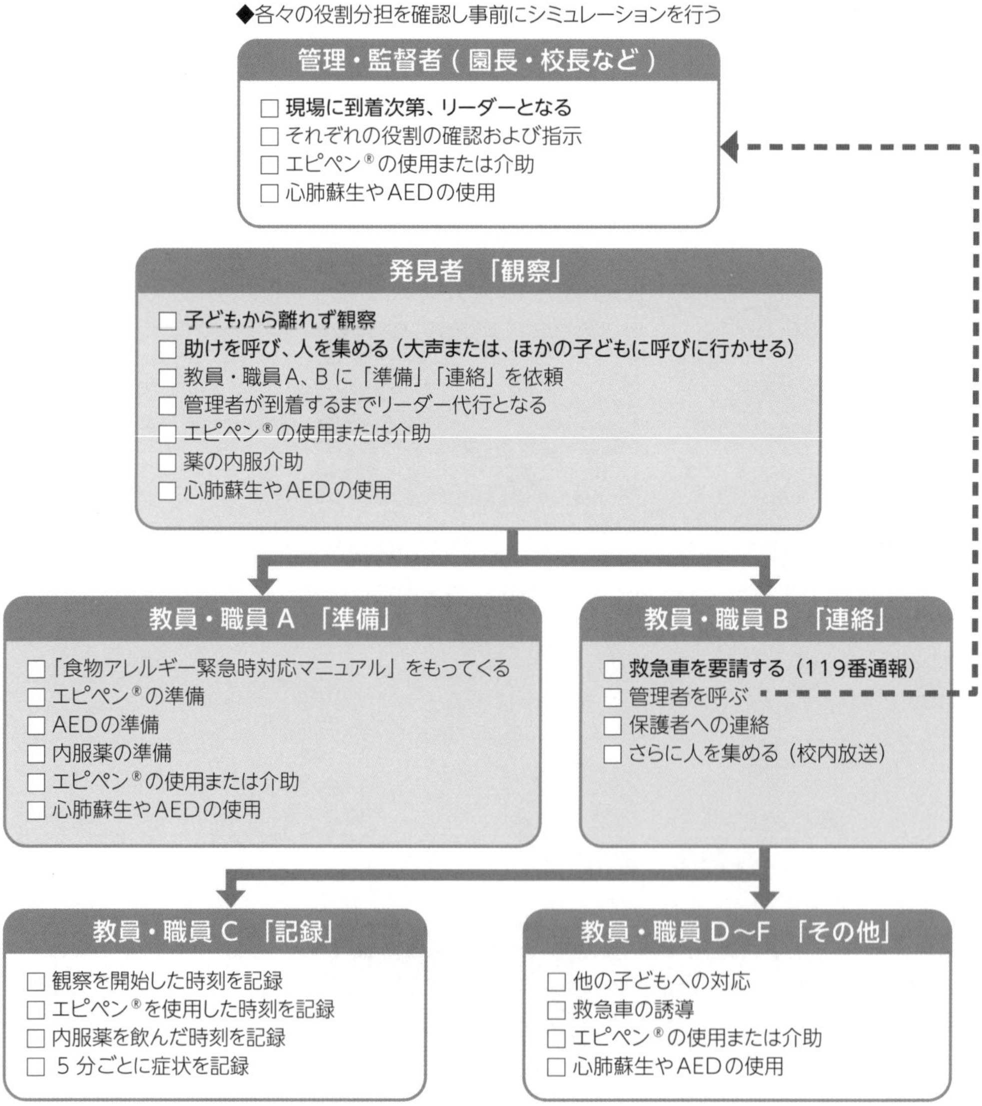

◆各々の役割分担を確認し事前にシミュレーションを行う

管理・監督者（園長・校長など）
- ☐ 現場に到着次第、リーダーとなる
- ☐ それぞれの役割の確認および指示
- ☐ エピペン®の使用または介助
- ☐ 心肺蘇生やAEDの使用

発見者　「観察」
- ☐ 子どもから離れず観察
- ☐ 助けを呼び、人を集める（大声または、ほかの子どもに呼びに行かせる）
- ☐ 教員・職員A、Bに「準備」「連絡」を依頼
- ☐ 管理者が到着するまでリーダー代行となる
- ☐ エピペン®の使用または介助
- ☐ 薬の内服介助
- ☐ 心肺蘇生やAEDの使用

教員・職員A　「準備」
- ☐ 「食物アレルギー緊急時対応マニュアル」をもってくる
- ☐ エピペン®の準備
- ☐ AEDの準備
- ☐ 内服薬の準備
- ☐ エピペン®の使用または介助
- ☐ 心肺蘇生やAEDの使用

教員・職員B　「連絡」
- ☐ 救急車を要請する（119番通報）
- ☐ 管理者を呼ぶ
- ☐ 保護者への連絡
- ☐ さらに人を集める（校内放送）

教員・職員C　「記録」
- ☐ 観察を開始した時刻を記録
- ☐ エピペン®を使用した時刻を記録
- ☐ 内服薬を飲んだ時刻を記録
- ☐ 5分ごとに症状を記録

教員・職員D〜F　「その他」
- ☐ 他の子どもへの対応
- ☐ 救急車の誘導
- ☐ エピペン®の使用または介助
- ☐ 心肺蘇生やAEDの使用

出典：東京都アレルギー疾患対策検討委員会「食物アレルギー緊急時対応マニュアル」2018年をもとに作成

持参薬がある場合は飲ませて、改善しないときには、医療機関を受診します。グレード 2 では、持参薬を飲ませ、エピペン®を準備して、救急車の要請を考慮します。グレード 3 では救急車を呼び、エピペン®を使用し、あおむけに足を高くして寝かせます（表14-3）。

　ここで、ある保育所でのアレルギー児の事例についてみていきましょう。

表14-3　アナフィラキシーの症状チェックシート

● 症状のチェックは緊急性が高い、左の欄から行う（　　　　→　　　　→　　　　）

全身の症状	□ ぐったり □ 意識もうろう □ 尿や便を漏らす □ 脈が触れにくいまたは不規則 □ 唇や爪が青白い		
呼吸器の症状	□ のどや胸が締め付けられる □ 声がかすれる □ 犬が吠えるような咳 □ 息がしにくい □ 持続する強い咳き込み □ ゼーゼーする呼吸	□ 数回の軽い咳	
消化器の症状	□ 持続する強い（がまんできない）おなかの痛み □ 繰り返し吐き続ける	□ 中程度のおなかの痛み □ 1～2 回の嘔吐 □ 1～2 回の下痢	□ 軽い（がまんできる）おなかの痛み □ 吐き気
目・口・鼻・顔面の症状	上記の症状が 1 つでも当てはまる場合	□ 顔全体の腫れ □ まぶたの腫れ	□ 目のかゆみ、充血 □ 口の中の違和感、唇の腫れ □ くしゃみ、鼻水、鼻づまり
皮膚の症状		□ 強いかゆみ □ 全身に広がる蕁麻疹 □ 全身が真っ赤	□ 軽度のかゆみ □ 数個の蕁麻疹 □ 部分的な赤み
		1 つでも当てはまる場合	1 つでも当てはまる場合
	①ただちにエピペン®を使用 ②救急車を要請（119番） ③その場で安静を保つ ④その場で救急隊を待つ ⑤可能なら内服薬を飲ませる （　　　　　　　　）	①内服薬を飲ませ、エピペン®を準備 （　　　　　　　　） ②速やかに医療機関を受診 （救急車の要請も考慮） （　　　　　　　　） ③医療機関に到着するまで 5 分ごとに症状の変化を観察。 □ の症状が 1 つでも当てはまる場合、エピペン®を使用。	①内服薬を飲ませる （　　　　　　　　） （　　　　　　　　） ②少なくとも 1 時間は、5 分ごとに症状の変化を観察し、症状の改善がみられない場合は医療機関を受診 （　　　　　　　　）
	ただちに救急車で 医療機関へ搬送	速やかに 医療機関を受診	安静にし 注意深く経過観察

出典：厚生労働省「保育所におけるアレルギー対応ガイドライン（2019年改訂版）」2019年をもとに作成

事例 湿疹がでるので、食べられないです

　3歳のアイちゃんは、卵、牛乳、大豆、小麦、米、魚、肉にアレルギーがあり、食べられないものがたくさんあります。お母さんの判断で除去食を行っていますが、栄養が十分ではなく、体重も標準より少なくなっています。主治医の指導を受けているのかを尋ねると、お医者さんの指導に従っていても湿疹はいっこうによくならないので、今は通院していないとのことでした。

　アレルギーの原因の食物を家族だけで判断して、除去食にしていることがときどきあります。アレルギーの原因が別にある場合もあり、特に湿疹などは、保湿剤や湿疹に対する薬の使い方がうまくできていないために悪化している場合もあります。また、アレルギー専門医のところに通院して指導を受けるように助言しても、なかなか実行されないこともあります。成長のために必要な栄養素をとっていないとその後の発育にも影響することを伝えて、嘱託医と相談しながら、根気強く話し合う必要があるかもしれません。

ワーク

　次の課題に沿って、小グループでアレルギー児への対応について考えてみましょう。
①食物アレルギー児がいるとき、食事のときの対応を自分の保育所ではどうしているかを話し合ってみましょう。
②アトピー性皮膚炎の子どもがいるとき、外遊びやプールのときの対応を自分の保育所ではどうしているかを話し合ってみましょう。
③アナフィラキシーを起こしたことがあって、エピペン®の預かりをしている子どもが実際にアナフィラキシー症状を起こしたことを想定して、5人一組で役割を決めて模擬練習をしてみましょう。

・子ども役	・子どもを押さえる係
・薬とエピペン®をとりに行く係	・記録する係
・救急車を呼ぶ係	

1）子ども役の人は、実際の症状を想定して演技し、エピペン®を打つときには、嫌がって体を動かしてみましょう。
2）保護者に連絡する係、ほかの子どもの保育をする係も誰がしたらよいかを考えてみましょう。
3）エピペン®は、誰が打つのがよいでしょうか。
4）最初に症状が起きてから、どれくらいで対応できるかを時間を計って、記録しておきましょう。
5）終わったら、グループごとに反省点をだして発表し合いましょう。

レッスン 15

医療的な配慮が必要な子どもへの対応

写真提供：白梅学園大学

子どもの糖尿病の啓発人形劇で、子どもたちにも理解することができる。

ポイント

1 病児・病後児保育における健康上の配慮を知っておく。
2 継続的に治療が必要な子どもの健康上の配慮を知っておく。
3 医療的ケアが必要な子どもの健康上の配慮を知っておく。

1 病児・病後児保育における健康上の配慮

1 病児・病後児保育とは

　保育所では集団生活のため、子どもが体調不良となったときに、十分な個別対応をするのが難しかったり、感染症の場合には、ほかの子どもへ広げないよう予防が必要なので、保護者に連絡してお迎えをお願いすることがしばしばあります。子どもは突然体調不良となることが多く、幼少であるほど集団生活を始めたばかりのときには、感染症を繰り返しやすくなります。保護者も、看護休暇をとりにくい、看護休暇や有給休暇が足りない、家族や親戚に子どもの看病を頼めないなどで、仕事を休みにくいとき、病児・病後児保育が必要となってきます。学校感染症に罹患したときには、出席停止期間（登園基準）の確認や、医療機関による治癒証明書で、登園可能となります。病気が治ったという場合でも本調子でなかったり、症状が回復していても再び体調を崩すことがあるので、いつもよりていねいに観察する必要があります。そのため、病後児保育を行ってから、通常保育にするほうがよい場合もあります。

病児・病後児保育を行うときには、場所と保育者がいつもと異なることになるので、より慎重な観察が必要です。体温は最初と最後に必ず測定し、途中も適宜測定します。食欲や水分摂取量、排便の性状、尿の回数、そのほかの体の症状も記録します。睡眠時間もいつもとは異なりますので、個別に記録を残します。

病児保育事業は、病児対応型・病後児対応型、体調不良児対応型、非施設型（訪問型）、送迎対応の4種類があります（表15-1）。医療機関併設型は、体調の変化に対応しやすい、投薬や医療処置がしやすいという利点がありますが、保育所や保育者が異なるというストレスがかかるので、精神的配慮がより必要となります。保育所併設型で同じ保育所内で保育する場合や訪問型では、子どもが慣れている場所なので、精神的ストレスは

表15-1　病児保育事業

	①病児対応型・病後児対応型	②体調不良児対応型	③非施設型（訪問型）	④送迎対応
事業内容	地域の病児・病後児について、病院・保育所等に付設された専用スペース等において看護師等が一時的に保育する事業	保育中の体調不良児を一時的に預かるほか、保育所入所児に対する保健的な対応や地域の子育て家庭や妊産婦等に対する相談支援を実施する事業	地域の病児・病後児について、看護師等が保護者の自宅へ訪問し、一時的に保育する事業 ※平成23年度から実施	病児・病後児対応型及び体調不良児対応型について、保育中に体調不良となった児童を送迎し、病院等の専用スペースで一時的に保育をする事業
対象児童	当面症状の急変は認められないが、病気の回復期に至っていないことから（病後児の場合は、病気の回復期）、集団保育が困難であり、かつ保護者の勤務等の都合により家庭で保育を行うことが困難な児童であって、市町村が必要と認めた乳幼児又は小学校に就学している児童	事業実施保育所に通所しており、保育中に微熱を出すなど体調不良となった児童であって、保護者が迎えに来るまでの間、緊急的な対応を必要とする児童	病児及び病後児	保育中に体調不良となった児童であって、保護者が迎えに来るまでの間、緊急的な対応を必要とする児童
実施要件	・看護師等：利用児童おおむね10人につき1人以上配置 ・保育士：利用児童おおむね3人につき1人以上配置 ・病院・診療所、保育所等に付設された専用スペース又は本事業のための専用施設　等	・看護師等を常時1人以上配置（預かる体調不良児の人数は、看護師等1人に対して2人程度） ・保育所の医務室、余裕スペース等で、衛生面に配慮されており、対象児童の安静が確保されている場　等	・預かる病児の人数は、一定の研修を修了した看護師等、保育士、家庭的保育者のいずれか1人に対して、1人程度とすること等	・保育所等から体調不良児の送迎を行う際は、送迎用に自動車に看護師又は保育士が同乗し、安全面に配慮が必要 ・送迎はタクシーによる送迎を原則とする
実績	（29年度実績ベース） 病　児：985か所 病後児：637か所	（29年度実績ベース） 1,225か所	（29年度実績ベース） 9か所	－

出典：内閣府子ども・子育て本部「子ども・子育て支援新制度について（令和元年6月）」2019年
（https：//www8.cao.go.jp/shoushi/shinseido/outline/pdf/setsumei.pdf [2020年4月21日確認]）

少ないのですが、体調が変化したときの対応が必要となる場合もあるので、医療機関との連携が大切になります。

2 保育所における病児・病後児保育

保育所で預かっている子どもが体調不良となったときに預かる体調不良児対応型と、専用スペースがあって預かる病児対応型・病後児対応型があります。体調不良児対応型は、保護者がお迎えのときまで預かるだけのところもあり、一時的に対応している保育所は多いのですが、医務室など専用スペースを確保していることと、ほかの子どもに感染を広げない配慮が必要です。

専用スペースに専属の看護師がいて、保育者も確保できている病児対応型・病後児対応型では、預かる子どもの人数が日によって異なるので、通常保育と兼務することが可能な、比較的人員にゆとりのある保育所で行われていることが多いです。

調理員による食事の提供も可能で、保育に慣れている場所での保育になるので、子どもも落ち着いて過ごせることが多く、体調が急変したときの対応を考えておく必要があります。かかりつけ医の診察を受けてから預かったり、嘱託医との連携を密接にしたりというような配慮が必要となります。

3 病院や診療所における病児・病後児保育

子どもの体調が変化したときの対応がしやすいということで、このタイプの病児・病後児保育が多いのですが、預かる子どもの人数が日によって異なるので、経営が安定しないという難点があります。また、預かる子どもは、体調がすぐれないときに、慣れない場所と人に保育されるということから子どもの精神面での配慮が必要となり、食事は自宅から持参してもらうことも多くあります。

体調が変化したときに診察や検査、投薬や医療処置がしやすいので、診断がまだついていない初期の体調不良時や、ぜん息発作などの経過によって症状が変化する場合に適していると考えられます。

4 自宅における病児・病後児保育

訪問型は、実施している場所は多くありませんが、体調の悪い子どもが自宅で過ごすことができるという利点があります。ただ、保育者は体調が悪い子どもへの対応に医療者ほど精通していないのと、1人で保育することが多いので、看護師が巡回して、体調変化時に医療機関にすぐ受診するように連携をしているところが多いようです。

> **事例1　ひきつけを起こしてしまった！**
>
> 3歳のサキちゃんがインフルエンザにかかったのですが、両親は仕事をどうしても休めず、病児保育室で預かりました。ぐったりしていて、食事

が食べられず、水分もあまりとれないので、保護者にあらためて連絡をしましたが、仕事の手が離せないということで、なかなかお迎えに来ません。そのうちひきつけを起こしたので、救急車を呼んで病院に搬送しました。

　病児保育では、状態が変化することがあるので、保護者にお迎えを頼んで、病院への受診を依頼することがしばしばあります。診療所併設型でも、対応しきれないことがあるため、緊急時には救急車を呼ぶ場合があることを伝えておきます。乳幼児はしばしば熱性けいれんを起こすことがありますが、熱性けいれんではないひきつけの場合もありますので、慎重な対応が必要となります。

2 │ 継続的な診療を必要とする子どもの健康上の配慮

1 継続的な診療を必要とする子どもとは

　慢性疾患のある子どもの場合は、継続的な治療や診察、検査を必要とします。それぞれ抱えている疾患やその重症度によっても異なり、入院治療が必要な場合から、毎月通院しなければならない場合、年1回の通院だけの場合とさまざまです。入所前健診や病気が発症したあとに保護者と面談して、保育における配慮について確認する必要があります。次の①～⑥のケースについてみていきましょう。

①アレルギー疾患（レッスン14を参照）
②心疾患のある子ども（レッスン13を参照）
③糖尿病の治療を行っている子ども

　糖尿病とは、インスリンの分泌不足や作用不十分により高血糖が持続する病気のことです。インスリンは、膵臓から分泌されるホルモンで、インスリンが分泌されない糖尿病を1型糖尿病、生活習慣病である糖質のとりすぎで作用不十分により発症する糖尿病を2型糖尿病といいます。子どもの場合は、生活習慣病ではない1型糖尿病が多く、発症すると生活習慣で改善することはなく、継続的にインスリンの自己投与が必要となります。

　糖尿病の発症時は、高血糖が持続して、多飲、多尿、倦怠感があり、昏睡となることもあります。インスリン療法を行っているときには、インスリンを投与したあと十分な糖分をとらないと、低血糖になることもあり、その場合に昏睡することもあるので注意が必要です。

　低血糖では、高度の空腹感があって機嫌が悪くなりますが、子どもの場合は自分で表現できず、発汗して顔色が悪くなって気づくこともあります。低血糖が疑われたときは、ジュースやビスケットなどで糖分を補給します。インスリンによる低血糖は、急に体調が変化するので、気がついたらすぐに糖分をとらなければなりませんが、子ども同士ではお菓子を食べていると受けとることがありますので、ほかの子どもたちにも必要性について説

表15-2　糖尿病患児の治療内容と緊急連絡票

学校名				年	組	記載日　令和　　年　　月　　日

医療機関

氏名　　　　　　　　　　　　　　　男・女　　医師名　　　　　　　　　　　　　印

生年月日　平成・令和　　年　　月　　日　　電話番号

要管理者の現在の治療内容・緊急連絡法

診断名　　　①1型（インスリン依存型）糖尿病　　②2型（インスリン非依存型）糖尿病

現在の治療　1. インスリン注射：　1日　　回　　　　　　　昼食前の学校での注射　（有・無）
　　　　　　　　　学校での自己血糖値測定　（有・無）
　　　　　　　2. 経口血糖降下薬：　薬品名（　　　　　　　　　）学校での服用　　　　（有・無）
　　　　　　　3. 食事・運動療法のみ
　　　　　　　4. 受診回数　　　回／月

緊急連絡先　保護者　氏名　　　　　　　　　　　　自宅TEL
　　　　　　　　　　　勤務先（会社名　　　　　　　TEL　　　　　　　　　　　　　）

　　　　　　　主治医　氏名　　　　　　　　　施設名　　　　　　　　TEL

学校生活一般：基本的には健常児と同じ学校生活が可能である

1. 食事に関する注意
　　学校給食　　　　　①制限なし　②お代わりなし　③その他（　　　　　　　　　　　　　　　）
　　宿泊学習の食事　　①制限なし　②お代わりなし　③その他（　　　　　　　　　　　　　　　）
　　補食　　　　　　　①定時に（　　時　食品名　　　　　　　　　　　　　　　　　　　　　　）
　　　　　　　　　　　②必要なときのみ　（どういう時　　　　　　　　　　　　　　　　　　　）
　　　　　　　　　　　　　　　　　　　　（食品名　　　　　　　　　　　　　　　　　　　　　）
　　　　　　　　　　　③必要なし

2. 日常の体育活動・運動部活動について
　　「日本学校保健会　学校生活管理指導表」を参照のこと

3. 学校行事（宿泊学習、修学旅行など）への参加及びその身体活動
　　「日本学校保健会　学校生活管理指導表」を参照のこと

4. その他の注意事項

低血糖が起こったときの対応*

程度	症状	対応
軽度	空腹感、いらいら、手がふるえる	グルコース錠2個 （40kcal=0.5単位分。入手できなければ、スティックシュガー10g）
中等度	黙り込む、冷汗・蒼白、異常行動	グルコース錠2個 （あるいは、スティックシュガー10g） さらに多糖類を40〜80kcal（0.5〜1単位分）食べる。 （ビスケットやクッキーなら2〜3枚、食パンなら1/2枚、小さいおにぎり1つなど） 上記補食を食べた後、保健室で休養させ経過観察する。
高度	意識障害、けいれんなど	保護者・主治医に緊急連絡し、救急車にて主治医または近くの病院に転送する。救急車を待つ間、砂糖などを口内の頬粘膜になすりつける

＊軽度であっても低血糖が起こったときには、保護者・主治医に連絡することが望ましい。

出典：公益財団法人日本学校保健会ホームページ「糖尿病患児の治療・緊急連絡法等の連絡表」
　　　（http://www.hokenkai.or.jp/kanri/pdf/kanri_03.pdf［2020年4月21日確認］）

明しておきます。また、体調が急変したときに備えて、個別の連絡票を作成しておきます（表15-2）。

　血糖値のコントロールがうまくいかず、長期にわたって高血糖の状態が続くと、合併症をともなって腎障害、視力障害、神経障害などがでます。毎日のインスリン療法だけでなく食事療法も必要なため、糖尿病の子どもたちに対して、周囲の人々の理解と日々の精神的支援も大切です。

④免疫が低下する治療を行っている子ども

　免疫が低下する治療としては、腎臓疾患や炎症疾患、臓器移植後に投与するステロイドなどの免疫抑制剤や悪性腫瘍疾患に投与する抗がん剤などがあります。使用している薬剤によっても異なりますが、一般的には、子どもがよく感染するウイルス感染が重症化することがあります。特に、麻疹や水痘では重症肺炎となることもありますので、保育所内で感染者が発症したときには、個別に連絡して登園を控えるように促します。

⑤出血しやすい子ども

　先天的に凝固因子が欠乏している血友病と、何らかの原因で血小板を破壊する抗体ができて血小板が減少する血小板減少性紫斑病が主な病気です。血友病は遺伝で発症することが多く、ほとんどが男子です。運動量の増加にともなって、関節や筋肉内に出血が起こることが多く、定期的に静脈に凝固因子の補充を行います。

　子どもの場合、出血をおそれて運動をしないと運動発達に影響するので、凝固因子を補っていれば、通常どおりの運動をさせてかまいません。出血するけがをしたときや歯が抜けたり、鼻血がでたりしたときには、凝固因子を補充しなければならないので、保護者に連絡します。

　血小板減少性紫斑病では、血小板が減少すると出血斑や紫斑を生じますが、粘膜に出血すると止血が難しくなるため、入院して治療します。子どもの場合は感染後に発症し、6か月以内に治る急性型が多いのですが、なかなか回復しない場合は、けがや歯が抜け変わるときや転倒して頭部打撲したときには、注意する必要があります。

⑥毎日服薬が必要な子ども

　発作的にけいれんを起こすてんかんや、足りないホルモンを補充する内分泌疾患や、慢性感染症の予防薬を服用するなど、毎日服薬が必要な子どももいます。通常は、自宅で服用することで大丈夫なことが多いのですが、宿泊行事のときには、飲み忘れがないように注意します。

▶2　入退院を繰り返す子ども

　定期的な検査や治療を行わなければならない場合、入院期間が長いほど、保育所に復帰したときに生活リズムに慣れるまでの時間が必要となります。運動発達が後退する場合や、筋力が低下することもあり、散歩に行くときに配慮が必要となることもあります。保育時間も短めにして慣らし保育のように徐々に延ばしていくのが望ましいのですが、難しい場合は、体を動かす時間を少しずつ延ばすように配慮します。散歩では、日光を浴びると日焼けや疲れがでやすくなるので、保護者と情報交換して活動時間や内容

を配慮します。健康状態について特に配慮が必要なときには、主治医に情報提供をお願いしましょう。

3 医療的ケアを必要とする子どもの健康上の配慮

1 医療的ケアとは

　医療的ケアとは、在宅等で日常的に、たんの吸引・経管栄養・気管切開部の衛生管理、酸素投与、導尿等の医療行為を行うことです。

　近年の医療の進歩により、超早産児や重症の障害児も救命できるようになりましたが、長期入院後、退院したあともたんの吸引や経管栄養などが必要な医療的ケア児が、年々増加しています。医療的ケア児は、自宅で家族に介護されていることが多く、外出することや家族以外の人との交流ができないことがほとんどでした。しかし、2016（平成28）年 5 月に「児童福祉法」の改正があり＊1、医療的ケア児に対し、地方公共団体には保健、医療、福祉等の支援体制を整備することが求められ、取り組みが進んでいます。

> 2　地方公共団体は、人工呼吸器を装着している障害児その他の日常生活を営むために医療を要する状態にある障害児が、その心身の状況に応じた適切な保健、医療、福祉その他の各関連分野の支援を受けられるよう、保健、医療、福祉その他の各関連分野の支援を行う機関との連絡調整を行うための体制の整備に関し、必要な措置を講ずるように努めなければならない。

　また、就学前に集団生活を希望する医療的ケア児も増加しており、保育所や幼稚園でも、受け入れが増加しつつあります。最も多い医療的ケアは、経管栄養とそれにともなう服薬管理ですが、ついで、たんの吸引、導尿となっています。研修を受けた教員・保育士が行うことができる医療的ケアは、咽頭までの口腔内・鼻腔内の吸引、**気管カニューレ**内の吸引、経管栄養の流動食を開始することです（図15-1）。

2 医療的ケアを行っている子どもの健康上の配慮
①吸引を行っている子ども

　脳性麻痺や、神経疾患、喉頭部の動きが悪いなど、水分を飲み込むのがうまくいかない子どもは、自分でたんを出すことが難しいので、定期的に

　＊1　「児童福祉法」第56条の 6

　気管カニューレ
気管切開部分に入れるチューブのこと。

図15-1　研修を受けた保育士・教員が行うことができる医療的ケア

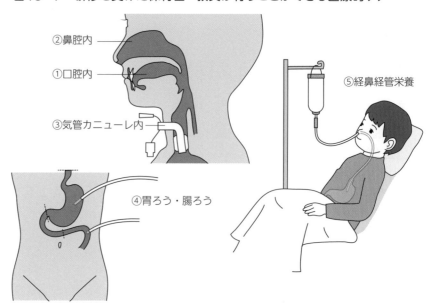

　　②鼻腔内

　　①口腔内

　　③気管カニューレ内

　　⑤経鼻経管栄養

　　④胃ろう・腸ろう

出典：文部科学省「学校における医療的ケアの必要な児童生徒等への対応について」
　　　（https://www.mhlw.go.jp/file/06-Seisakujouhou-12200000-Shakaiengokyokushougai
　　　hokenfukushibu/0000147112.pdf［2020年6月8日確認］）をもとに作成

　鼻腔や口腔をカテーテルで、たんや唾液を吸引します。看護師のほかに研修を受けた保育士・教員は、咽頭までの吸引をすることができ、気管切開をしてのどの気管のところに気管カニューレがある場合は、カニューレ内まで吸引することができます。吸引を行うときには必ず声かけをします。吸引圧は強すぎると粘膜を傷つけ出血することがあるので、気をつけます。吸引に用いるカテーテルは清潔に扱い、吸引をするたびに清潔な水でカテーテルの内腔を洗浄するようにします。吸引してもゼーゼーしたりして苦しそうな場合は、看護師などの医療スタッフに診察してもらいます。

②経管栄養を行っている子ども

　固形物を咀嚼したり、水分を飲み込んだりすることが難しい場合、流動食を管から入れて栄養をとることがあります。

　鼻から管を入れている場合が多く、挿入は医療機関で行い、管が抜けないように、頬のところなどにテープなどで管を固定します。管の先端は胃に入っている必要があり、子どもが自分で抜いたり、移動するときに、管を引っ掛けて抜けたりしてしまわないように気をつけます。

　管の挿入が長期間必要となるときには、胃ろうを造設する手術を行い、胃に直接入れることができる胃ろうカテーテルという器具をおなかのところにとりつけることもあります。看護師か研修を受けた保育士や教員は、流動食を注入することが可能です。

　また、流動食で栄養をとっているときでも唾液などは飲み込むので、口の中を定期的に洗ってきれいにしておく必要があります。

③酸素療法を行っている子ども

　酸素投与が持続的に必要な場合、酸素療法を行います。鼻腔カニューレ

で酸素を投与することが多いのですが、子どもの場合、自分で外してしまうこともあるので気をつけます。酸素を供給する方法は、空気を濃縮する方法や、液体酸素を用いる方法があります。空気を濃縮する方法では、停電や故障したときに器械が使えなくなるリスクがあり、液体酸素を用いる方法は、液体酸素の配送が滞ったときに供給できなくなるリスクがあります。どちらも災害時に備えて、緊急連絡先の確認と予備の酸素ボンベを用意しておくことが必要です。酸素がでている近くでは、引火する危険があるので、火を使用しないようにします。また、酸素を送っているチューブを圧迫したり、チューブが外れたりすると、十分な酸素がいかなくなるので、寝ているときには気をつけてときどき確認します。

④人工呼吸器を使っている子ども

　自分で十分に呼吸できない子どもは、日常的に人工呼吸器を使っていることがあります。近年、携帯型の人工呼吸器が普及して、人工呼吸器が必要な子どもも外出や集団生活が可能となってきています。人工呼吸器が正常に作用するか、器械の設定が適切かなどを確認し、定期的にたんを吸引するほかに、器械が作動しなくなったり、災害や停電時の対応として、酸素ボンベや手動で人工換気できる器具を準備しておくことが必要となります。医療機関との連携を行いながら、活動範囲を広げていくことが望まれています。

⑤導尿を行っている子ども

　排尿をコントロールできないとき、尿道から膀胱にネラトンカテーテルを挿入して、膀胱のなかの尿を体外にだす方法である導尿を定期的に行う必要があります。導尿は看護師が行いますが、尿をためすぎてしまうと尿が腎臓に逆流して感染症を起こしやすくなるため、定期的に導尿を行います。尿がにごって発熱したときには、尿路感染症になっている可能性があるので、早めに医療機関を受診します。また、導尿が必要な子どもは便秘にもなりやすいので、排便がきちんとできているかどうかも家庭と連携して確認しましょう。

３　医療的ケアを行っている子どもの災害時の配慮

①予想外のトラブルが起きたときの準備

　医療的ケアを行うのに必要な器具や用具は破損したり、不潔になったりして使えなくなることもあるので、必ず予備を用意しておきます。電源が必要な吸引器や人工呼吸器は、停電時のための代替用具を用意し、緊急時の器械のメーカーへの連絡先を器械に貼付しておきます。

②災害時に避難するときの配慮

　医療的ケアができる職員がついていくのが原則です。また、必要な物品と緊急連絡先は忘れずにもっていきます。

③避難所での配慮

　医療的ケアを行うためのスペースを確保し、必要な物品補充ができる体制にします。体調の変化に対応できるように、医療機関に連絡をします。

④医療的ケアを行っている職員の連携

医療的ケアを交代で行うときには、必ず子どもの健康状態を引き継ぎます。連絡帳でそれぞれの子どもに応じた健康状態を記録しておきます。

> **事例2**　鼻から栄養をとっているミノルくん
>
> 4歳のミノルくんは、食べ物をうまく飲み込めないため、鼻から胃にチューブを入れていて、ふだんは食事の時間帯に派遣の看護師が来訪して、流動食を注入しています。チューブが抜けないように、頬のところにテープで留めてありますが、「洋服を着替えるときにうっかりしてチューブが抜けてしまいました。チューブを押し込んで元に戻したのですが、それでよかったのでしょうか」という質問が保育者からありました。
>
> 胃に入れているチューブが何かの拍子に抜けてしまうことはよくあります。完全に抜けてしまったときには、医療機関で再挿入してもらいます。一部抜けて押し込んだときには、流動食を注入する間に、チューブの先端が正しく胃にあるかを確認する必要があります。これは医療関係者でないとできない手技ですが、注射器に空気を入れて、チューブと接続して空気を押し込んだときに、胃の位置で空気が入った音が聞こえるかどうかで確認します。チューブの位置が間違って気管に入ったり、食道や口のなかに留まったりしていたときには、流動食が気道に流れてしまうことがあって危険ですので、必ず先端の位置を確認してから、流動食を開始します。この事例では、派遣の看護師に確認してもらったので大丈夫でしたが、チューブが抜けた可能性があったときには、必ず医療関係者に伝えるべきだということを、職員の間で確認しました。

ワーク

次の課題について、小グループで、どのように対応したらよいかを話し合ってみましょう。
①継続的な診療が必要な子どものことを、ほかの子どもたちが理解できるような方法を考えてみましょう。
②病児や継続的に診療が必要な子どもの保育を行ったときの経験を出し合い、必要な配慮について意見交換しましょう。

●レッスン 1

小林美由紀編著『授業で現場で役に立つ！ 子どもの健康と安全演習ノート』診断と治療社、2019年

全国保育園保健師看護師連絡会『保育現場のための乳幼児保健年間計画実例集』全国保育園保健師看護師連絡会、2011年

●レッスン 2

国立保健医療科学院『乳幼児身体発育評価マニュアル』2012年

榊原洋一監修、小林美由紀『これならわかる！ 子どもの保健演習ノート──子育てパートナーが知っておきたいこと（改訂第 3 版追補）』診断と治療社、2019年

●レッスン 3

内閣府子ども・子育て本部「子ども・子育て支援新制度について（令和元年 6 月）」2019年　https://www8.cao.go.jp/shoushi/shinseido/outline/pdf/setsumei.pdf（2020年 5 月 8 日確認）

●レッスン 4

厚生労働省「保育所保育指針」2017年

厚生労働省「保育所における感染症対策ガイドライン（2018年改訂版）」2018年　https://www.mhlw.go.jp/file/06-Seisakujouhou-11900000-Koyoukintoujidoukateikyoku/0000201596.pdf（2020年 5 月 8 日確認）

●レッスン 5

環境省「熱中症環境保健マニュアル2018」2018年　https://www.wbgt.env.go.jp/heatillness_manual.php（2020年 5 月 8 日確認）

日本生気象学会「『日常生活における熱中症予防指針』Ver.3確定版」2013年　http://seikishou.jp/pdf/news/shishin.pdf（2020年 5 月 8 日確認）

日本体育協会「熱中症の予防のための運動指針」2013年　https://www.japan-sports.or.jp/medicine/heatstroke/tabid922.html（2020年 5 月 8 日確認）

吉野雄一郎ほか「創傷・褥瘡・熱傷ガイドライン─ 6 ──熱傷診療ガイドライン」『日本皮膚科学会雑誌』127（10）、2017年、2261-2292頁

●レッスン 6

一般社団法人日本蘇生協議会「第 3 章　小児の蘇生（PLS）」『JRC蘇生ガイドライン』医学書院、2016年、184頁

厚生労働省「自動体外式除細動器（AED）の適切な管理等の実施について」2009年　https://www.mhlw.go.jp/stf/seisakunitsuite/bunya/kenkou_iryou/iyakuhin/aed/index.html（2020年 5 月 8 日確認）

厚生労働省「非医療従事者による自動体外式除細動器（AED）の使用について」2013年　https://www.mhlw.go.jp/file/04-Houdouhappyou-10802000-Iseikyoku-Shidouka/0000111659.pdf（2020年 5 月 8 日確認）

総務省消防庁『平成30年版消防白書』2019年

東京消防庁・東京都福祉保健局・東京都医師会監修『身につけよう応急手当 応急手当普及員講習テキスト ガイドライン2015対応』東京法令出版、2016年

日本赤十字社『乳幼児の一次救命処置：PBLS（市民用）──赤十字幼児安全法講習教本 6 版』日赤サービス、2016年

●レッスン7

厚生労働省「学校保健安全法施行規則」2012年

厚生労働省「保育所における感染症対策ガイドライン（2018年改訂版）」2018年　https://www.mhlw.go.jp/file/06-Seisakujouhou-11900000-Koyoukintoujidoukateikyoku/0000201596.pdf（2020年5月8日確認）

柴田豊幸企画監修、チャイルド社編著、藤城富美子監修・執筆『健康管理Q＆A ——すぐに役立つノウハウ満載』チャイルド社、2019年

日本保育園保健協議会学術部感染症対策委員会編『保育保健における感染症の手引き』日本保育園保健協議会、2013年

●レッスン8

一般社団法人日本保育保健協議会「子どもの病気とホームケア（2018改訂版）」2018年

岡部信彦・多屋馨子『予防接種に関するQ＆A集（2019年版）』日本ワクチン産業協会、2019年

「保育所における感染症対策ガイドライン（2018年改訂版）」2018年　https://www.mhlw.go.jp/file/06-Seisakujouhou-11900000-Koyoukintoujidoukateikyoku/0000201596.pdf（2020年5月8日確認）

安井良則監修「保育園における感染症対策」（DVD）一般社団法人全国保育園保健師看護師連絡会、2012年

●レッスン9

厚生労働省「保育所における食事の提供ガイドライン」2012年　https://www.mhlw.go.jp/bunya/kodomo/pdf/shokujiguide.pdf（2020年5月8日確認）

厚生労働省「保育所保育指針」2017年

厚生労働省「保育所保育指針解説」2018年

●レッスン10

厚生労働省「保育所におけるアレルギー対応ガイドライン（2019年改訂版）」2019年　https://www.mhlw.go.jp/content/000511242.pdf（2020年5月8日確認）

厚生労働省SIDS研究班「乳幼児突然死症候群（SIDS）診断ガイドライン（第2版）」2012年　https://www.mhlw.go.jp/bunya/kodomo/pdf/sids_guideline.pdf（2020年5月8日確認）

内閣府「教育・保育施設等における事故防止及び事故発生時の対応のためのガイドライン——事故防止のための取組み～施設・事業者向け～」2016年　https://www8.cao.go.jp/shoushi/shinseido/meeting/kyouiku_hoiku/pdf/guideline1.pdf（2020年5月8日確認）

内閣府子ども・子育て本部「平成30年教育・保育施設等における事故報告集計の公表及び事故防止対策について」2019年　https://www8.cao.go.jp/shoushi/shinseido/outline/pdf/h30-jiko_taisaku.pdf（2020年5月8日確認）

山中龍宏・寺町東子・栗並えみ・掛札逸美『保育現場の「深刻事故」対応ハンドブック』ぎょうせい、2014年

●レッスン11

上尾市健康福祉子ども家庭課「上尾市私立保育所危機管理対応要領（平成19年3月）」2007年　https://www.city.ageo.lg.jp/uploaded/attachment/751.pdf（2020年5月8日確認）

厚生労働省「保育所保育指針」2017年

三鷹市子ども政策部子ども育成課「三鷹市保育園保育ガイドライン総論（2018年4月改訂）」2018年　https://www.city.mitaka.lg.jp/c_service/078/attached/attach_78043_3.pdf（2020年5月8日確認）

●レッスン12

猪熊弘子・新保庄三・寺町東子『重大事故を防ぐ園づくり――研修&実践&トレーニング』ひとなる書房、2019年

白河健一・脇貴志『保育園の危機管理――保育サービスは「質」こそすべて』筒井書房、2012年

世田谷区「保育安全マニュアル」2009年　https://www.city.setagaya.lg.jp/mokuji/kodomo/002/006/d00005883_d/fil/5883_1.pdf（2020年5月8日確認）

全国保育協議会「東日本大震災被災保育所の対応に学ぶ――子どもたちを災害から守るための対応事例集」2013年　https://www.city.chiba.jp/kodomomirai/kodomomirai/kikaku/documents/handbook2_002.pdf（2020年5月8日確認）

総務省消防庁「消防庁防災マニュアル――震災対策啓発資料」　https://www.fdma.go.jp/relocation/bousai_manual/index.html（2020年5月8日確認）

田中哲郎『保育園における事故防止と安全管理』日本小児医事出版、2011年

●レッスン13

藤枝憲二編『成長曲線は語る――成長障害をきたす小児疾患 症例と解説』診断と治療社、2005年

●レッスン14

厚生労働省「保育所におけるアレルギー対応ガイドライン（2019年改訂版）」2019年　https://www.mhlw.go.jp/content/000511242.pdf（2020年5月8日確認）

東京都アレルギー疾患対策検討委員会「食物アレルギー緊急時対応マニュアル（平成30年3月改定版）」2018年　https://www.fukushihoken.metro.tokyo.lg.jp/allergy/pdf/pri06.pdf（2020年5月8日確認）

日本医療研究開発機構「AMED研究班による　食物アレルギーの診療の手引き2017」2017年　https://www.foodallergy.jp/wp-content/themes/foodallergy/pdf/manual2017.pdf（2020年5月8日確認）

日本小児アレルギー学会『食物アレルギー診療ガイドライン2016（2018年改訂版）』2018年

●レッスン15

内閣府子ども・子育て本部「子ども・子育て支援新制度について（令和元年6月）」2019年　https://www8.cao.go.jp/shoushi/shinseido/outline/pdf/setsumei.pdf（2020年5月8日確認）

日本学校保健会「糖尿病患児の治療・緊急連絡法等の連絡表」2002年　http://www.hokenkai.or.jp/kanri/pdf/kanri_03.pdf（2020年5月8日確認）

資料編

・

「保育所における感染症対策ガイドライン
（2018年改訂版）」（抜粋）

・

「保育所保育指針」

・

「幼保連携型認定こども園教育・保育要領」

・

「保育所における感染症対策ガイドライン（2018年改訂版）」（抜粋）
別添1 具体的な感染症と主な対策（特に注意すべき感染症）

2018（平成30）年3月改訂

1　医師が意見書を記入することが考えられる感染症

（1）麻しん（はしか）

病原体	麻しんウイルス
潜伏期間	8〜12日
症状・特徴	発症初期には、高熱、咳、鼻水、結膜充血、目やに等の症状がみられる。発熱は一時期下降傾向を示すが、再び上昇し、この頃には口の中に白いぶつぶつ（コプリック斑）がみられる。その後、顔や頸部に発しんが出現する。発しんは赤みが強く、やや盛り上がっており、徐々に融合するが、健康な皮膚面が残る。やがて解熱し、発しんは色素沈着を残して消える。肺炎、中耳炎、熱性けいれん、脳炎等を合併することがあるため、注意が必要である。特に、肺炎や脳炎を合併した場合、重症となる。
感染経路	主な感染経路は飛沫感染、接触感染及び空気感染（飛沫核感染）である。感染力は非常に強く、免疫がない場合はほぼ100％の人が感染する。
流行状況	近年までは、土着性の麻しんウイルスの伝播により、国内で年間数万〜数十万例が発生していた。麻しん含有ワクチンの2回接種が定着したため、海外からの輸入例による小規模な集団発生のみとなり、年間発生数は100〜200例程度となっている。 　2015年3月、世界保健機関（WHO）により、日本から国内に由来する麻しんが排除されたことが認められた。海外ではまだ流行している国が多くみられる。
予防・治療方法	発症予防には、麻しん含有ワクチンの接種が極めて有効であり、定期接種として、合計2回（1歳になったとき及び小学校就学前の1年間の間）、麻しん風しん混合（MR）ワクチンの接種が行われている。 　麻しん未罹患者が麻しん患者と接触した場合、接種後72時間以内に緊急的にワクチン接種をすれば、発症を予防できる可能性がある。 　麻しんに対する有効な治療法はない。
留意すべきこと（感染拡大防止策等）	麻しんは空気感染するが、感染力が非常に強いため、発症者の隔離等のみにより感染拡大を防止することは困難である。このため、麻しん含有ワクチンの接種が極めて有効な予防手段となる。 　子どもの入園前には、ワクチンの接種歴を母子健康手帳等で確認する。子どもが1歳以上で未接種かつ未罹患である場合には、保育所に入園する前に第1期のワクチン接種を受けるよう、保護者に対して定期接種について周知する。また、0歳児については、1歳になったらすぐに第1期のワクチン接種を受けるよう周知する。小学校就学まで1年を切った幼児には、第2期のワクチン接種を受けるよう周知する。 　保育所内で麻しん患者が一人でも発生した場合には、保健所・嘱託医等と連携して感染拡大を防止するための対策を講じる。子ども及び職員全員の予防接種歴及び罹患歴を確認し、未接種かつ未罹患の者がいる場合には、嘱託医に速やかに相談し、ワクチンの緊急接種を検討するなど適切に対応する。 　罹患した子どもの登園のめやすは、「解熱後3日を経過していること」である。

（2）インフルエンザ

病原体	インフルエンザウイルス
潜伏期間	1〜4日

症状・特徴	突然の高熱が出現し、3〜4日続く。倦怠感、食欲不振、関節痛、筋肉痛等の全身症状や、咽頭痛、鼻汁、咳等の気道症状を伴う。 通常、1週間程度で回復するが、気管支炎、肺炎、中耳炎、熱性けいれん、急性脳症等の合併症が起こることもある。
感染経路	主な感染経路は飛沫感染であるが、接触感染することもある。
流行状況	インフルエンザウイルスは小さな変異を繰り返すため、以前にインフルエンザに罹患したことがある、又はワクチンを接種したことがある人でも、ウイルスに変異が蓄積すると罹患することがある。毎年冬になると、地域、学校等で流行する。
予防・治療方法	予防には不活化ワクチンが使用されている。現行のインフルエンザワクチンは、接種すればインフルエンザに絶対にかからない、というものではないが、インフルエンザの発病を予防することや発病後の重症化や死亡を予防することに対して、一定の効果があるとされている。 インフルエンザの治療にはノイラミニダーゼ阻害剤を中心とする抗インフルエンザ薬が使用される。発症早期に使用した場合には、症状の早期改善が期待される。
留意すべきこと（感染拡大防止策等）	大人の場合には、インフルエンザの流行期に入る前にワクチンを1回接種しておくことが発病の予防や発病後の重症化予防に一定の効果があるため、このことを職員に対して周知する。 13歳未満の子どもの場合には、ワクチンを1回接種するよりも2回接種する方が抗体価の上昇が高くなる。このため、保護者に対して、流行期に入る前に2週間から4週間（可能な場合には4週間）の間隔をあけて2回接種を受けることが重要であるということを周知する。 保育所内でインフルエンザへの感染が疑われる事例が発生した場合には、疑いがある者を速やかに隔離する。同時に、保育所内の全員に飛沫感染対策及び接触感染対策を行わせる。 飛沫感染対策として、インフルエンザが保育所内で流行している期間中には、咳、くしゃみ等の症状がある職員はマスク着用などの咳エチケットを実施する。また、咳、くしゃみ等の症状があり、マスクを着用できる年齢の子どもにはマスク着用などの咳エチケットを実施するよう促す。 接触感染対策として、流行期間中は手洗い等の手指の衛生管理を励行する。患者の唾液、痰、鼻汁等が付着した場合には、手洗いの後、消毒用エタノール等で消毒する。 罹患した子どもの登園のめやすは、「発症した後5日経過し、かつ解熱した後3日経過していること（乳幼児の場合）」である。

（3）風しん

病原体	風しんウイルス
潜伏期間	16〜18日
症状・特徴	発しんが顔や頸部に出現し、全身へと拡大する。発しんは紅斑で融合傾向は少なく、約3日間で消え、色素沈着も残さない。発熱やリンパ節腫脹を伴うことが多く、悪寒、倦怠感、眼球結膜充血等を伴うこともある。合併症として、関節痛・関節炎、血小板減少性紫斑病、脳炎、溶血性貧血、肝機能障害、心筋炎等がある。感染しても無症状なこと（不顕性感染）が30%程度ある。 風しんについて特に知っておくべき重要なこととして、妊娠初期に母体が風しんウイルスに感染すると、胎児に感染して先天性風しん症候群を発症し、低出生体重児、白内障、先天性心疾患、聴力障害、小頭症、精神発達遅滞等を引き起こす。
感染経路	主な感染経路は飛沫感染であるが、接触感染することもある。
流行状況	2012年から2013年に1万人を超える全国的な大流行が発生し、45名の先天性風しん症候群の発生が報告された。2014年以降、全国的な流行は見られておらず、近年の年間発生数は200例を下回っているが、地域的な流行が散発的に起こっている。

予防・治療方法	発症予防には、風しん含有ワクチンの接種が極めて有効であり、定期接種として、合計2回（1歳になったとき及び小学校就学前の1年間の間）、麻しん風しん混合（MR）ワクチンの接種が行われている。 風しん含有ワクチンを2回接種することによる抗体の獲得率は99%とされており、風しん含有ワクチンは免疫原性及び安全性の面から優れたものと考えられている。 風しんは通常軽症であり、自然経過で治癒するが、先天性風しん症候群に注意する必要がある。また、風しんに対する有効な治療法はない。
留意すべきこと （感染拡大防止策等）	子どもの入園前には、ワクチンの接種歴を母子健康手帳等で確認する。子どもが1歳以上で未接種かつ未罹患である場合には、保育所に入園する前に第1期のワクチン接種を受けるよう、保護者に対して周知する。また、0歳児については、1歳になったらすぐに第1期のワクチン接種を受けるよう周知する。小学校就学まで1年を切った幼児には、第2期のワクチン接種を受けるよう周知する。 保育所内で風しん患者が1名でも発生した場合には、保健所・嘱託医等と連携し感染拡大を防止するための対策を講じる。子ども全員及び職員全員の予防接種歴及び罹患歴を確認し、未接種かつ未罹患の者がいる場合には、嘱託医に速やかに相談する。 なお、予防効果については不確実ではあるが、感染拡大防止のため、風しん患者と接触した後に未罹患者や未接種者へのワクチンの緊急接種が実施されることがある。 また、特に妊婦への感染を防止することが重要である。このため、保育所等で発生した場合には、すぐに保護者にこれを知らせ、子どもの送迎時等における感染防止策を講じる。妊娠中の職員のうち風しん抗体のない職員については、流行が終息するまでの間、その勤務形態に配慮することが望まれる。 罹患した子どもの登園のめやすは、「発しんが消失していること」である。

（4）水痘（水ぼうそう）

病原体	水痘・帯状疱しんウイルス
潜伏期間	14～16日
症状・特徴	発しんが顔や頭部に出現し、やがて全身へと拡大する。発しんは、斑点状の赤い丘しんから始まり、水疱（水ぶくれ）となり、最後は痂皮（かさぶた）となる。これら各段階の発しんが混在するのが特徴で、全ての発しんが痂皮（かさぶた）となれば感染性がないものと考えられる。 合併症には、脳炎、小脳失調症、肺炎、肝炎、発しん部分からの細菌の二次感染等がある。
感染経路	主な感染経路は、気道から排出されたウイルスによる飛沫感染又は空気感染である。感染力が強く、免疫のない人はほぼ100%が感染する。
流行状況	幼児期から学童前期までの子どもに対する流行が、夏に一旦減少するものの、ほぼ一年を通して発生していた。2014年10月からは水痘ワクチンが定期の予防接種となったため、乳幼児の患者数は減少している。
予防・治療方法	発症予防には水痘ワクチンが有効であり、生後12か月から15か月に達するまでを標準的な接種期間として1回目の注射を行い、その後、標準的には6か月から12か月間の間隔をおいて2回目の接種が行われる。 水痘未罹患者が水痘患者と接触した場合、接触後72時間以内に緊急的にワクチン接種をすれば、発症を予防できる可能性がある。 一般的には予後が良好な疾患であり、基礎疾患がない小児が感染した場合には、特に治療を行わなくても自然経過で治癒する。重症化する可能性がある場合には、治療薬として、抗ウイルス薬が投与される。発症後、早期に治療を開始することで、臨床症状が早期に改善することが期待される。
留意すべきこと （感染拡大防止策等）	水痘は空気感染するが、感染力が非常に強いため、発症者の隔離等のみにより感染拡大を防止することは困難である。このため、水痘ワクチンの接種が極めて有効な予防手段となる。 子どもの入園前には、ワクチンの接種歴を母子健康手帳等で確認する。子どもが1歳以上で未接種かつ未罹患である場合には、保育所に入園する前に定期接種を受けるよう周知する。また、0歳児については、1歳になったらすぐに定期接種を受けるよう周知する。 保育所内で発生した場合には、子どもの予防接種歴及び罹患歴を確認し、未接種者又は未罹患の者がいる場合には、嘱託医に速やかに相談する。妊婦への感染の防止も重要であるため、保育所で発生した場合には、すぐに保護者にこれを知らせ、子どもの送迎時等における感染防止策を講じる。 罹患した子どもの登園のめやすは、「全ての発しんが痂皮（かさぶた）化していること」である。

（5）流行性耳下腺炎（おたふくかぜ、ムンプス）

病原体	ムンプスウイルス
潜伏期間	16〜18日
症状・特徴	主な症状は、発熱と唾液腺（耳下腺・顎下腺・舌下腺）の腫脹・疼痛である。発熱は1〜6日間続く。唾液腺の腫脹は、まず片側が腫脹し、数日して反対側が腫脹することが多い。発症後1〜3日にピークとなり、3〜7日で消える。腫脹部位に疼痛があり、唾液の分泌により痛みが増す。 　発熱や耳下腺腫脹・疼痛はないこともあり、明らかな症状のない不顕性感染例が約30％存在する。不顕性感染の割合は乳児で多く、年齢とともに低下する。 　中枢神経系、膵臓、生殖腺（精巣や卵巣）等にも感染するため、無菌性髄膜炎、難聴、脳炎・脳症、精巣炎・卵巣炎等の重い合併症をきたすことがある。
感染経路	発症前から感染者の唾液中にウイルスが排出されており、主な感染経路は唾液を介した飛沫感染又は接触感染である。 　不顕性感染でも唾液中にウイルスが排出されており、感染源となる。
流行状況	数年おきに流行を繰り返している。
予防・治療方法	日本では、1歳以上の子どもに対する任意予防接種として生ワクチンの接種が可能である。 　流行性耳下腺炎に特異的な治療法はなく、解熱鎮痛剤、患部の冷却等の対症療法が行われる。通常は1〜2週間で治癒する。
留意すべきこと（感染拡大防止策等）	不顕性感染でも唾液中にウイルスが排出されており、感染源となるため、発症者の隔離等のみにより感染拡大を防止することは困難である。 　子どもの入園前には、ワクチンの接種歴を母子健康手帳等で確認する。子どもが1歳以上で未接種かつ未罹患である場合には、接種可能なワクチンがあることを伝える。 　保育所内で集団発生した場合には、保健所・嘱託医等と連携し感染拡大を防止するための対策を講じる。罹患した子どもの登園のめやすは、「耳下腺、顎下腺、舌下腺の膨張が発現してから5日経過し、かつ全身状態が良好になっていること」である。

（6）結核

病原体	結核菌
潜伏期間	3か月〜数10年。感染後2年以内、特に6か月以内に発病することが多い。
症状・特徴	全身に影響を及ぼす感染症だが、特に肺に病変が生じることが多い。主な症状は、慢性的な発熱（微熱）、咳、疲れやすさ、食欲不振、顔色の悪さ等である。 　症状が進行し、菌が血液を介して全身に散布されると、呼吸困難、チアノーゼ等がみられるようになることがある。また、結核性髄膜炎を併発すると、高熱、頭痛、嘔吐、意識障害、けいれん等がみられる。
感染経路	主な感染経路は空気感染である。
流行状況	過去の感染症と思われがちであるが、日本でも毎年新たに約1.8万人の患者が発生している。
予防・治療方法	生後12か月未満の子どもを対象に、BCGワクチンの定期接種が実施されている。標準的には、生後5か月から生後8か月までの期間に接種が行われている。 　結核患者との接触があり、検査等を行った上で感染が疑われる場合は、発病を予防するために抗結核薬が投与されることがある。発症した場合には、少なくとも6か月間、抗結核薬により治療される。

留意すべきこと（感染拡大防止策等）	結核は空気感染するため、同じ空間にいる人は、結核菌に感染する可能性がある。 　子どもの入園前には、BCGワクチンの接種歴を母子健康手帳等で確認する。子どもが未接種かつ未罹患である場合には、保育所に入園する前に定期接種を受けるよう周知する。また、生後できるだけ早く接種することの重要性とともに、定期接種の標準接種期間が生後5か月から8か月となっていることを周知する。 　保育所内で結核に感染した者が1人でも発生した場合には、直ちに保健所に相談を行い、保健所・嘱託医等と連携し感染拡大を防止するための対策を講じる。 　罹患した子どもの登園のめやすは、「医師により感染のおそれがないと認められていること」である。医師により感染のおそれがないと認められた場合、それ以降は、抗結核薬による治療中であっても、登園することが可能である。

（7）咽頭結膜熱（プール熱）

病原体	アデノウイルス
潜伏期間	2〜14日
症状・特徴	主な症状は、高熱、扁桃腺炎、結膜炎である。プール熱と呼ばれることがある。
感染経路	主な感染経路は、飛沫感染及び接触感染である。プール熱と呼ばれることがあるが、塩素消毒が不十分なプールの水を介して感染することがあるものの、それよりも接触感染によって感染することが多い。
流行状況	年間を通じて発生するが、特に夏季に流行がみられる。幼児から学童によく発生する。
予防・治療方法	ワクチンや有効な治療法はなく、対症療法が行われる。 　飛沫感染及び接触感染への対策として、手洗いの励行等の一般的な予防法を実施することが大切である。治癒後も長時間、便中にウイルスが排出されているため、排便後又はおむつを取り替えた後の手洗いは石けんを用いて流水で丁寧に行う。多くの場合、自然経過で治癒する。
留意すべきこと（感染拡大防止策等）	感染力が強いため、タオル等の共有は厳禁である。保育所内で咽頭結膜熱が発生した場合には、ドアノブ、スイッチ等の複数の人が触れる場所の消毒を励行する。また、アデノウイルスは乾燥にも強いことから、保育所での流行状況にあわせて、遊具の消毒が求められる。プールは塩素消毒を徹底し、プール遊びの前に流水を用いたお尻の洗浄を行う。 　罹患した子どもの登園のめやすは、「発熱、充血等の主な症状が消失した後2日を経過していること」である。

（8）流行性角結膜炎

病原体	アデノウイルス
潜伏期間	2〜14日
症状・特徴	主な症状として、目が充血し、目やにが出る。幼児の場合、目に膜が張ることもある。片方の目で発症した後、もう一方の目に感染することがある。
感染経路	主な感染経路は、飛沫感染及び接触感染である。塩素消毒の不十分なプールの水、タオル等を介して感染することもある。
流行状況	年間を通じて発生するが、特に夏季に流行がみられる。
予防・治療方法	ワクチンや有効な治療法はなく、対症療法が行われる。 　飛沫感染及び接触感染への対策として、手洗いの励行等の一般的な予防法を実施することが大切である。多くの場合、自然経過で治癒する。
留意すべきこと（感染拡大防止策等）	感染力が強いため、タオル等の共有は厳禁である。保育所内で流行性角結膜炎が発生した場合には、ドアノブ、スイッチ等の複数の人が触れる場所の消毒を励行する。また、アデノウイルスは乾燥にも強いことから、保育所での流行状況にあわせて、遊具の消毒が求められる。プールは塩素消毒を徹底する。 　罹患した乳幼児の登園のめやすは、「結膜炎の症状が消失していること」である。

（9）百日咳（せき）

病原体	百日咳菌（せき）
潜伏期間	7〜10日
症状・特徴	特有な咳（せき）（コンコンと咳（せき）き込んだ後、ヒューという笛を吹くような音を立てて息を吸うもの）が特徴で、連続性・発作性の咳（せき）が長期に続く。夜間眠れないほどの咳（せき）がみられることや、咳（せき）とともに嘔吐（おう）することもある。発熱することは少ない。 　生後3か月未満の乳児の場合、呼吸ができなくなる発作（無呼吸発作）、肺炎、中耳炎、脳症等の合併症も起こりやすく、突然死の一因であるとも考えられている。 　年長児以降では、咳（せき）の長引くかぜと思われることも少なくない。また、思春期や成人になってから発症することも多く、感染源となる。 　多くの場合では、適切な抗菌薬による治療によって排菌は抑えられるが、咳（せき）だけは長期間続く。
感染経路	主な感染経路は、飛沫感染及び接触感染である。
流行状況	年間を通じて発生するが、特に春から夏までに流行がみられる。
予防・治療方法	定期接種として、生後3か月から90か月までの間に沈降精製百日咳（せき）ジフテリア破傷風不活化ポリオ混合（DPT-IPV）ワクチン（4種混合ワクチン）の4回接種が行われている。標準的には、生後3か月から12か月までの間に、20日間から56日間の間隔をおいて3回の接種が行われ、3回目の接種から12か月間から18か月間の間隔をおいて4回目の接種が行われている。 　飛沫感染及び接触感染への対策として、手洗いの励行等の一般的な予防法を実施することが大切である。呼吸器症状のある年長児や成人は、0歳児と接触しないようにする。 　発症した場合には抗菌薬により治療される。
留意すべきこと（感染拡大防止策等）	咳（せき）が出ている子どもには、マスクの着用を促す。その他、飛沫感染への対策として、日常的に周囲の子ども、保育士等が手洗いや咳（せき）エチケットを実施するよう促す。 　子どもの入園前には、ワクチンの接種歴を母子健康手帳等で確認する。子どもが生後3か月以上で未接種かつ未罹患（り）である場合には、保育所に入園する前にワクチン接種を受けるよう、保護者に対して周知する。 　保育所内で集団発生した場合には、保健所・嘱託医等と連携し感染拡大を防止するための対策を講じる。 　罹患した子どもの登園のめやすは、「特有な咳（せき）が消失していること又は5日間の適正な抗菌薬による治療が終了していること」である。

（10）腸管出血性大腸菌感染症（O157、O26、O111等）

病原体	ベロ毒素を産生する大腸菌（O157、O26、O111等）
潜伏期間	ほとんどの大腸菌が主に10時間〜6日。O157は主に3〜4日。
症状・特徴	無症状の場合もあるが、多くの場合には、主な症状として、水様下痢便や腹痛、血便がみられる。尿量が減ることで出血しやすくなり、意識障害を来す溶血性尿毒症症候群を合併し、重症化する場合がある。稀ではあるが、脳症を合併する場合がある。
感染経路	主な感染経路は、菌に汚染された生肉や加熱が不十分な肉、菌が付着した飲食物からの経口感染、接触感染である。
流行状況	年間発生数は3,000〜4,000例程度となっている。夏に流行がみられる。 　日本では、1997年に学童を中心とした集団感染がみられ、死亡例も出た。また、2011年に生レバーによる感染、2012年には菌に汚染された漬物による感染、2014年には菌に汚染された野菜による感染が報告されている。また、保育所においても毎年、複数の集団発生が報告されている。

予防・治療方法	ワクチンは開発されていない。経口感染や接触感染により感染するため、肉類は十分に加熱すること、肉類を調理した調理器具で生食の食品を扱わないこと、手洗いを徹底すること等が大切である。 　発症した場合、下痢や腹痛、脱水に対しては水分補給、補液（点滴）等を行う。抗菌薬は時に症状を悪化させることもあるため、使用するかどうかについて慎重に判断されることとされている。
留意すべきこと （感染拡大防止策等）	日常的に手洗いの励行等の一般的な予防法を実施するとともに、食品を取り扱う際には、肉類は十分に加熱する、肉類を調理した調理器具で生食の食品を扱わないなどの注意を徹底すること、プールの水を適切な濃度で塩素消毒することが重要である。 　保育所内で発生した場合には、速やかに保健所に届け、保健所の指示に従い消毒を徹底するとともに、保健所と連携して感染拡大防止のための対策を講じる。 　罹患した場合の登園のめやすは、「医師において感染のおそれがないと認められていること」である。無症状の場合、トイレでの排泄習慣が確立している5歳以上の子どもは登園を控える必要はない。5歳未満の子どもでは、2回以上連続で便から菌が検出されなくなり、全身状態が良好であれば、登園可能である。

（11）急性出血性結膜炎

病原体	エンテロウイルス
潜伏期間	ウイルスの種類によって、平均24時間又は2～3日と差がある。
症状・特徴	主な症状として、強い目の痛み、目の結膜（白眼の部分）の充血、結膜下出血がみられる。また、目やに、角膜の混濁等もみられる。
感染経路	主な感染経路は、飛沫感染及び接触感染である。
予防・治療方法	ワクチンは開発されていない。飛沫感染や接触感染により感染するため、手洗いの励行等の一般的な予防法を実施することや目やに・分泌物に触れないようにすること等が大切である。 　発症した場合、有効な治療薬はなく、対症療法が行われる。
留意すべきこと （感染拡大防止策等）	日常的に手洗いの励行等の一般的な予防法を実施するとともに、目やにや分泌物に触れない、洗面具やタオル等の共用をしないことが重要である。 　目の症状が軽減してからも感染力が残る場合があるため、罹患した場合の登園のめやすは、「医師により感染の恐れがないと認められること」である。登園を再開した後も、手洗いを励行することが重要である。

（12）侵襲性髄膜炎菌感染症（髄膜炎菌性髄膜炎）

病原体	髄膜炎菌
潜伏期間	4日以内
症状・特徴	主な症状は、発熱、頭痛、嘔吐であり、急速に重症化する場合がある。劇症例は紫斑を伴いショックに陥り、致命率は10%、回復した場合でも10～20%に難聴、まひ、てんかん等の後遺症が残る。
感染経路	主な感染経路は、飛沫感染及び接触感染である。有効な治療を開始して24時間経過するまでは感染源となる。
流行状況	アフリカ諸国では流行的に、先進国でも散発的に発生する。2011年には日本でも高校生の寮で集団発生し、1人が死亡した。乳幼児期から思春期によく発生する。
予防・治療方法	2015年から、国内でも2歳以上で任意接種として髄膜炎菌ワクチン（4価：A／C／Y／W群）が使用可能となった。 　患者と接触した人、歯ブラシや食事用具を共有するなど、唾液の接触があった人や、同じ住居でしばしば寝食を共にした人は、患者が診断を受けた24時間以内に抗菌薬の予防投与を受けることが推奨される。 　発症した場合には、抗菌薬により治療される。

留意すべきこと（感染拡大防止策等）	罹患した場合の登園のめやすは、「医師において感染の恐れがないと認められていること」である。

2　医師の診断を受け、保護者が登園届を記入することが考えられる感染症

(13) 溶連菌感染症

病原体	溶血性レンサ球菌
潜伏期間	2～5日。伝染性膿痂しん（とびひ）では7～10日。
症状・特徴	主な症状として、扁桃炎、伝染性膿痂しん（とびひ）、中耳炎、肺炎、化膿性関節炎、骨髄炎、髄膜炎等の様々な症状を呈する。 　扁桃炎の症状としては、発熱やのどの痛み・腫れ、化膿、リンパ節炎が生じる。舌が苺状に赤く腫れ、全身に鮮紅色の発しんが出る。また、発しんがおさまった後、指の皮がむけることがある。 　伝染性膿痂しんの症状としては、発症初期には水疱（水ぶくれ）がみられ、化膿したり、かさぶたを作ったりする。 　適切に治療すれば後遺症がなく治癒するが、治療が不十分な場合には、発症数週間後にリウマチ熱、腎炎等を合併することがある。稀ではあるが、敗血症性ショックを示す劇症型もある。
感染経路	主な感染経路は飛沫感染及び接触感染である。食品を介して経口感染する場合もある。
流行状況	毎年、「冬」及び「春から初夏にかけて」という2つの時期に流行する。不顕性感染例が15～30%いると報告されているが、不顕性感染例から感染することは稀であると考えられている。
予防・治療方法	ワクチンは開発されていない。飛沫感染や接触感染により感染するため、手洗いの励行等の一般的な予防法を実施することが大切である。 　発症した場合、適切な抗菌薬によって治療され、多くの場合、後遺症もなく治癒する。ただし、合併症を予防するため、症状が治まってからも、決められた期間、抗菌薬を飲み続けることが必要となる。
留意すべきこと（感染拡大防止策等）	飛沫感染や接触感染、経口感染により感染するため、手洗いの励行等の一般的な予防法を実施することが大切である。罹患した場合の登園のめやすは、「抗菌薬の内服後24～48時間が経過していること」である。

(14) マイコプラズマ肺炎

病原体	肺炎マイコプラズマ
潜伏期間	2～3週
症状・特徴	主な症状は咳であり、肺炎を引き起こす。咳、発熱、頭痛等のかぜ症状がゆっくり進行する。特に咳は徐々に激しくなり、数週間に及ぶこともある。中耳炎、発しん等を伴うこともあり、重症化することもある。
感染経路	主な感染経路は飛沫感染である。家族内感染や再感染も多くみられる。
流行状況	夏から秋にかけて流行することが多い。日本では、従来は4年周期でオリンピックのある年に流行していたが、近年この傾向は崩れつつあり、毎年、一定の発生がみられている。学童期以降に多いが、幼児にもみられる。
予防・治療方法	ワクチンは開発されていない。飛沫感染により感染するため、咳エチケットの励行等の一般的な予防法を実施することが大切である。 　近年、耐性菌が増えており、症状が長引くこともあるが、発症した場合には、多くの場合では抗菌薬による治療によって、又は自然経過により治癒する。

留意すべきこと（感染拡大防止策等）	咳が出ている子どもには、マスクの着用を促す。その他、飛沫感染への対策として、日常的に周囲の子ども、保育士等が手洗いや咳エチケットを実施するよう促す。 罹患した場合の登園のめやすは、「発熱や激しい咳が治まっていること」である。

（15）手足口病

病原体	コクサッキーウイルスA16、A10、A6、エンテロウイルス71等（原因ウイルスが複数あるため、何度でも罹患する可能性がある）
潜伏期間	3～6日
症状・特徴	主な症状として、口腔粘膜と手足の末端に水疱性発しんが生じる。また、発熱とのどの痛みを伴う水疱（水ぶくれ）が口腔内にでき、唾液が増え、手足の末端、おしり等に水疱（水ぶくれ）が生じる。コクサッキーウイルスA6が原因の手足口病では、水痘と間違えられるほどの発しんが出たり、爪がはがれたりすることもある。 無菌性髄膜炎を合併することがあり、発熱や頭痛、嘔吐がみられる。稀ではあるが、脳炎を合併し、けいれんや意識障害が生じることもある。
感染経路	主な感染経路は、飛沫感染、接触感染及び経口感染である。 症状が出た最初の週の感染力が最も強い。回復後も飛沫や鼻汁からは1～2週間、便からは数週～数か月間、ウイルスが排出される。
流行状況	春から夏にかけて流行する。
予防・治療方法	ワクチンは開発されていない。飛沫感染や接触感染、経口感染により感染するため、手洗いの励行等の一般的な予防法を実施することが大切である。 発症した場合には、有効な治療法はないが、多くの場合、3～7日の自然経過で治癒する。
留意すべきこと（感染拡大防止策等）	日常的に手洗いの励行等の一般的な予防法を実施するとともに、回復後も飛沫や鼻汁からは1～2週間、便からは数週～数か月間ウイルスが排出されるので、おむつの排便処理の際には手袋をするなどの対応を行う。 罹患した場合の登園のめやすは、「発熱や口腔内の水疱・潰瘍の影響がなく、普段の食事がとれること」である。感染拡大を防止するために登園を控えることは有効性が低く、またウイルス排出期間が長いことからも現実的ではない。発熱やのどの痛み、下痢がみられる場合や食べ物が食べられない場合には登園を控えてもらい、本人の全身状態が安定してから登園を再開してもらう。ただし、登園を再開した後も、排便後やおむつ交換後の手洗いを徹底する。

（16）伝染性紅斑（りんご病）

病原体	ヒトパルボウイルスB19
潜伏期間	4～14日
症状・特徴	感染後5～10日に数日間のウイルス血症を生じ、この時期に発熱、倦怠感、頭痛、筋肉痛等の軽微な症状がみられる。その後、両側頬部に孤立性淡紅色斑丘しんが現われ、3～4日のうちに融合して蝶翼状の紅斑となるため、俗に「りんご病」と呼ばれる。四肢の発しんは、網目状、レース様又は大理石紋様と称される。発しんは1～2週間続く。 成人の場合、合併症として関節痛を伴うことが多い。その他、心筋炎、急性脳炎・脳症、先天性溶血性疾患（遺伝性球状赤血球症等）での無形成発作（重症の貧血発作に伴い、血小板、白血球等も一緒に減少する）等の重篤な合併症を伴うことがある。 母体が妊娠中（特に胎児造血が盛んな妊娠前半期に多い）にヒトパルボウイルスB19に感染すると、ウイルスは胎盤を経て胎児に感染する。胎児に感染した場合には、約10％が流産や死産となり、約20％が重症の貧血状態となり、全身に浮腫をきたす胎児水腫になる。 顕性感染率は小児期には80～90％だが、成人では40％程度に低下するため、感染に気付かれない場合がある。
感染経路	主な感染経路は飛沫感染である。

流行状況	秋から春にかけて流行するが、最近は夏にも散発している。かつては7〜10年間隔の大流行がみられていたが、現在は地域ごとに約5年周期の小流行がみられる。
予防・治療方法	ワクチンは開発されていない。飛沫感染により感染するため、咳エチケットや手洗いの励行等、一般的な予防法を実施することが大切である。 伝染性紅斑に対する特異的な治療はない。
留意すべきこと（感染拡大防止策等）	発しんが出現する前は、ウイルス血症（ウイルスが血液中に存在している状態）を起こしている時期であり、最も感染力が強い。一方で、発しんが出現する時期には抗体が産生されており、感染の危険性はなくなる。このため、発症者の隔離等のみにより感染拡大を防止することは困難である。日常的に咳エチケットや手洗いの励行等の一般的な予防法を実施することが重要である。 また、特に妊婦への感染を防止することが重要である。日本での成人の抗体保有率は20〜50%であり、妊婦の半数以上は免疫を持たないため、感染する危険性がある。このため、保育所内で発生した場合には、すぐに保護者にこれを知らせ、子どもの送迎時等における感染防止策を講じる。妊娠中の職員については、流行が終息するまでの間休ませるなど、勤務形態に配慮することが望まれる。 罹患した場合の登園のめやすは、「全身状態が良いこと」である。

(17) ①ウイルス性胃腸炎（ノロウイルス感染症）

病原体	ノロウイルス
潜伏期間	12〜48時間
症状・特徴	流行性嘔吐下痢症の原因となる感染症である。主な症状は嘔吐と下痢であり、脱水を合併することがある。乳幼児のみならず、学童、成人にも多くみられ、再感染も稀ではない。多くは1〜3日で治癒する。
感染経路	主な感染経路は、経口感染、飛沫感染及び接触感染である。 汚物処理が不十分な場合、容易に集団感染を引き起こす。ウイルスに感染している調理者を介して食品が汚染されたことによる食中毒が多く起きている。 感染者の便には、多くのウイルスが排出されている。また、嘔吐物の中にも多量のウイルスが含まれている。感染力が強く、乾燥してエアロゾル化した嘔吐物を介して、空気感染（飛沫核感染）することもある。
流行状況	一年を通じ発生するが、特に秋から冬にかけて流行する。感染力が強く、100個以下という少量のウイルスでも、人に感染し発病する。患者の嘔吐物や糞便には1グラムあたり100万〜10億個ものウイルスが含まれていると言われている。
予防・治療方法	ワクチンの開発は行われているが、現在使用可能なものはない。経口感染、接触感染、空気感染（飛沫核感染）により感染するため、手洗いの励行等の一般的な予防法を実施すること、また、嘔吐物等に迅速かつ適切に対応することが大切である。 特異的な治療法はなく、下痢や腹痛、脱水に対して水分補給、輸液等を行う。
留意すべきこと（感染拡大防止策等）	ノロウイルス感染症は、ウイルスが含まれた水や食物、手を介して感染するため、また、処理をしていない嘔吐物等が乾燥して空気中に舞い上がり感染することもあるため、手洗いの励行などの一般的な予防法を徹底するとともに、下痢・嘔吐がみられた時の処理手順を職員間で共有し、迅速かつ適切に予防のための対応をとることが大切である。 また、加熱が必要な食品を取り扱う際には十分に加熱する、食品を調理した調理器具で生食の食品を扱わないなどの注意を徹底することが重要である。 流行期には、前日に嘔吐していた子どもの登園は控えてもらうように保護者に伝えることが重要である。罹患した場合の登園のめやすは、「嘔吐、下痢等の症状が治まり、普段の食事がとれること」である。ただし、登園を再開した後も、ウイルスは便中に3週間以上排出されることがあるため、排便後やおむつ交換後の手洗いを徹底する。

(17) ②ウイルス性胃腸炎（ロタウイルス感染症）

病原体	ロタウイルス

潜伏期間	1〜3日
症状・特徴	流行性嘔吐下痢症をおこす感染症である。5歳までの間にほぼ全ての子どもが感染する。 　主な症状は嘔吐と下痢であり、しばしば白色便となる。脱水がひどくなる、けいれんがみられるなどにより、入院を要することがしばしばある。稀ではあるが、脳症を合併して、けいれんや意識障害を示すこともある。多くは2〜7日で治癒する。
感染経路	主な感染経路は経口感染、接触感染及び飛沫感染である。患者の便には多量のウイルスが含まれているが、10〜100個程度の少ないウイルス量でも感染する。たとえ十分に手洗いをしても、手や爪に多数のウイルスが残っていることがある。
流行状況	冬から春にかけて流行する。日本の患者数は年間約80万人であり、そのうち2〜8万人が入院していると推定されている。10人前後が死亡している。何度でも罹患するが、初感染の時が最も重症化しやすい。
予防・治療方法	日本では、乳児に対する任意予防接種として経口生ワクチンの接種が可能である。 　経口感染や接触感染、飛沫感染により感染するため、手洗いの励行等一般的な予防法の励行が大切である。 　特異的な治療法はなく、下痢、腹痛、脱水に対して水分補給、補液（点滴）等を行う。
留意すべきこと（感染拡大防止策等）	ロタウイルスは非常に感染力が強いため、手洗いの励行等の一般的な予防法を徹底するとともに、下痢・嘔吐がみられた時の処理手順を職員間で共有し、迅速かつ適切に予防のための対応をとることが大切である。 　また、加熱が必要な食品を取り扱う際には十分に加熱する、食品を調理した調理器具で生食の食品を扱わないなどの注意を徹底することが重要である。 　罹患した場合の登園のめやすは、「嘔吐、下痢等の症状が治まり、普段の食事がとれること」である。ただし、登園を再開した後も、ウイルスは便中に3週間以上排出されることがあるため、排便後やおむつ交換後の手洗いを徹底する。

（18）ヘルパンギーナ

病原体	主としてコクサッキーウイルス（原因ウイルスは複数あるため、何度でも罹患する可能性がある）
潜伏期間	3〜6日
症状・特徴	発症初期には、高熱、のどの痛み等の症状がみられる。また、咽頭に赤い粘膜しんがみられ、次に水疱（水ぶくれ）となり、間もなく潰瘍となる。高熱は数日続く。熱性けいれんを合併することがある。 　無菌性髄膜炎を合併することがあり、発熱、頭痛、嘔吐を認める。まれながら脳炎を合併して、けいれんや意識障害をおこすこともある。 　多くの場合、2〜4日の自然経過で解熱し、治癒する。
感染経路	主な感染経路は、飛沫感染、接触感染及び経口感染である。飛沫や鼻汁からは1〜2週間、便からは数週〜数か月間、ウイルスが排出される。
流行状況	春から夏にかけて流行する。
予防・治療方法	ワクチンは開発されていない。飛沫感染や接触感染、経口感染により感染するため、手洗いの励行等一般的な予防法の励行が大切である。 　有効な治療法はないが、多くの場合、自然経過で治癒する。
留意すべきこと（感染拡大防止策等）	日常的に手洗いの励行等の一般的な予防法を実施するとともに、回復後も飛沫や鼻汁からは1〜2週間、便からは数週〜数か月間ウイルスが排出されるので、おむつの排便処理の際には手袋をするなど、取扱いに注意する。罹患した場合の登園のめやすは、「発熱や口腔内の水疱・潰瘍の影響がなく、普段の食事がとれること」である。感染拡大を防止するために登園を控えることは有効性が低く、またウイルス排出期間が長いことからも現実的ではない。発熱やのどの痛み、下痢がみられる場合や食べ物が食べられない場合には登園を控えてもらい、本人の全身状態が安定してから登園を再開してもらう。ただし、登園を再開した後も、排便後やおむつ交換後の手洗いを徹底する。

(19) RSウイルス感染症

病原体	RSウイルス
潜伏期間	4〜6日
症状・特徴	呼吸器感染症で、乳幼児期に初感染した場合の症状が重く、特に生後6か月未満の乳児では重症な呼吸器症状を生じ、入院管理が必要となる場合も少なくない。 　一度かかっても十分な免疫が得られず何度も罹患する可能性があるが、再感染・再々感染した場合には、徐々に症状が軽くなる。通常、大人では鼻炎程度の軽い感冒症状がみられる。
感染経路	主な感染経路は飛沫感染及び接触感染である。 　2歳以上で再感染・再々感染した場合に、症状としては軽い咳や鼻汁程度しかみられず、保育所に平常時と変わらず通っている場合がある。また、保護者や職員が感染することもある。このような場合、これらの人が感染源となって、周囲に感染が拡大することもある。
流行状況	毎年、主に秋から冬にかけて流行する。しかし、最近では夏季にも小流行があり、注意が必要である。
予防・治療方法	ワクチンや抗ウイルス薬の開発がすすめられているが、まだ実用化されていない。飛沫感染や接触感染により感染するため、手洗いの励行等一般的な予防法の励行が大切である。 　RSウイルスに対する遺伝子組み換え技術を用いたモノクローナル抗体（パリビズマブ）には感染予防効果があり、RSウイルス感染症の流行期には、早産児、新生児慢性肺疾患、先天性心疾患、免疫不全等の基礎疾患を有する乳幼児等に対して、毎月筋肉内投与がなされている。 　特異的な治療法は確立されていない。
留意すべきこと（感染拡大防止策等）	咳が出ている子どもには、マスクの着用を促す。その他、飛沫感染への対策として、日常的に周囲の子ども、保育士等が手洗いや咳エチケットを実施するよう促す。保育環境を清潔に保つことも重要である。 　また、流行状況を常に把握しておくことが重要であり、流行期には、0歳児と1歳以上のクラスは互いに接触しないよう離しておき、互いの交流を制限する。特に、呼吸器症状がある年長児が乳児に接触することを避ける。 　罹患した場合の登園のめやすは、「呼吸器症状が消失し、全身状態が良いこと」である。

(20) 帯状疱しん

病原体	水痘・帯状疱しんウイルス（VZV）
潜伏期間	不定
症状・特徴	水痘に感染した患者は、神経節（脊髄後根神経節や脳神経節）にウイルスが潜伏感染しており、免疫能の低下、ストレス、加齢等をきっかけとして、神経の走行に沿った形で、身体の片側に発症することがある。 　数日間、軽度の痛みや違和感（子どもの場合ははっきりとしない）が、そして場合によってはかゆみがあり、その後、多数の水疱（水ぶくれ）が集まり、紅斑となる。日が経つと膿疱や血疱、びらんになることもある。発熱はほとんどない。 　通常1週間で痂皮（かさぶた）化して治癒する。子どもの場合、痛みは大人ほどではなく、多くの場合には痛み止めの内服は不要である。発しんが治癒した後に跡が残ることがある。
感染経路	母体が妊娠20週から分娩の21日前までに水痘に罹患すると、子どもが帯状疱しんを発症することがある。 　また、一度水痘に罹患した子どもは、ウイルスを神経節に持っているので、帯状疱しんを発症する可能性がある。水痘ワクチン接種後に発病することもあるが、頻度は低い。ワクチン接種の前後に気が付かないうちに自然感染していて、その後、発病する場合がある。
予防・治療方法	内服薬と外用薬がある。 　痛みがある場合には、患部を温めると痛みが和らぐ。

留意すべきこと（感染拡大防止策等）	水痘ワクチンを未接種かつ水痘に未罹患の者が帯状疱しんの患者に接触すると水痘にかかる可能性があるため、周りの子どもや保護者、保育士等に周知する。 　保育士や保育所職員が水痘や帯状疱しんに罹患した場合は、全ての皮しんがかさぶたになるまで保育を控えることが重要である。なお、日本小児科学会では、こうした場合、水痘未罹患や水痘ワクチン未接種の子どもについては早期（72時間以内）に水痘ワクチン接種をすることを勧めている。妊婦への感染の防止も重要であるため、保育所内で発生した場合には、妊婦はなるべく患児に近づかないようにする。 　発しんが痂皮（かさぶた）になると、感染の可能性はなくなるため、罹患した子どもの登園のめやすは、「すべての発しんが痂皮（かさぶた）化していること」である。発しんが痂皮（かさぶた）になるまでの間もシャワーは可能であり、痂皮（かさぶた）になった後は入浴も可能である。

（21）突発性発しん

病原体	ヒトヘルペスウイルス6B、ヒトヘルペスウイルス7
潜伏期間	9〜10日
症状・特徴	生後6か月〜2歳によくみられる。3日間程度の高熱の後、解熱するとともに紅斑が出現し、数日で消えてなくなるという特徴をもつ。 　比較的軽症の疾患であり、自然経過で治癒するが、熱性けいれん、脳炎・脳症、肝炎等を合併することがある。 　ヒトヘルペスウイルス7の初感染でも突発性発しんの特徴がみられることがあるが、この場合は生後2〜4歳頃に多いとされている。
感染経路	ウイルスは、多くの子ども・成人の唾液等に常時排出されており、母親から胎盤を通して受け取っていた抗体（移行抗体）が消失する乳児期後半以降に、保護者や兄弟姉妹等の唾液等から感染すると考えられている。
流行状況	乳児同士の間での感染は少ない。地域的・季節的な流行は見られず、年間を通してほぼ同じような発生がある。
予防・治療方法	ワクチンは開発されていない。 　通常は自然経過で治癒する疾患で、特異的な治療薬を必要としない。
留意すべきこと（感染拡大防止策等）	多くの場合、乳幼児期に感染し、発熱により感染に気づく。発熱前後の気道分泌物中にウイルスが含まれるため、飛沫、鼻汁、唾液等には感染性があると考えられる。通常は保護者、兄弟姉妹等の唾液等から感染するが、免疫のない子どもが感染した子どもの分泌物に接触した場合には、感染する可能性がある。 　日常的に手洗いの励行等の一般的な予防法を実施するほか、子どもに高熱がある場合には、特にこれを徹底する。 　解熱し発しんが出現して診断がつく頃にはウイルスの排出はなくなるため、罹患した子どもの登園のめやすは、「解熱し機嫌が良く全身状態が良いこと」である。

3　上記1及び2の他、保育所において特に適切な対応が求められる感染症

（22）アタマジラミ症

病原体	アタマジラミ（2〜4mmの少し透けた灰色の細長い3対の足をもつ。約4週間生きている。卵は0.5mm程度の乳白色であり、約7日で孵化する）
潜伏期間	10〜30日。卵は約7日で孵化する。
症状・特徴	卵は頭髪の根元近くにあり、毛に固く付着して白くみえる。フケのようにも見えるが、卵の場合は指でつまんでも容易には動かない。成虫は頭髪の根元近くで活動している。 　雌雄の成虫及び幼虫が1日2回以上頭皮から吸血する。毎日の吸血によって3〜4週間後に頭皮にかゆみがでてくる。引っかくことによって二次感染が起きる場合がある。

感染経路	頭髪に直接接触することで、また、体や頭を寄せ合うことで感染する。また、寝具、タオル、マフラー、帽子、水泳帽、クシ、ブラシ、ヘアゴム、体育マット、ロッカー等の共用により感染することがある。この他にも、集団での就寝・添い寝、混雑したバス・電車、スイミングスクール等の習い事、銭湯等の公共施設等でも感染することがある。
予防・治療方法	保育所で感染が確認された場合、昼寝の際には、子どもの頭と頭を接しさせないよう、布団を離したり、頭を交互にしたりするなど工夫する。 一般に、薬局で市販されている薬として、フェノトリン（スミスリン®）シャンプー又はフェノトリンパウダーがある。日本ではフェノトリン以外にアタマジラミ症に効果のある薬はないが、ほとんどのシラミがフェノトリン抵抗性（耐性）になっている地域もある。 毎日シャンプーを行い、目の細かいクシで丁寧に頭髪の根元からすき、シラミや卵を取り除く。卵はクシをこまめに使うことで取り除くことが可能である。頭髪を短くしたりする必要はない。 感染した子ども同士が互いに感染させる、いわゆるピンポン感染を繰り返す恐れがあるため、周囲の感染者を一斉に治療することが感染防止対策としてとられている。
留意すべきこと（感染拡大防止策等）	保育所で感染が確認された場合、昼寝の際には、子どもの頭と頭を接しさせないよう、布団を離したり、頭を交互にしたりするなど工夫する。 プールでは水泳帽、クシ、タオル、ロッカーを共用しないようにする。 地域での流行状況を常に把握しておくことが重要である。

（23）疥癬（かいせん）

病原体	ヒゼンダニ（雌成虫は0.4mm。皮膚の一番浅い所（角層）に寄生する。低温や乾燥に弱く、ヒトの体を離れると弱る。拡大鏡等で確認することもできる）
潜伏期間	約1か月（感染してから皮しん、かゆみが出現するまでの期間）
症状・特徴	かゆみの強い発しん（丘しん、水疱（水ぶくれ）、膿疱、結節（しこり）等）ができる。手足等には線状の隆起した皮しん（疥癬トンネル）もみられる。男児では陰部に結節（しこり）ができることがある。体等には丘しんができる。かゆみは夜間に強くなる。疥癬はアトピー性皮膚炎、他の湿しん等との区別が難しいことがある。
感染経路	ヒトからヒトに感染する。リネン類や布団の共用（午睡時、寝具が隙間なく敷き詰められている場合を含む）等で感染することもある。 一緒に寝る、授乳する、抱っこする、手をつなぐなど直接的な接触が比較的長時間あった場合に感染することがある。
予防・治療方法	疥癬の子どもと接触しても感染する可能性は高くないが、強いかゆみのある発しんがでたら皮膚科を受診する。 外用薬・内服薬により治療する。
留意すべきこと（感染拡大防止策等）	手に比較的多くのヒゼンダニがおり、手を介して感染することもあるため、日常的に手洗いの励行などの一般的な予防法を実施することが重要である。また、下着等は毎日交換する。 地域での流行状況を常に把握し、情報を保育所と保護者が共有しておくことが重要である。また、医療機関を受診する際に、保護者から、子どもの通っている保育所で疥癬が流行していることを伝えてもらうとよい。 治療を開始していれば、プールに入ってもかまわない。

（24）伝染性軟属腫（水いぼ）

病原体	伝染性軟属腫ウイルス（ポックスウイルスの一種）
潜伏期間	2～7週

症状・特徴	1〜5mm（稀に1cm程度のこともある）程度の常色〜白〜淡紅色の丘しん、小結節（しこり）であり、表面はつやがあって、一見水疱（水ぶくれ）にも見える。大き目の結節（しこり）では中心が凹になっている。多くの場合では、数個〜数十個が集まっている。四肢、体幹等によくみられるが、顔、首、陰部等どこにでも生じる。 　軽度のかゆみがあるが、かいてつぶれることで、また、かかなくても個々のものは数か月から時に半年もの長期間をかけて自然経過で治癒することがある。
感染経路	主な感染経路は皮膚と皮膚の直接接触による接触感染である。伝染性軟属腫（水いぼ）を左右から押すと、中央から白色の粥状の物質が排出される。この中にウイルスが含まれている。 　プールの水では感染しないので、プールに入っても構わない。タオル、浮輪、ビート板等を介して感染する場合もある。接触後に症状が出るまで2〜7週間かかるといわれており、感染時期の特定は難しい。
予防・治療方法	自然経過で治癒することもあるが、治癒に数か月かかることもある。保育所においては、周囲の子どもに感染することを考慮し、嘱託医と相談して対応する。 　治療には、専用のピンセットでの摘除法（痛みと少量の出血があるため、局所麻酔薬テープを事前に貼ることがある）、外用療法、内服療法、冷凍凝固療法等がある。 　皮膚のバリア機能が未熟な乳幼児、アトピー性皮膚炎患者等では、伝染性軟属腫（水いぼ）を引っかいた手で別の箇所を触ることで、その個所にも感染が拡大し、広い範囲に伝染性軟属腫（水いぼ）が生じる場合がある。このため、皮膚の清潔を保ち、保湿剤等でバリア機能を改善する。
留意すべきこと（感染拡大防止策等）	集団生活、水遊び、浴場等で皮膚と皮膚が接触することにより周囲の子どもに感染する可能性がある。このため、伝染性軟属腫（水いぼ）を衣類、包帯、耐水性ばんそうこう等で覆い、他の子どもへの感染を防ぐ。また、プール後は皮膚表面のバリア機能が低下しやすいので、皮膚の保湿を保つ。 　接触感染により感染するため、日常的に手洗いの励行等の一般的な予防法を実施することが重要である。

（25）伝染性膿痂しん（とびひ）

病原体	原因菌は黄色ブドウ球菌の場合が多いが、溶血性レンサ球菌の場合もある。前者については耐性菌（MRSA）が増加（10〜50%）している。
潜伏期間	2〜10日（長期の場合もある。）
症状・特徴	主な症状として、水疱（水ぶくれ）やびらん、痂皮（かさぶた）が、鼻周囲、体幹、四肢等の全身にみられる。患部を引っかくことで、数日から10日後に、隣接する皮膚や離れた皮膚に新たに病変が生じる。
感染経路	主な感染経路は接触感染である。水疱（水ぶくれ）やびらん、痂皮（かさぶた）等の浸出液に原因菌が含まれており、患部をひっかいたり、かきむしったりすることで、湿しんや虫刺され部位等の小さな傷を介して感染する。また、集団感染をおこすことがある。
流行状況	夏に多い病気であるが、他の季節にも発生する。
予防・治療方法	皮膚を清潔にすることが大事である。1日1回以上は全身をシャワーでよく洗浄して、患部も含めた皮膚の清潔を保つ。患部を洗浄する際には、石けんは泡立てて、そっと洗い、よくすすぐ。また、爪は短く切る。 　虫刺されやアトピー性皮膚炎の引っかいた部位等に菌が付着しやすいので、それらの治療を早期に行い、皮膚バリア機能を改善する。 　病巣が広がっている場合には外用薬、更に状態が悪化した場合には内服や点滴による抗菌薬投与が必要となることがある。
留意すべきこと（感染拡大防止策等）	手を介して感染することもあるため、日常的に手洗いの励行等の一般的な予防法を実施することが重要である。 　地域での流行状況を常に把握しておくことが重要である。 　病変部を外用薬で処置し、浸出液がしみ出ないようにガーゼ等で覆ってあれば、通園が可能である。子ども同士でタオルや寝具は共用せず、別々にする。 　プールの水を介しては感染しないが、患部をかくことで病変が悪化したり、他の人と触れたりすることがあるので、プールでの水遊びや水泳は治癒するまでやめておく。

（26）B型肝炎

病原体	B型肝炎ウイルス（HBV）
潜伏期間	急性感染では45〜160日（平均90日）
症状・特徴	ウイルスが肝臓に感染し、炎症を起こす病気である。急性肝炎と慢性肝炎がある。0歳児が感染した場合、約9割がHBVキャリア（※1）となる。キャリア化の割合は年長児では低下するが、5歳児でも約1割がキャリア化する。 　キャリア化しても、85〜90％は治療を必要としないが、残りの多くは思春期以降に慢性肝炎を発症し、その一部は肝硬変や肝がんに進展する可能性がある。 　キャリアでは、自覚症状はなく、肝機能も正常だが、子どもであっても慢性肝炎の状態になったり、稀に肝硬変や肝がんになったりすることがあるので、定期的な検査を受けておくことが大切である。
感染経路	血液の中にウイルスが含まれている。血液が付着しただけでは、感染はまず成立しない。感染者の血液が他人の皮膚や粘膜にできた傷から体内に入ることで、感染が起こりうる。唾液、涙、汗、尿等にもウイルスが存在し、感染源となりうる。 　感染者がアトピー性皮膚炎、水痘（水ほうそう）、伝染性膿痂しん（とびひ）等の皮膚病にかかっている場合は、症状のある皮膚から出る血液や体液にウイルスが含まれるため、感染源となりうる。
流行状況	子どものキャリア率は0.02〜0.03％以下とされ、その多くが家族内又は集団生活内での水平感染（※2）と推定されているが、新規感染の状況については不明である。
予防・治療方法	B型肝炎ワクチン（HBワクチン）は、安全で効果の高いワクチンである。3回の接種により、ほとんどの人がウイルス（HBV）に対する免疫を獲得することが可能である。 　HBワクチンは、2016年4月1日以降に出生した1歳未満児を対象に、2016年10月より定期接種として実施されている。標準的には、生後2か月から生後9か月までの期間に、27日以上の間隔で2回接種した後、第1回目の接種から139日以上の間隔を置いて1回（3回目）の接種が行われている（※3）。一部の自治体では、定期接種の対象とならない子どもに対しても補助が行われている。 　B型肝炎の治療には、現在インターフェロンと核酸アナログが用いられる。これらの治療により肝炎をコントロールすることが可能であるが、ウイルスの排除は困難である。
留意すべきこと（感染拡大防止策等）	最も効果的な感染拡大防止策はHBワクチンの接種である。 　保護者に対し、保育所に入園する前に、定期接種について周知する。また、定期接種の対象でない子どもについても、HBワクチンの接種を済ませておくことが重要であることを周知する。集団感染事例の中には、子どもだけではなく職員も含まれるため、職員もHBs抗原、HBs抗体の検査を受け、両者とも陰性の場合、任意接種としてHBワクチンの接種を受けることが重要であることを説明する。 　HBVへの感染の有無に関わらず、血液や体液で感染する病気の予防のために、誰のものであっても血液や体液に他の園児や職員が直接接触しないような注意（標準予防策）が望まれる。 　HBVに感染した子どもが他の子どもと一緒にプールに入ってもウイルスの伝播は起きない。傷がある場合は耐水性絆創膏できちんと覆っておく。

（※1）HBVキャリアとは、HBVの持続感染者のことで、一般的にはHBs抗原が陽性の人のことをいう。

（※2）HBVキャリアの母親から子どもへの感染を"次の世代への感染"という意味で"垂直感染"と呼ぶ。それ以外の感染を"水平感染"と呼ぶ。

（※3）母親のHBs抗原が陽性（母親がHBVキャリア）の場合は、母子感染予防として生後すぐにHBグロブリンを接種した上で、生後すぐ、生後1か月、生後6か月にHBワクチンの接種を行う。この場合のHBワクチンは定期接種の対象とはならないが、健康保険が適用される。1歳以上の子どもは定期接種の対象にならないが、集団生活に入る前には、任意接種としてHBワクチンの接種を受けることが重要であることを説明する。既に集団生活に入っている子どもに対しても同様である。

「保育所保育指針」

2017（平成29）年3月31日告示

第1章　総則

　この指針は、児童福祉施設の設備及び運営に関する基準（昭和23年厚生省令第63号。以下「設備運営基準」という。）第35条の規定に基づき、保育所における保育の内容に関する事項及びこれに関連する運営に関する事項を定めるものである。各保育所は、この指針において規定される保育の内容に係る基本原則に関する事項等を踏まえ、各保育所の実情に応じて創意工夫を図り、保育所の機能及び質の向上に努めなければならない。

1　保育所保育に関する基本原則

（1）保育所の役割

ア　保育所は、児童福祉法（昭和22年法律第164号）第39条の規定に基づき、保育を必要とする子どもの保育を行い、その健全な心身の発達を図ることを目的とする児童福祉施設であり、入所する子どもの最善の利益を考慮し、その福祉を積極的に増進することに最もふさわしい生活の場でなければならない。

イ　保育所は、その目的を達成するために、保育に関する専門性を有する職員が、家庭との緊密な連携の下に、子どもの状況や発達過程を踏まえ、保育所における環境を通して、養護及び教育を一体的に行うことを特性としている。

ウ　保育所は、入所する子どもを保育するとともに、家庭や地域の様々な社会資源との連携を図りながら、入所する子どもの保護者に対する支援及び地域の子育て家庭に対する支援等を行う役割を担うものである。

エ　保育所における保育士は、児童福祉法第18条の4の規定を踏まえ、保育所の役割及び機能が適切に発揮されるように、倫理観に裏付けられた専門的知識、技術及び判断をもって、子どもを保育するとともに、子どもの保護者に対する保育に関する指導を行うものであり、その職責を遂行するための専門性の向上に絶えず努めなければならない。

（2）保育の目標

ア　保育所は、子どもが生涯にわたる人間形成にとって極めて重要な時期に、その生活時間の大半を過ごす場である。このため、保育所の保育は、子どもが現在を最も良く生き、望ましい未来をつくり出す力の基礎を培うために、次の目標を目指して行わなければならない。

（ア）十分に養護の行き届いた環境の下に、くつろいだ雰囲気の中で子どもの様々な欲求を満たし、生命の保持及び情緒の安定を図ること。

（イ）健康、安全など生活に必要な基本的な習慣や態度を養い、心身の健康の基礎を培うこと。

（ウ）人との関わりの中で、人に対する愛情と信頼感、そして人権を大切にする心を育てるとともに、自主、自立及び協調の態度を養い、道徳性の芽生えを培うこと。

（エ）生命、自然及び社会の事象についての興味や関心を育て、それらに対する豊かな心情や思考力の芽生えを培うこと。

（オ）生活の中で、言葉への興味や関心を育て、話したり、聞いたり、相手の話を理解しようとするなど、言葉の豊かさを養うこと。

（カ）様々な体験を通して、豊かな感性や表現力を育み、創造性の芽生えを培うこと。

イ　保育所は、入所する子どもの保護者に対し、その意向を受け止め、子どもと保護者の安定した関係に配慮し、保育所の特性や保育士等の専門性を生かして、その援助に当たらなければならない。

（3）保育の方法

　保育の目標を達成するために、保育士等は、次の事項に留意して保育しなければならない。

ア　一人一人の子どもの状況や家庭及び地域社会での生活の実態を把握するとともに、子どもが安心感と信頼感をもって活動できるよう、子どもの主体としての思いや願いを受け止めること。

イ　子どもの生活のリズムを大切にし、健康、安全で情緒の安定した生活ができる環境や、自己を十分に発揮できる環境を整えること。

ウ　子どもの発達について理解し、一人一人の発達過程に応じて保育すること。その際、子どもの個人差に十分配慮すること。

エ　子ども相互の関係づくりや互いに尊重する心を大切にし、集団における活動を効果あるものにするよう援助すること。

オ　子どもが自発的・意欲的に関われるような環境を構成し、子どもの主体的な活動や子ども相互の関わりを大切にすること。特に、乳幼児期にふさわしい体験が得られるように、生活や遊びを通して総合的に保育すること。

カ　一人一人の保護者の状況やその意向を理解、受容し、それぞれの親子関係や家庭生活等に配慮しながら、様々な機会をとらえ、適切に援助すること。

（4）保育の環境

　保育の環境には、保育士等や子どもなどの人的環境、施設や遊具などの物的環境、更には自然や社会の事象などがある。保育所は、こうした人、物、場などの環境が相互に関連し合い、子どもの生活が豊かなものとなるよう、次の事項に留意しつつ、計画的に環境を構成し、工夫して保育しなければならない。

ア　子ども自らが環境に関わり、自発的に活動し、様々な経験を積んでいくことができるよう配慮すること。

イ　子どもの活動が豊かに展開されるよう、保育所の設備や環境を整え、保育所の保健的環境や安全の確保などに努めること。

ウ　保育室は、温かな親しみとくつろぎの場となるとともに、生き生きと活動できる場となるように配慮すること。

エ　子どもが人と関わる力を育てていくため、子ども自らが周囲の子どもや大人と関わっていくことができる環境を整えること。

（5）保育所の社会的責任

ア　保育所は、子どもの人権に十分配慮するとともに、子ども一人一人の人格を尊重して保育を行わなければならない。

イ　保育所は、地域社会との交流や連携を図り、保護者や地域社会に、当該保育所が行う保育の内容を適切に説明するよう努めなければならない。

ウ　保育所は、入所する子ども等の個人情報を適切に取り扱うとともに、保護者の苦情などに対し、その解決を図るよう努めなければならない。

2　養護に関する基本的事項

（1）養護の理念

　保育における養護とは、子どもの生命の保持及び情緒の安定を図るために保育士等が行う援助や関わりであり、保育所における保育は、養護及び教育を一体的に行うことをその特性とするものである。保育所における保育全体を通じて、養護に関するねらい及び内容を踏まえた保育が展開されなければならない。

（2）養護に関わるねらい及び内容

ア　生命の保持

（ア）ねらい

①一人一人の子どもが、快適に生活できるようにする。

②一人一人の子どもが、健康で安全に過ごせるようにする。

③一人一人の子どもの生理的欲求が、十分に満たされるよう

にする。

④一人一人の子どもの健康増進が、積極的に図られるようにする。

（イ）内容

①一人一人の子どもの平常の健康状態や発育及び発達状態を的確に把握し、異常を感じる場合は、速やかに適切に対応する。

②家庭との連携を密にし、嘱託医等との連携を図りながら、子どもの疾病や事故防止に関する認識を深め、保健的で安全な保育環境の維持及び向上に努める。

③清潔で安全な環境を整え、適切な援助や応答的な関わりを通して子どもの生理的欲求を満たしていく。また、家庭と協力しながら、子どもの発達過程等に応じた適切な生活のリズムがつくられていくようにする。

④子どもの発達過程等に応じて、適度な運動と休息を取ることができるようにする。また、食事、排泄、衣類の着脱、身の回りを清潔にすることなどについて、子どもが意欲的に生活できるよう適切に援助する。

イ　情緒の安定

（ア）ねらい

①一人一人の子どもが、安定感をもって過ごせるようにする。

②一人一人の子どもが、自分の気持ちを安心して表すことができるようにする。

③一人一人の子どもが、周囲から主体として受け止められ、主体として育ち、自分を肯定する気持ちが育まれていくようにする。

④一人一人の子どもがくつろいで共に過ごし、心身の疲れが癒されるようにする。

（イ）内容

①一人一人の子どもの置かれている状態や発達過程などを的確に把握し、子どもの欲求を適切に満たしながら、応答的な触れ合いや言葉がけを行う。

②一人一人の子どもの気持ちを受容し、共感しながら、子どもとの継続的な信頼関係を築いていく。

③保育士等との信頼関係を基盤に、一人一人の子どもが主体的に活動し、自発性や探索意欲などを高めるとともに、自分への自信をもつことができるよう成長の過程を見守り、適切に働きかける。

④一人一人の子どもの生活のリズム、発達過程、保育時間などに応じて、活動内容のバランスや調和を図りながら、適切な食事や休息が取れるようにする。

3　保育の計画及び評価

（1）全体的な計画の作成

ア　保育所は、1の（2）に示した保育の目標を達成するために、各保育所の保育の方針や目標に基づき、子どもの発達過程を踏まえて、保育の内容が組織的・計画的に構成さ

れ、保育所の生活の全体を通して、総合的に展開されるよう、全体的な計画を作成しなければならない。

イ　全体的な計画は、子どもや家庭の状況、地域の実態、保育時間などを考慮し、子どもの育ちに関する長期的見通しをもって適切に作成されなければならない。

ウ　全体的な計画は、保育所保育の全体像を包括的に示すものとし、これに基づく指導計画、保健計画、食育計画等を通じて、各保育所が創意工夫して保育できるよう、作成されなければならない。

（2）指導計画の作成

ア　保育所は、全体的な計画に基づき、具体的な保育が適切に展開されるよう、子どもの生活や発達を見通した長期的な指導計画と、それに関連しながら、より具体的な子どもの日々の生活に即した短期的な指導計画を作成しなければならない。

イ　指導計画の作成に当たっては、第2章及びその他の関連する章に示された事項のほか、子ども一人一人の発達過程や状況を十分に踏まえるとともに、次の事項に留意しなければならない。

（ア）3歳未満児については、一人一人の子どもの生育歴、心身の発達、活動の実態等に即して、個別的な計画を作成すること。

（イ）3歳以上児については、個の成長と、子ども相互の関係や協同的な活動が促されるよう配慮すること。

（ウ）異年齢で構成される組やグループでの保育においては、一人一人の子どもの生活や経験、発達過程などを把握し、適切な援助や環境構成ができるよう配慮すること。

ウ　指導計画においては、保育所の生活における子どもの発達過程を見通し、生活の連続性、季節の変化などを考慮し、子どもの実態に即した具体的なねらい及び内容を設定すること。また、具体的なねらいが達成されるよう、子どもの生活する姿や発想を大切にして適切な環境を構成し、子どもが主体的に活動できるようにすること。

エ　一日の生活のリズムや在園時間が異なる子どもが共に過ごすことを踏まえ、活動と休息、緊張感と解放感等の調和を図るよう配慮すること。

オ　午睡は生活のリズムを構成する重要な要素であり、安心して眠ることのできる安全な睡眠環境を確保するとともに、在園時間が異なることや、睡眠時間は子どもの発達の状況や個人によって差があることから、一律とならないよう配慮すること。

カ　長時間にわたる保育については、子どもの発達過程、生活のリズム及び心身の状態に十分配慮して、保育の内容や方法、職員の協力体制、家庭との連携などを指導計画に位置付けること。

キ　障害のある子どもの保育については、一人一人の子どもの発達過程や障害の状態を把握し、適切な環境の下で、障害のある子どもが他の子どもとの生活を通して共に成長できるよう、指導計画の中に位置付けること。また、子どもの状況に応じた保育を実施する観点から、家庭や関係機関と連携した支援のための計画を個別に作成するなど適切な対応を図ること。

（3）指導計画の展開

指導計画に基づく保育の実施に当たっては、次の事項に留意しなければならない。

ア　施設長、保育士など、全職員による適切な役割分担と協力体制を整えること。

イ　子どもが行う具体的な活動は、生活の中で様々に変化することに留意して、子どもが望ましい方向に向かって自ら活動を展開できるよう必要な援助を行うこと。

ウ　子どもの主体的な活動を促すためには、保育士等が多様な関わりをもつことが重要であることを踏まえ、子どもの情緒の安定や発達に必要な豊かな体験が得られるよう援助すること。

エ　保育士等は、子どもの実態や子どもを取り巻く状況の変化などに即して保育の過程を記録するとともに、これらを踏まえ、指導計画に基づく保育の内容の見直しを行い、改善を図ること。

（4）保育内容等の評価

ア　保育士等の自己評価

（ア）保育士等は、保育の計画や保育の記録を通して、自らの保育実践を振り返り、自己評価することを通して、その専門性の向上や保育実践の改善に努めなければならない。

（イ）保育士等による自己評価に当たっては、子どもの活動内容やその結果だけでなく、子どもの心の育ちや意欲、取り組む過程などにも十分配慮するよう留意すること。

（ウ）保育士等は、自己評価における自らの保育実践の振り返りや職員相互の話し合い等を通じて、専門性の向上及び保育の質の向上のための課題を明確にするとともに、保育所全体の保育の内容に関する認識を深めること。

イ　保育所の自己評価

（ア）保育所は、保育の質の向上を図るため、保育の計画の展開や保育士等の自己評価を踏まえ、当該保育所の保育の内容等について、自ら評価を行い、その結果を公表するよう努めなければならない。

（イ）保育所が自己評価を行うに当たっては、地域の実情や保育所の実態に即して、適切に評価の観点や項目等を設定し、全職員による共通理解をもって取り組むよう留意すること。

（ウ）設備運営基準第36条の趣旨を踏まえ、保育の内容等の評価に関し、保護者及び地域住民等の意見を聴くことが望ましいこと。

（5）評価を踏まえた計画の改善

ア　保育所は、評価の結果を踏まえ、当該保育所の保育の内容等の改善を図ること。

イ　保育の計画に基づく保育、保育の内容の評価及びこれに基づく改善という一連の取組により、保育の質の向上が図られるよう、全職員が共通理解をもって取り組むことに留意すること。

4　幼児教育を行う施設として共有すべき事項

（1）育みたい資質・能力

ア　保育所においては、生涯にわたる生きる力の基礎を培うため、1の（2）に示す保育の目標を踏まえ、次に掲げる資質・能力を一体的に育むよう努めるものとする。

（ア）豊かな体験を通じて、感じたり、気付いたり、分かったり、できるようになったりする「知識及び技能の基礎」

（イ）気付いたことや、できるようになったことなどを使い、考えたり、試したり、工夫したり、表現したりする「思考力、判断力、表現力等の基礎」

（ウ）心情、意欲、態度が育つ中で、よりよい生活を営もうとする「学びに向かう力、人間性等」

イ　アに示す資質・能力は、第2章に示すねらい及び内容に基づく保育活動全体によって育むものである。

（2）幼児期の終わりまでに育ってほしい姿

次に示す「幼児期の終わりまでに育ってほしい姿」は、第2章に示すねらい及び内容に基づく保育活動全体を通して資質・能力が育まれている子どもの小学校就学時の具体的な姿であり、保育士等が指導を行う際に考慮するものである。

ア　健康な心と体

保育所の生活の中で、充実感をもって自分のやりたいことに向かって心と体を十分に働かせ、見通しをもって行動し、自ら健康で安全な生活をつくり出すようになる。

イ　自立心

身近な環境に主体的に関わり様々な活動を楽しむ中で、しなければならないことを自覚し、自分の力で行うために考えたり、工夫したりしながら、諦めずにやり遂げることで達成感を味わい、自信をもって行動するようになる。

ウ　協同性

友達と関わる中で、互いの思いや考えなどを共有し、共通の目的の実現に向けて、考えたり、工夫したり、協力したりし、充実感をもってやり遂げるようになる。

エ　道徳性・規範意識の芽生え

友達と様々な体験を重ねる中で、してよいことや悪いことが分かり、自分の行動を振り返ったり、友達の気持ちに共感したりし、相手の立場に立って行動するようになる。また、きまりを守る必要性が分かり、自分の気持ちを調整し、友達と折り合いを付けながら、きまりをつくったり、守っ

たりするようになる。

オ　社会生活との関わり

家族を大切にしようとする気持ちをもつとともに、地域の身近な人と触れ合う中で、人との様々な関わり方に気付き、相手の気持ちを考えて関わり、自分が役に立つ喜びを感じ、地域に親しみをもつようになる。また、保育所内外の様々な環境に関わる中で、遊びや生活に必要な情報を取り入れ、情報に基づき判断したり、情報を伝え合ったり、活用したりするなど、情報を役立てながら活動するようになるとともに、公共の施設を大切に利用するなどして、社会とのつながりなどを意識するようになる。

カ　思考力の芽生え

身近な事象に積極的に関わる中で、物の性質や仕組みなどを感じ取ったり、気付いたりし、考えたり、予想したり、工夫したりするなど、多様な関わりを楽しむようになる。また、友達の様々な考えに触れる中で、自分と異なる考えがあることに気付き、自ら判断したり、考え直したりするなど、新しい考えを生み出す喜びを味わいながら、自分の考えをよりよいものにするようになる。

キ　自然との関わり・生命尊重

自然に触れて感動する体験を通して、自然の変化などを感じ取り、好奇心や探究心をもって考え言葉などで表現しながら、身近な事象への関心が高まるとともに、自然への愛情や畏敬の念をもつようになる。また、身近な動植物に心を動かされる中で、生命の不思議さや尊さに気付き、身近な動植物への接し方を考え、命あるものとしていたわり、大切にする気持ちをもって関わるようになる。

ク　数量や図形、標識や文字などへの関心・感覚

遊びや生活の中で、数量や図形、標識や文字などに親しむ体験を重ねたり、標識や文字の役割に気付いたりし、自らの必要感に基づきこれらを活用し、興味や関心、感覚をもつようになる。

ケ　言葉による伝え合い

保育士等や友達と心を通わせる中で、絵本や物語などに親しみながら、豊かな言葉や表現を身に付け、経験したことや考えたことなどを言葉で伝えたり、相手の話を注意して聞いたりし、言葉による伝え合いを楽しむようになる。

コ　豊かな感性と表現

心を動かす出来事などに触れ感性を働かせる中で、様々な素材の特徴や表現の仕方などに気付き、感じたことや考えたことを自分で表現したり、友達同士で表現する過程を楽しんだりし、表現する喜びを味わい、意欲をもつようになる。

第2章　保育の内容

この章に示す「ねらい」は、第1章の1の（2）に示された保育の目標をより具体化したものであり、子どもが保育所において、安定した生活を送り、充実した活動ができるように、

保育を通じて育みたい資質・能力を、子どもの生活する姿から捉えたものである。また、「内容」は、「ねらい」を達成するために、子どもの生活やその状況に応じて保育士等が適切に行う事項と、保育士等が援助して子どもが環境に関わって経験する事項を示したものである。

保育における「養護」とは、子どもの生命の保持及び情緒の安定を図るために保育士等が行う援助や関わりであり、「教育」とは、子どもが健やかに成長し、その活動がより豊かに展開されるための発達の援助である。本章では、保育士等が、「ねらい」及び「内容」を具体的に把握するため、主に教育に関わる側面からの視点を示しているが、実際の保育においては、養護と教育が一体となって展開されることに留意する必要がある。

1 乳児保育に関わるねらい及び内容

(1) 基本的事項

ア 乳児期の発達については、視覚、聴覚などの感覚や、座る、はう、歩くなどの運動機能が著しく発達し、特定の大人との応答的な関わりを通じて、情緒的な絆が形成されるといった特徴がある。これらの発達の特徴を踏まえて、乳児保育は、愛情豊かに、応答的に行われることが特に必要である。

イ 本項においては、この時期の発達の特徴を踏まえ、乳児保育の「ねらい」及び「内容」については、身体的発達に関する視点「健やかに伸び伸びと育つ」、社会的発達に関する視点「身近な人と気持ちが通じ合う」及び精神的発達に関する視点「身近なものと関わり感性が育つ」としてまとめ、示している。

ウ 本項の各視点において示す保育の内容は、第1章の2に示された養護における「生命の保持」及び「情緒の安定」に関わる保育の内容と、一体となって展開されるものであることに留意が必要である。

(2) ねらい及び内容

ア 健やかに伸び伸びと育つ
健康な心と体を育て、自ら健康で安全な生活をつくり出す力の基盤を培う。

(ア) ねらい
①身体感覚が育ち、快適な環境に心地よさを感じる。
②伸び伸びと体を動かし、はう、歩くなどの運動をしようとする。
③食事、睡眠等の生活のリズムの感覚が芽生える。

(イ) 内容
①保育士等の愛情豊かな受容の下で、生理的・心理的欲求を満たし、心地よく生活をする。
②一人一人の発育に応じて、はう、立つ、歩くなど、十分に体を動かす。

③個人差に応じて授乳を行い、離乳を進めていく中で、様々な食品に少しずつ慣れ、食べることを楽しむ。
④一人一人の生活のリズムに応じて、安全な環境の下で十分に午睡をする。
⑤おむつ交換や衣服の着脱などを通じて、清潔になることの心地よさを感じる。

(ウ) 内容の取扱い
上記の取扱いに当たっては、次の事項に留意する必要がある。
①心と体の健康は、相互に密接な関連があるものであることを踏まえ、温かい触れ合いの中で、心と体の発達を促すこと。特に、寝返り、お座り、はいはい、つかまり立ち、伝い歩きなど、発育に応じて、遊びの中で体を動かす機会を十分に確保し、自ら体を動かそうとする意欲が育つようにすること。
②健康な心と体を育てるためには望ましい食習慣の形成が重要であることを踏まえ、離乳食が完了期へと徐々に移行する中で、様々な食品に慣れるようにするとともに、和やかな雰囲気の中で食べる喜びや楽しさを味わい、進んで食べようとする気持ちが育つようにすること。なお、食物アレルギーのある子どもへの対応については、嘱託医等の指示や協力の下に適切に対応すること。

イ 身近な人と気持ちが通じ合う
受容的・応答的な関わりの下で、何かを伝えようとする意欲や身近な大人との信頼関係を育て、人と関わる力の基盤を培う。

(ア) ねらい
①安心できる関係の下で、身近な人と共に過ごす喜びを感じる。
②体の動きや表情、発声等により、保育士等と気持ちを通わせようとする。
③身近な人と親しみ、関わりを深め、愛情や信頼感が芽生える。

(イ) 内容
①子どもからの働きかけを踏まえた、応答的な触れ合いや言葉がけによって、欲求が満たされ、安定感をもって過ごす。
②体の動きや表情、発声、喃語等を優しく受け止めてもらい、保育士等とのやり取りを楽しむ。
③生活や遊びの中で、自分の身近な人の存在に気付き、親しみの気持ちを表す。
④保育士等による語りかけや歌いかけ、発声や喃語等への応答を通じて、言葉の理解や発語の意欲が育つ。
⑤温かく、受容的な関わりを通じて、自分を肯定する気持ちが芽生える。

(ウ) 内容の取扱い
上記の取扱いに当たっては、次の事項に留意する必要がある。
①保育士等との信頼関係に支えられて生活を確立していくことが人と関わる基盤となることを考慮して、子どもの多様な感情を受け止め、温かく受容的・応答的に関わり、一人一人に応じた適切な援助を行うようにすること。
②身近な人に親しみをもって接し、自分の感情などを表し、

それに相手が応答する言葉を聞くことを通して、次第に言葉が獲得されていくことを考慮して、楽しい雰囲気の中での保育士等との関わり合いを大切にし、ゆっくりと優しく話しかけるなど、積極的に言葉のやり取りを楽しむことができるようにすること。

ウ 身近なものと関わり感性が育つ

身近な環境に興味や好奇心をもって関わり、感じたことや考えたことを表現する力の基盤を培う。

（ア）ねらい

①身の回りのものに親しみ、様々なものに興味や関心をもつ。

②見る、触れる、探索するなど、身近な環境に自分から関わろうとする。

③身体の諸感覚による認識が豊かになり、表情や手足、体の動き等で表現する。

（イ）内容

①身近な生活用具、玩具や絵本などが用意された中で、身の回りのものに対する興味や好奇心をもつ。

②生活や遊びの中で様々なものに触れ、音、形、色、手触りなどに気付き、感覚の働きを豊かにする。

③保育士等と一緒に様々な色彩や形のものや絵本などを見る。

④玩具や身の回りのものを、つまむ、つかむ、たたく、引っ張るなど、手や指を使って遊ぶ。

⑤保育士等のあやし遊びに機嫌よく応じたり、歌やリズムに合わせて手足や体を動かして楽しんだりする。

（ウ）内容の取扱い

上記の取扱いに当たっては、次の事項に留意する必要がある。

①玩具などは、音質、形、色、大きさなど子どもの発達状態に応じて適切なものを選び、その時々の子どもの興味や関心を踏まえるなど、遊びを通して感覚の発達が促されるものとなるように工夫すること。なお、安全な環境の下で、子どもが探索意欲を満たして自由に遊べるよう、身の回りのものについては、常に十分な点検を行うこと。

②乳児期においては、表情、発声、体の動きなどで、感情を表現することが多いことから、これらの表現しようとする意欲を積極的に受け止めて、子どもが様々な活動を楽しむことを通して表現が豊かになるようにすること。

（3）保育の実施に関わる配慮事項

ア 乳児は疾病への抵抗力が弱く、心身の機能の未熟さに伴う疾病の発生が多いことから、一人一人の発育及び発達状態や健康状態についての適切な判断に基づく保健的な対応を行うこと。

イ 一人一人の子どもの生育歴の違いに留意しつつ、欲求を適切に満たし、特定の保育士が応答的に関わるように努めること。

ウ 乳児保育に関わる職員間の連携や嘱託医との連携を図り、第3章に示す事項を踏まえ、適切に対応すること。栄養士及び看護師等が配置されている場合は、その専門性を

生かした対応を図ること。

エ 保護者との信頼関係を築きながら保育を進めるとともに、保護者からの相談に応じ、保護者への支援に努めていくこと。

オ 担当の保育士が替わる場合には、子どものそれまでの生育歴や発達過程に留意し、職員間で協力して対応すること。

2　1歳以上3歳未満児の保育に関わるねらい及び内容

（1）基本的事項

ア この時期においては、歩き始めから、歩く、走る、跳ぶなどへと、基本的な運動機能が次第に発達し、排泄の自立のための身体的機能も整うようになる。つまむ、めくるなどの指先の機能も発達し、食事、衣類の着脱なども、保育士等の援助の下で自分で行うようになる。発声も明瞭になり、語彙も増加し、自分の意思や欲求を言葉で表出できるようになる。このように自分でできることが増えてくる時期であることから、保育士等は、子どもの生活の安定を図りながら、自分でしようとする気持ちを尊重し、温かく見守るとともに、愛情豊かに、応答的に関わることが必要である。

イ 本項においては、この時期の発達の特徴を踏まえ、保育の「ねらい」及び「内容」について、心身の健康に関する領域「健康」、人との関わりに関する領域「人間関係」、身近な環境との関わりに関する領域「環境」、言葉の獲得に関する領域「言葉」及び感性と表現に関する領域「表現」としてまとめ、示している。

ウ 本項の各領域において示す保育の内容は、第1章の2に示された養護における「生命の保持」及び「情緒の安定」に関わる保育の内容と、一体となって展開されるものであることに留意が必要である。

（2）ねらい及び内容

ア 健康

健康な心と体を育て、自ら健康で安全な生活をつくり出す力を養う。

（ア）ねらい

①明るく伸び伸びと生活し、自分から体を動かすことを楽しむ。

②自分の体を十分に動かし、様々な動きをしようとする。

③健康、安全な生活に必要な習慣に気付き、自分でしてみようとする気持ちが育つ。

（イ）内容

①保育士等の愛情豊かな受容の下で、安定感をもって生活をする。

②食事や午睡、遊びと休息など、保育所における生活のリズムが形成される。

③走る、跳ぶ、登る、押す、引っ張るなど全身を使う遊びを楽

しむ。

④様々な食品や調理形態に慣れ、ゆったりとした雰囲気の中で食事や間食を楽しむ。

⑤身の回りを清潔に保つ心地よさを感じ、その習慣が少しずつ身に付く。

⑥保育士等の助けを借りながら、衣類の着脱を自分でしようとする。

⑦便器での排泄に慣れ、自分で排泄ができるようになる。

（ウ）内容の取扱い

上記の取扱いに当たっては、次の事項に留意する必要がある。

①心と体の健康は、相互に密接な関連があるものであることを踏まえ、子どもの気持ちに配慮した温かい触れ合いの中で、心と体の発達を促すこと。特に、一人一人の発育に応じて、体を動かす機会を十分に確保し、自ら体を動かそうとする意欲が育つようにすること。

②健康な心と体を育てるためには望ましい食習慣の形成が重要であることを踏まえ、ゆったりとした雰囲気の中で食べる喜びや楽しさを味わい、進んで食べようとする気持ちが育つようにすること。なお、食物アレルギーのある子どもへの対応については、嘱託医等の指示や協力の下に適切に対応すること。

③排泄の習慣については、一人一人の排尿間隔等を踏まえ、おむつが汚れていないときに便器に座らせるなどにより、少しずつ慣れさせるようにすること。

④食事、排泄、睡眠、衣類の着脱、身の回りを清潔にすることなど、生活に必要な基本的な習慣については、一人一人の状態に応じ、落ち着いた雰囲気の中で行うようにし、子どもが自分でしようとする気持ちを尊重すること。また、基本的な生活習慣の形成に当たっては、家庭での生活経験に配慮し、家庭との適切な連携の下で行うようにすること。

イ　人間関係

他の人々と親しみ、支え合って生活するために、自立心を育て、人と関わる力を養う。

（ア）ねらい

①保育所での生活を楽しみ、身近な人と関わる心地よさを感じる。

②周囲の子ども等への興味や関心が高まり、関わりをもとうとする。

③保育所の生活の仕方に慣れ、きまりの大切さに気付く。

（イ）内容

①保育士等や周囲の子ども等との安定した関係の中で、共に過ごす心地よさを感じる。

②保育士等の受容的・応答的な関わりの中で、欲求を適切に満たし、安定感をもって過ごす。

③身の回りに様々な人がいることに気付き、徐々に他の子どもと関わりをもって遊ぶ。

④保育士等の仲立ちにより、他の子どもとの関わり方を少しずつ身につける。

⑤保育所の生活の仕方に慣れ、きまりがあることや、その大切さに気付く。

⑥生活や遊びの中で、年長児や保育士等の真似をしたり、ごっこ遊びを楽しんだりする。

（ウ）内容の取扱い

上記の取扱いに当たっては、次の事項に留意する必要がある。

①保育士等との信頼関係に支えられて生活を確立するとともに、自分で何かをしようとする気持ちが旺盛になる時期であることに鑑み、そのような子どもの気持ちを尊重し、温かく見守るとともに、愛情豊かに、応答的に関わり、適切な援助を行うようにすること。

②思い通りにいかない場合等の子どもの不安定な感情の表出については、保育士等が受容的に受け止めるとともに、そうした気持ちから立ち直る経験や感情をコントロールすることへの気付き等につなげていけるように援助すること。

③この時期は自己と他者との違いの認識がまだ十分ではないことから、子どもの自我の育ちを見守るとともに、保育士等が仲立ちとなって、自分の気持ちを相手に伝えることや相手の気持ちに気付くことの大切さなど、友達の気持ちや友達との関わり方を丁寧に伝えていくこと。

ウ　環境

周囲の様々な環境に好奇心や探究心をもって関わり、それらを生活に取り入れていこうとする力を養う。

（ア）ねらい

①身近な環境に親しみ、触れ合う中で、様々なものに興味や関心をもつ。

②様々なものに関わる中で、発見を楽しんだり、考えたりしようとする。

③見る、聞く、触るなどの経験を通して、感覚の働きを豊かにする。

（イ）内容

①安全で活動しやすい環境での探索活動等を通して、見る、聞く、触れる、嗅ぐ、味わうなどの感覚の働きを豊かにする。

②玩具、絵本、遊具などに興味をもち、それらを使った遊びを楽しむ。

③身の回りの物に触れる中で、形、色、大きさ、量などの物の性質や仕組みに気付く。

④自分の物と人の物の区別や、場所的感覚など、環境を捉える感覚が育つ。

⑤身近な生き物に気付き、親しみをもつ。

⑥近隣の生活や季節の行事などに興味や関心をもつ。

（ウ）内容の取扱い

上記の取扱いに当たっては、次の事項に留意する必要がある。

①玩具などは、音質、形、色、大きさなど子どもの発達状態に応じて適切なものを選び、遊びを通して感覚の発達が促されるように工夫すること。

②身近な生き物との関わりについては、子どもが命を感じ、生命の尊さに気付く経験へとつながるものであることか

ら、そうした気付きを促すような関わりとなるようにすること。

③地域の生活や季節の行事などに触れる際には、社会とのつながりや地域社会の文化への気付きにつながるものとなることが望ましいこと。その際、保育所内外の行事や地域の人々との触れ合いなどを通して行うこと等も考慮すること。

エ　言葉
　経験したことや考えたことなどを自分なりの言葉で表現し、相手の話す言葉を聞こうとする意欲や態度を育て、言葉に対する感覚や言葉で表現する力を養う。

（ア）ねらい

①言葉遊びや言葉で表現する楽しさを感じる。

②人の言葉や話などを聞き、自分でも思ったことを伝えようとする。

③絵本や物語等に親しむとともに、言葉のやり取りを通じて身近な人と気持ちを通わせる。

（イ）内容

①保育士等の応答的な関わりや話しかけにより、自ら言葉を使おうとする。

②生活に必要な簡単な言葉に気付き、聞き分ける。

③親しみをもって日常の挨拶に応じる。

④絵本や紙芝居を楽しみ、簡単な言葉を繰り返したり、模倣をしたりして遊ぶ。

⑤保育士等とごっこ遊びをする中で、言葉のやり取りを楽しむ。

⑥保育士等を仲立ちとして、生活や遊びの中で友達との言葉のやり取りを楽しむ。

⑦保育士等や友達の言葉や話に興味や関心をもって、聞いたり、話したりする。

（ウ）内容の取扱い
　上記の取扱いに当たっては、次の事項に留意する必要がある。

①身近な人に親しみをもって接し、自分の感情などを伝え、それに相手が応答し、その言葉を聞くことを通して、次第に言葉が獲得されていくものであることを考慮して、楽しい雰囲気の中で保育士等との言葉のやり取りができるようにすること。

②子どもが自分の思いを言葉で伝えるとともに、他の子どもの話などを聞くことを通して次第に話を理解し、言葉による伝え合いができるようになるよう、気持ちや経験等の言語化を行うことを援助するなど、子ども同士の関わりの仲立ちを行うようにすること。

③この時期は、片言から、二語文、ごっこ遊びでのやり取りができる程度へと、大きく言葉の習得が進む時期であることから、それぞれの子どもの発達の状況に応じて、遊びや関わりの工夫など、保育の内容を適切に展開することが必要であること。

オ　表現
　感じたことや考えたことを自分なりに表現することを通して、豊かな感性や表現する力を養い、創造性を豊かにする。

（ア）ねらい

①身体の諸感覚の経験を豊かにし、様々な感覚を味わう。

②感じたことや考えたことなどを自分なりに表現しようとする。

③生活や遊びの様々な体験を通して、イメージや感性が豊かになる。

（イ）内容

①水、砂、土、紙、粘土など様々な素材に触れて楽しむ。

②音楽、リズムやそれに合わせた体の動きを楽しむ。

③生活の中で様々な音、形、色、手触り、動き、味、香りなどに気付いたり、感じたりして楽しむ。

④歌を歌ったり、簡単な手遊びや全身を使う遊びを楽しんだりする。

⑤保育士等からの話や、生活や遊びの中での出来事を通して、イメージを豊かにする。

⑥生活や遊びの中で、興味のあることや経験したことなどを自分なりに表現する。

（ウ）内容の取扱い
　上記の取扱いに当たっては、次の事項に留意する必要がある。

①子どもの表現は、遊びや生活の様々な場面で表出されているものであることから、それらを積極的に受け止め、様々な表現の仕方や感性を豊かにする経験となるようにすること。

②子どもが試行錯誤しながら様々な表現を楽しむことや、自分の力でやり遂げる充実感などに気付くよう、温かく見守るとともに、適切に援助を行うようにすること。

③様々な感情の表現等を通じて、子どもが自分の感情や気持ちに気付くようになる時期であることに鑑み、受容的な関わりの中で自信をもって表現をすることや、諦めずに続けた後の達成感等を感じられるような経験が蓄積されるようにすること。

④身近な自然や身の回りの事物に関わる中で、発見や心が動く経験が得られるよう、諸感覚を働かせることを楽しむ遊びや素材を用意するなど保育の環境を整えること。

（３）保育の実施に関わる配慮事項

ア　特に感染症にかかりやすい時期であるので、体の状態、機嫌、食欲などの日常の状態の観察を十分に行うとともに、適切な判断に基づく保健的な対応を心がけること。

イ　探索活動が十分できるように、事故防止に努めながら活動しやすい環境を整え、全身を使う遊びなど様々な遊びを取り入れること。

ウ　自我が形成され、子どもが自分の感情や気持ちに気付くようになる重要な時期であることに鑑み、情緒の安定を図りながら、子どもの自発的な活動を尊重するとともに促していくこと。

エ　担当の保育士が替わる場合には、子どものそれまでの経験や発達過程に留意し、職員間で協力して対応すること。

3　3歳以上児の保育に関するねらい及び内容

（1）基本的事項

ア　この時期においては、運動機能の発達により、基本的な動作が一通りできるようになるとともに、基本的な生活習慣もほぼ自立できるようになる。理解する語彙数が急激に増加し、知的興味や関心も高まってくる。仲間と遊び、仲間の中の一人という自覚が生じ、集団的な遊びや協同的な活動も見られるようになる。これらの発達の特徴を踏まえて、この時期の保育においては、個の成長と集団としての活動の充実が図られるようにしなければならない。

イ　本項においては、この時期の発達の特徴を踏まえ、保育の「ねらい」及び「内容」について、心身の健康に関する領域「健康」、人との関わりに関する領域「人間関係」、身近な環境との関わりに関する領域「環境」、言葉の獲得に関する領域「言葉」及び感性と表現に関する領域「表現」としてまとめ、示している。

ウ　本項の各領域において示す保育の内容は、第1章の2に示された養護における「生命の保持」及び「情緒の安定」に関わる保育の内容と、一体となって展開されるものであることに留意が必要である。

（2）ねらい及び内容

ア　健康

健康な心と体を育て、自ら健康で安全な生活をつくり出す力を養う。

（ア）ねらい

①明るく伸び伸びと行動し、充実感を味わう。

②自分の体を十分に動かし、進んで運動しようとする。

③健康、安全な生活に必要な習慣や態度を身に付け、見通しをもって行動する。

（イ）内容

①保育士等や友達と触れ合い、安定感をもって行動する。

②いろいろな遊びの中で十分に体を動かす。

③進んで戸外で遊ぶ。

④様々な活動に親しみ、楽しんで取り組む。

⑤保育士等や友達と食べることを楽しみ、食べ物への興味や関心をもつ。

⑥健康な生活のリズムを身に付ける。

⑦身の回りを清潔にし、衣服の着脱、食事、排泄などの生活に必要な活動を自分でする。

⑧保育所における生活の仕方を知り、自分たちで生活の場を整えながら見通しをもって行動する。

⑨自分の健康に関心をもち、病気の予防などに必要な活動を進んで行う。

⑩危険な場所、危険な遊び方、災害時などの行動の仕方が分かり、安全に気を付けて行動する。

（ウ）内容の取扱い

上記の取扱いに当たっては、次の事項に留意する必要がある。

①心と体の健康は、相互に密接な関連があるものであることを踏まえ、子どもが保育士等や他の子どもとの温かい触れ合いの中で自己の存在感や充実感を味わうことなどを基盤として、しなやかな心と体の発達を促すこと。特に、十分に体を動かす気持ちよさを体験し、自ら体を動かそうとする意欲が育つようにすること。

②様々な遊びの中で、子どもが興味や関心、能力に応じて全身を使って活動することにより、体を動かす楽しさを味わい、自分の体を大切にしようとする気持ちが育つようにすること。その際、多様な動きを経験する中で、体の動きを調整するようにすること。

③自然の中で伸び伸びと体を動かして遊ぶことにより、体の諸機能の発達が促されることに留意し、子どもの興味や関心が戸外にも向くようにすること。その際、子どもの動線に配慮した園庭や遊具の配置などを工夫すること。

④健康な心と体を育てるためには食育を通じた望ましい食習慣の形成が大切であることを踏まえ、子どもの食生活の実情に配慮し、和やかな雰囲気の中で保育士等や他の子どもと食べる喜びや楽しさを味わったり、様々な食べ物への興味や関心をもったりするなどし、食の大切さに気付き、進んで食べようとする気持ちが育つようにすること。

⑤基本的な生活習慣の形成に当たっては、家庭での生活経験に配慮し、子どもの自立心を育て、子どもが他の子どもと関わりながら主体的な活動を展開する中で、生活に必要な習慣を身に付け、次第に見通しをもって行動できるようにすること。

⑥安全に関する指導に当たっては、情緒の安定を図り、遊びを通して安全についての構えを身に付け、危険な場所や事物などが分かり、安全についての理解を深めるようにすること。また、交通安全の習慣を身に付けるようにするとともに、避難訓練などを通して、災害などの緊急時に適切な行動がとれるようにすること。

イ　人間関係

他の人々と親しみ、支え合って生活するために、自立心を育て、人と関わる力を養う。

（ア）ねらい

①保育所の生活を楽しみ、自分の力で行動することの充実感を味わう。

②身近な人と親しみ、関わりを深め、工夫したり、協力したりして一緒に活動する楽しさを味わい、愛情や信頼感をもつ。

③社会生活における望ましい習慣や態度を身に付ける。

（イ）内容

①保育士等や友達と共に過ごすことの喜びを味わう。

②自分で考え、自分で行動する。

③自分でできることは自分でする。

④いろいろな遊びを楽しみながら物事をやり遂げようとする

気持ちをもつ。

⑤友達と積極的に関わりながら喜びや悲しみを共感し合う。

⑥自分の思ったことを相手に伝え、相手の思っていることに気付く。

⑦友達のよさに気付き、一緒に活動する楽しさを味わう。

⑧友達と楽しく活動する中で、共通の目的を見いだし、工夫したり、協力したりなどする。

⑨よいことや悪いことがあることに気付き、考えながら行動する。

⑩友達との関わりを深め、思いやりをもつ。

⑪友達と楽しく生活する中できまりの大切さに気付き、守ろうとする。

⑫共同の遊具や用具を大切にし、皆で使う。

⑬高齢者をはじめ地域の人々などの自分の生活に関係の深いいろいろな人に親しみをもつ。

（ウ）内容の取扱い

上記の取扱いに当たっては、次の事項に留意する必要がある。

①保育士等との信頼関係に支えられて自分自身の生活を確立していくことが人と関わる基盤となることを考慮し、子どもが自ら周囲に働き掛けることにより多様な感情を体験し、試行錯誤しながら諦めずにやり遂げることの達成感や、前向きな見通しをもって自分の力で行うことの充実感を味わうことができるよう、子どもの行動を見守りながら適切な援助を行うようにすること。

②一人一人を生かした集団を形成しながら人と関わる力を育てていくようにすること。その際、集団の生活の中で、子どもが自己を発揮し、保育士等や他の子どもに認められる体験をし、自分のよさや特徴に気付き、自信をもって行動できるようにすること。

③子どもが互いに関わりを深め、協同して遊ぶようになるため、自ら行動する力を育てるとともに、他の子どもと試行錯誤しながら活動を展開する楽しさや共通の目的が実現する喜びを味わうことができるようにすること。

④道徳性の芽生えを培うに当たっては、基本的な生活習慣の形成を図るとともに、子どもが他の子どもとの関わりの中で他人の存在に気付き、相手を尊重する気持ちをもって行動できるようにし、また、自然や身近な動植物に親しむことなどを通して豊かな心情が育つようにすること。特に、人に対する信頼感や思いやりの気持ちは、葛藤やつまずきをも体験し、それらを乗り越えることにより次第に芽生えてくることに配慮すること。

⑤集団の生活を通して、子どもが人との関わりを深め、規範意識の芽生えが培われることを考慮し、子どもが保育士等との信頼関係に支えられて自己を発揮する中で、互いに思いを主張し、折り合いを付ける体験をし、きまりの必要性などに気付き、自分の気持ちを調整する力が育つようにすること。

⑥高齢者をはじめ地域の人々などの自分の生活に関係の深い

いろいろな人と触れ合い、自分の感情や意志を表現しながら共に楽しみ、共感し合う体験を通して、これらの人々などに親しみをもち、人と関わることの楽しさや人の役に立つ喜びを味わうことができるようにすること。また、生活を通して親や祖父母などの家族の愛情に気付き、家族を大切にしようとする気持ちが育つようにすること。

ウ　環境

周囲の様々な環境に好奇心や探究心をもって関わり、それらを生活に取り入れていこうとする力を養う。

（ア）ねらい

①身近な環境に親しみ、自然と触れ合う中で様々な事象に興味や関心をもつ。

②身近な環境に自分から関わり、発見を楽しんだり、考えたりし、それを生活に取り入れようとする。

③身近な事象を見たり、考えたり、扱ったりする中で、物の性質や数量、文字などに対する感覚を豊かにする。

（イ）内容

①自然に触れて生活し、その大きさ、美しさ、不思議さなどに気付く。

②生活の中で、様々な物に触れ、その性質や仕組みに興味や関心をもつ。

③季節により自然や人間の生活に変化のあることに気付く。

④自然などの身近な事象に関心をもち、取り入れて遊ぶ。

⑤身近な動植物に親しみをもって接し、生命の尊さに気付き、いたわったり、大切にしたりする。

⑥日常生活の中で、我が国や地域社会における様々な文化や伝統に親しむ。

⑦身近な物を大切にする。

⑧身近な物や遊具に興味をもって関わり、自分なりに比べたり、関連付けたりしながら考えたり、試したりして工夫して遊ぶ。

⑨日常生活の中で数量や図形などに関心をもつ。

⑩日常生活の中で簡単な標識や文字などに関心をもつ。

⑪生活に関係の深い情報や施設などに興味や関心をもつ。

⑫保育所内外の行事において国旗に親しむ。

（ウ）内容の取扱い

上記の取扱いに当たっては、次の事項に留意する必要がある。

①子どもが、遊びの中で周囲の環境と関わり、次第に周囲の世界に好奇心を抱き、その意味や操作の仕方に関心をもち、物事の法則性に気付き、自分なりに考えることができるようになる過程を大切にすること。また、他の子どもの考えなどに触れて新しい考えを生み出す喜びや楽しさを味わい、自分の考えをよりよいものにしようとする気持ちが育つようにすること。

②幼児期において自然のもつ意味は大きく、自然の大きさ、美しさ、不思議さなどに直接触れる体験を通して、子どもの心が安らぎ、豊かな感情、好奇心、思考力、表現力の基礎が培われることを踏まえ、子どもが自然との関わりを深め

ることができるよう工夫すること。

③身近な事象や動植物に対する感動を伝え合い、共感し合うことなどを通して自分から関わろうとする意欲を育てるとともに、様々な関わり方を通してそれらに対する親しみや畏敬の念、生命を大切にする気持ち、公共心、探究心などが養われるようにすること。

④文化や伝統に親しむ際には、正月や節句など我が国の伝統的な行事、国歌、唱歌、わらべうたや我が国の伝統的な遊びに親しんだり、異なる文化に触れる活動に親しんだりすることを通じて、社会とのつながりの意識や国際理解の意識の芽生えなどが養われるようにすること。

⑤数量や文字などに関しては、日常生活の中で子ども自身の必要感に基づく体験を大切にし、数量や文字などに関する興味や関心、感覚が養われるようにすること。

エ　言葉

経験したことや考えたことなどを自分なりの言葉で表現し、相手の話す言葉を聞こうとする意欲や態度を育て、言葉に対する感覚や言葉で表現する力を養う。

（ア）ねらい

①自分の気持ちを言葉で表現する楽しさを味わう。

②人の言葉や話などをよく聞き、自分の経験したことや考えたことを話し、伝え合う喜びを味わう。

③日常生活に必要な言葉が分かるようになるとともに、絵本や物語などに親しみ、言葉に対する感覚を豊かにし、保育士等や友達と心を通わせる。

（イ）内容

①保育士等や友達の言葉や話に興味や関心をもち、親しみをもって聞いたり、話したりする。

②したり、見たり、聞いたり、感じたり、考えたりなどしたことを自分なりに言葉で表現する。

③したいこと、してほしいことを言葉で表現したり、分からないことを尋ねたりする。

④人の話を注意して聞き、相手に分かるように話す。

⑤生活の中で必要な言葉が分かり、使う。

⑥親しみをもって日常の挨拶をする。

⑦生活の中で言葉の楽しさや美しさに気付く。

⑧いろいろな体験を通じてイメージや言葉を豊かにする。

⑨絵本や物語などに親しみ、興味をもって聞き、想像をする楽しさを味わう。

⑩日常生活の中で、文字などで伝える楽しさを味わう。

（ウ）内容の取扱い

上記の取扱いに当たっては、次の事項に留意する必要がある。

①言葉は、身近な人に親しみをもって接し、自分の感情や意志などを伝え、それに相手が応答し、その言葉を聞くことを通して次第に獲得されていくものであることを考慮して、子どもが保育士等や他の子どもと関わることにより心を動かされるような体験をし、言葉を交わす喜びを味わえるようにすること。

②子どもが自分の思いを言葉で伝えるとともに、保育士等や他の子どもなどの話を興味をもって注意して聞くことを通して次第に話を理解するようになっていき、言葉による伝え合いができるようにすること。

③絵本や物語などで、その内容と自分の経験とを結び付けたり、想像を巡らせたりするなど、楽しみを十分に味わうことによって、次第に豊かなイメージをもち、言葉に対する感覚が養われるようにすること。

④子どもが生活の中で、言葉の響きやリズム、新しい言葉や表現などに触れ、これらを使う楽しさを味わえるようにすること。その際、絵本や物語に親しんだり、言葉遊びなどをしたりすることを通して、言葉が豊かになるようにすること。

⑤子どもが日常生活の中で、文字などを使いながら思ったことや考えたことを伝える喜びや楽しさを味わい、文字に対する興味や関心をもつようにすること。

オ　表現

感じたことや考えたことを自分なりに表現することを通して、豊かな感性や表現する力を養い、創造性を豊かにする。

（ア）ねらい

①いろいろなものの美しさなどに対する豊かな感性をもつ。

②感じたことや考えたことを自分なりに表現して楽しむ。

③生活の中でイメージを豊かにし、様々な表現を楽しむ。

（イ）内容

①生活の中で様々な音、形、色、手触り、動きなどに気付いたり、感じたりするなどして楽しむ。

②生活の中で美しいものや心を動かす出来事に触れ、イメージを豊かにする。

③様々な出来事の中で、感動したことを伝え合う楽しさを味わう。

④感じたこと、考えたことなどを音や動きなどで表現したり、自由にかいたり、つくったりなどする。

⑤いろいろな素材に親しみ、工夫して遊ぶ。

⑥音楽に親しみ、歌を歌ったり、簡単なリズム楽器を使ったりなどする楽しさを味わう。

⑦かいたり、つくったりすることを楽しみ、遊びに使ったり、飾ったりなどする。

⑧自分のイメージを動きや言葉などで表現したり、演じて遊んだりするなどの楽しさを味わう。

（ウ）内容の取扱い

上記の取扱いに当たっては、次の事項に留意する必要がある。

①豊かな感性は、身近な環境と十分に関わる中で美しいもの、優れたもの、心を動かす出来事などに出会い、そこから得た感動を他の子どもや保育士等と共有し、様々に表現することなどを通して養われるようにすること。その際、風の音や雨の音、身近にある草や花の形や色など自然の中にある音、形、色などに気付くようにすること。

②子どもの自己表現は素朴な形で行われることが多いので、

保育士等はそのような表現を受容し、子ども自身の表現しようとする意欲を受け止めて、子どもが生活の中で子どもらしい様々な表現を楽しむことができるようにすること。

③生活経験や発達に応じ、自ら様々な表現を楽しみ、表現する意欲を十分に発揮させることができるように、遊具や用具などを整えたり、様々な素材や表現の仕方に親しんだり、他の子どもの表現に触れられるよう配慮したりし、表現する過程を大切にして自己表現を楽しめるように工夫すること。

（3）保育の実施に関わる配慮事項

ア　第1章の4の（2）に示す「幼児期の終わりまでに育ってほしい姿」が、ねらい及び内容に基づく活動全体を通して資質・能力が育まれている子どもの小学校就学時の具体的な姿であることを踏まえ、指導を行う際には適宜考慮すること。

イ　子どもの発達や成長の援助をねらいとした活動の時間については、意識的に保育の計画等において位置付けて、実施することが重要であること。なお、そのような活動の時間については、保護者の就労状況等に応じて子どもが保育所で過ごす時間がそれぞれ異なることに留意して設定すること。

ウ　特に必要な場合には、各領域に示すねらいの趣旨に基づいて、具体的な内容を工夫し、それを加えても差し支えないが、その場合には、それが第1章の1に示す保育所保育に関する基本原則を逸脱しないよう慎重に配慮する必要があること。

4　保育の実施に関して留意すべき事項

（1）保育全般に関わる配慮事項

ア　子どもの心身の発達及び活動の実態などの個人差を踏まえるとともに、一人一人の子どもの気持ちを受け止め、援助すること。

イ　子どもの健康は、生理的・身体的な育ちとともに、自主性や社会性、豊かな感性の育ちとがあいまってもたらされることに留意すること。

ウ　子どもが自ら周囲に働きかけ、試行錯誤しつつ自分の力で行う活動を見守りながら、適切に援助すること。

エ　子どもの入所時の保育に当たっては、できるだけ個別的に対応し、子どもが安定感を得て、次第に保育所の生活になじんでいくようにするとともに、既に入所している子どもに不安や動揺を与えないようにすること。

オ　子どもの国籍や文化の違いを認め、互いに尊重する心を育てるようにすること。

カ　子どもの性差や個人差にも留意しつつ、性別などによる固定的な意識を植え付けることがないようにすること。

（2）小学校との連携

ア　保育所においては、保育所保育が、小学校以降の生活や学習の基盤の育成につながることに配慮し、幼児期にふさわしい生活を通じて、創造的な思考や主体的な生活態度などの基礎を培うようにすること。

イ　保育所保育において育まれた資質・能力を踏まえ、小学校教育が円滑に行われるよう、小学校教師との意見交換や合同の研究の機会などを設け、第1章の4の（2）に示す「幼児期の終わりまでに育って欲しい姿」を共有するなど連携を図り、保育所保育と小学校教育との円滑な接続を図るよう努めること。

ウ　子どもに関する情報共有に関して、保育所に入所している子どもの就学に際し、市町村の支援の下に、子どもの育ちを支えるための資料が保育所から小学校へ送付されるようにすること。

（3）家庭及び地域社会との連携

子どもの生活の連続性を踏まえ、家庭及び地域社会と連携して保育が展開されるよう配慮すること。その際、家庭や地域の機関及び団体の協力を得て、地域の自然、高齢者や異年齢の子ども等を含む人材、行事、施設等の地域の資源を積極的に活用し、豊かな生活体験をはじめ保育内容の充実が図られるよう配慮すること。

第3章　健康及び安全

保育所保育において、子どもの健康及び安全の確保は、子どもの生命の保持と健やかな生活の基本であり、一人一人の子どもの健康の保持及び増進並びに安全の確保とともに、保育所全体における健康及び安全の確保に努めることが重要となる。

また、子どもが、自らの体や健康に関心をもち、心身の機能を高めていくことが大切である。

このため、第1章及び第2章等の関連する事項に留意し、次に示す事項を踏まえ、保育を行うこととする。

1　子どもの健康支援

（1）子どもの健康状態並びに発育及び発達状態の把握

ア　子どもの心身の状態に応じて保育するために、子どもの健康状態並びに発育及び発達状態について、定期的・継続的に、また、必要に応じて随時、把握すること。

イ　保護者からの情報とともに、登所時及び保育中を通じて子どもの状態を観察し、何らかの疾病が疑われる状態や傷害が認められた場合には、保護者に連絡するとともに、嘱託医と相談するなど適切な対応を図ること。看護師等が配置されている場合には、その専門性を生かした対応を図ること。

ウ 子どもの心身の状態等を観察し、不適切な養育の兆候が見られる場合には、市町村や関係機関と連携し、児童福祉法第25条に基づき、適切な対応を図ること。また、虐待が疑われる場合には、速やかに市町村又は児童相談所に通告し、適切な対応を図ること。

（2）健康増進

ア 子どもの健康に関する保健計画を全体的な計画に基づいて作成し、全職員がそのねらいや内容を踏まえ、一人一人の子どもの健康の保持及び増進に努めていくこと。

イ 子どもの心身の健康状態や疾病等の把握のために、嘱託医等により定期的に健康診断を行い、その結果を記録し、保育に活用するとともに、保護者が子どもの状態を理解し、日常生活に活用できるようにすること。

（3）疾病等への対応

ア 保育中に体調不良や傷害が発生した場合には、その子どもの状態等に応じて、保護者に連絡するとともに、適宜、嘱託医や子どものかかりつけ医等と相談し、適切な処置を行うこと。看護師等が配置されている場合には、その専門性を生かした対応を図ること。

イ 感染症やその他の疾病の発生予防に努め、その発生や疑いがある場合には、必要に応じて嘱託医、市町村、保健所等に連絡し、その指示に従うとともに、保護者や全職員に連絡し、予防等について協力を求めること。また、感染症に関する保育所の対応方法等について、あらかじめ関係機関の協力を得ておくこと。看護師等が配置されている場合には、その専門性を生かした対応を図ること。

ウ アレルギー疾患を有する子どもの保育については、保護者と連携し、医師の診断及び指示に基づき、適切な対応を行うこと。また、食物アレルギーに関して、関係機関と連携して、当該保育所の体制構築など、安全な環境の整備を行うこと。看護師や栄養士等が配置されている場合には、その専門性を生かした対応を図ること。

エ 子どもの疾病等の事態に備え、医務室等の環境を整え、救急用の薬品、材料等を適切な管理の下に常備し、全職員が対応できるようにしておくこと。

2　食育の推進

（1）保育所の特性を生かした食育

ア 保育所における食育は、健康な生活の基本としての「食を営む力」の育成に向け、その基礎を培うことを目標とすること。

イ 子どもが生活と遊びの中で、意欲をもって食に関わる体験を積み重ね、食べることを楽しみ、食事を楽しみ合う子どもに成長していくことを期待するものであること。

ウ 乳幼児期にふさわしい食生活が展開され、適切な援助が行われるよう、食事の提供を含む食育計画を全体的な計画に基づいて作成し、その評価及び改善に努めること。栄養士が配置されている場合は、専門性を生かした対応を図ること。

（2）食育の環境の整備等

ア 子どもが自らの感覚や体験を通して、自然の恵みとしての食材や食の循環・環境への意識、調理する人への感謝の気持ちが育つように、子どもと調理員等との関わりや、調理室など食に関わる保育環境に配慮すること。

イ 保護者や地域の多様な関係者との連携及び協働の下で、食に関する取組が進められること。また、市町村の支援の下に、地域の関係機関等との日常的な連携を図り、必要な協力が得られるよう努めること。

ウ 体調不良、食物アレルギー、障害のある子どもなど、一人一人の子どもの心身の状態等に応じ、嘱託医、かかりつけ医等の指示や協力の下に適切に対応すること。栄養士が配置されている場合は、専門性を生かした対応を図ること。

3　環境及び衛生管理並びに安全管理

（1）環境及び衛生管理

ア 施設の温度、湿度、換気、採光、音などの環境を常に適切な状態に保持するとともに、施設内外の設備及び用具等の衛生管理に努めること。

イ 施設内外の適切な環境の維持に努めるとともに、子ども及び全職員が清潔を保つようにすること。また、職員は衛生知識の向上に努めること。

（2）事故防止及び安全対策

ア 保育中の事故防止のために、子どもの心身の状態等を踏まえつつ、施設内外の安全点検に努め、安全対策のために全職員の共通理解や体制づくりを図るとともに、家庭や地域の関係機関の協力の下に安全指導を行うこと。

イ 事故防止の取組を行う際には、特に、睡眠中、プール活動・水遊び中、食事中等の場面では重大事故が発生しやすいことを踏まえ、子どもの主体的な活動を大切にしつつ、施設内外の環境の配慮や指導の工夫を行うなど、必要な対策を講じること。

ウ 保育中の事故の発生に備え、施設内外の危険箇所の点検や訓練を実施するとともに、外部からの不審者等の侵入防止のための措置や訓練など不測の事態に備えて必要な対応を行うこと。また、子どもの精神保健面における対応に留意すること。

4　災害への備え

（1）施設・設備等の安全確保

ア　防火設備、避難経路等の安全性が確保されるよう、定期的にこれらの安全点検を行うこと。

イ　備品、遊具等の配置、保管を適切に行い、日頃から、安全環境の整備に努めること。

（2）災害発生時の対応体制及び避難への備え

ア　火災や地震などの災害の発生に備え、緊急時の対応の具体的内容及び手順、職員の役割分担、避難訓練計画等に関するマニュアルを作成すること。

イ　定期的に避難訓練を実施するなど、必要な対応を図ること。

ウ　災害の発生時に、保護者等への連絡及び子どもの引渡しを円滑に行うため、日頃から保護者との密接な連携に努め、連絡体制や引渡し方法等について確認をしておくこと。

（3）地域の関係機関等との連携

ア　市町村の支援の下に、地域の関係機関との日常的な連携を図り、必要な協力が得られるよう努めること。

イ　避難訓練については、地域の関係機関や保護者との連携の下に行うなど工夫すること。

第4章　子育て支援

保育所における保護者に対する子育て支援は、全ての子どもの健やかな育ちを実現することができるよう、第1章及び第2章等の関連する事項を踏まえ、子どもの育ちを家庭と連携して支援していくとともに、保護者及び地域が有する子育てを自ら実践する力の向上に資するよう、次の事項に留意するものとする。

1　保育所における子育て支援に関する基本的事項

（1）保育所の特性を生かした子育て支援

ア　保護者に対する子育て支援を行う際には、各地域や家庭の実態等を踏まえるとともに、保護者の気持ちを受け止め、相互の信頼関係を基本に、保護者の自己決定を尊重すること。

イ　保育及び子育てに関する知識や技術など、保育士等の専門性や、子どもが常に存在する環境など、保育所の特性を生かし、保護者が子どもの成長に気付き子育ての喜びを感じられるように努めること。

（2）子育て支援に関して留意すべき事項

ア　保護者に対する子育て支援における地域の関係機関等との連携及び協働を図り、保育所全体の体制構築に努めること。

イ　子どもの利益に反しない限りにおいて、保護者や子どものプライバシーを保護し、知り得た事柄の秘密を保持すること。

2　保育所を利用している保護者に対する子育て支援

（1）保護者との相互理解

ア　日常の保育に関連した様々な機会を活用し子どもの日々の様子の伝達や収集、保育所保育の意図の説明などを通じて、保護者との相互理解を図るよう努めること。

イ　保育の活動に対する保護者の積極的な参加は、保護者の子育てを自ら実践する力の向上に寄与することから、これを促すこと。

（2）保護者の状況に配慮した個別の支援

ア　保護者の就労と子育ての両立等を支援するため、保護者の多様化した保育の需要に応じ、病児保育事業など多様な事業を実施する場合には、保護者の状況に配慮するとともに、子どもの福祉が尊重されるよう努め、子どもの生活の連続性を考慮すること。

イ　子どもに障害や発達上の課題が見られる場合には、市町村や関係機関と連携及び協力を図りつつ、保護者に対する個別の支援を行うよう努めること。

ウ　外国籍家庭など、特別な配慮を必要とする家庭の場合には、状況等に応じて個別の支援を行うよう努めること。

（3）不適切な養育等が疑われる家庭への支援

ア　保護者に育児不安等が見られる場合には、保護者の希望に応じて個別の支援を行うよう努めること。

イ　保護者に不適切な養育等が疑われる場合には、市町村や関係機関と連携し、要保護児童対策地域協議会で検討するなど適切な対応を図ること。また、虐待が疑われる場合には、速やかに市町村又は児童相談所に通告し、適切な対応を図ること。

3　地域の保護者等に対する子育て支援

（1）地域に開かれた子育て支援

ア　保育所は、児童福祉法第48条の4の規定に基づき、その行う保育に支障がない限りにおいて、地域の実情や当該保育所の体制等を踏まえ、地域の保護者等に対して、保育所保育の専門性を生かした子育て支援を積極的に行うよう努めること。

イ　地域の子どもに対する一時預かり事業などの活動を行う際には、一人一人の子どもの心身の状態などを考慮するとともに、日常の保育との関連に配慮するなど、柔軟に活動を展開できるようにすること。

（2）地域の関係機関等との連携

ア　市町村の支援を得て、地域の関係機関等との積極的な連携及び協働を図るとともに、子育て支援に関する地域の人材と積極的に連携を図るよう努めること。

イ　地域の要保護児童への対応など、地域の子どもを巡る諸課題に対し、要保護児童対策地域協議会など関係機関等と連携及び協力して取り組むよう努めること。

第5章　職員の資質向上

　第1章から前章までに示された事項を踏まえ、保育所は、質の高い保育を展開するため、絶えず、一人一人の職員についての資質向上及び職員全体の専門性の向上を図るよう努めなければならない。

1　職員の資質向上に関する基本的事項

（1）保育所職員に求められる専門性

　子どもの最善の利益を考慮し、人権に配慮した保育を行うためには、職員一人一人の倫理観、人間性並びに保育所職員としての職務及び責任の理解と自覚が基盤となる。

　各職員は、自己評価に基づく課題等を踏まえ、保育所内外の研修等を通じて、保育士・看護師・調理員・栄養士等、それぞれの職務内容に応じた専門性を高めるため、必要な知識及び技術の修得、維持及び向上に努めなりればならない。

（2）保育の質の向上に向けた組織的な取組

　保育所においては、保育の内容等に関する自己評価等を通じて把握した、保育の質の向上に向けた課題に組織的に対応するため、保育内容の改善や保育士等の役割分担の見直し等に取り組むとともに、それぞれの職位や職務内容等に応じて、各職員が必要な知識及び技能を身につけられるよう努めなければならない。

2　施設長の責務

（1）施設長の責務と専門性の向上

　施設長は、保育所の役割や社会的責任を遂行するために、法令等を遵守し、保育所を取り巻く社会情勢等を踏まえ、施設長としての専門性等の向上に努め、当該保育所における保育の質及び職員の専門性向上のために必要な環境の確保に努めなければならない。

（2）職員の研修機会の確保等

　施設長は、保育所の全体的な計画や、各職員の研修の必要性等を踏まえて、体系的・計画的な研修機会を確保するとともに、職員の勤務体制の工夫等により、職員が計画的に研修等に参加し、その専門性の向上が図られるよう努めなければ

ならない。

3　職員の研修等

（1）職場における研修

　職員が日々の保育実践を通じて、必要な知識及び技術の修得、維持及び向上を図るとともに、保育の課題等への共通理解や協働性を高め、保育所全体としての保育の質の向上を図っていくためには、日常的に職員同士が主体的に学び合う姿勢と環境が重要であり、職場内での研修の充実が図られなければならない。

（2）外部研修の活用

　各保育所における保育の課題への的確な対応や、保育士等の専門性の向上を図るためには、職場内での研修に加え、関係機関等による研修の活用が有効であることから、必要に応じて、こうした外部研修への参加機会が確保されるよう努めなければならない。

4　研修の実施体制等

（1）体系的な研修計画の作成

　保育所においては、当該保育所における保育の課題や各職員のキャリアパス等も見据えて、初任者から管理職員までの職位や職務内容等を踏まえた体系的な研修計画を作成しなければならない。

（2）組織内での研修成果の活用

　外部研修に参加する職員は、自らの専門性の向上を図るとともに、保育所における保育の課題を理解し、その解決を実践できる力を身に付けることが重要である。また、研修で得た知識及び技能を他の職員と共有することにより、保育所全体としての保育実践の質及び専門性の向上につなげていくことが求められる。

（3）研修の実施に関する留意事項

　施設長等は保育所全体としての保育実践の質及び専門性の向上のために、研修の受講は特定の職員に偏ることなく行われるよう、配慮する必要がある。また、研修を修了した職員については、その職務内容等において、当該研修の成果等が適切に勘案されることが望ましい。

「幼保連携型認定こども園教育・保育要領」

2017（平成29）年3月31日告示

第1章　総則

第1　幼保連携型認定こども園における教育及び保育の基本及び目標等

1　幼保連携型認定こども園における教育及び保育の基本

乳幼児期の教育及び保育は、子どもの健全な心身の発達を図りつつ生涯にわたる人格形成の基礎を培う重要なものであり、幼保連携型認定こども園における教育及び保育は、就学前の子どもに関する教育、保育等の総合的な提供の推進に関する法律（平成18年法律第77号。以下「認定こども園法」という。）第2条第7項に規定する目的及び第9条に掲げる目標を達成するため、乳幼児期全体を通して、その特性及び保護者や地域の実態を踏まえ、環境を通して行うものであることを基本とし、家庭や地域での生活を含めた園児の生活全体が豊かなものとなるように努めなければならない。

このため保育教諭等は、園児との信頼関係を十分に築き、園児が自ら安心して身近な環境に主体的に関わり、環境との関わり方や意味に気付き、これらを取り込もうとして、試行錯誤したり、考えたりするようになる幼児期の教育における見方・考え方を生かし、その活動が豊かに展開されるよう環境を整え、園児と共によりよい教育及び保育の環境を創造するように努めるものとする。これらを踏まえ、次に示す事項を重視して教育及び保育を行わなければならない。

(1)　乳幼児期は周囲への依存を基盤にしつつ自立に向かうものであることを考慮して、周囲との信頼関係に支えられた生活の中で、園児一人一人が安心感と信頼感をもっていろいろな活動に取り組む体験を十分に積み重ねられるようにすること。

(2)　乳幼児期においては生命の保持が図られ安定した情緒の下で自己を十分に発揮することにより発達に必要な体験を得ていくものであることを考慮して、園児の主体的な活動を促し、乳幼児期にふさわしい生活が展開されるようにすること。

(3)　乳幼児期における自発的な活動としての遊びは、心身の調和のとれた発達の基礎を培う重要な学習であることを考慮して、遊びを通しての指導を中心として第2章に示すねらいが総合的に達成されるようにすること。

(4)　乳幼児期における発達は、心身の諸側面が相互に関連し合い、多様な経過をたどって成し遂げられてい

くものであること、また、園児の生活経験がそれぞれ異なることなどを考慮して、園児一人一人の特性や発達の過程に応じ、発達の課題に即した指導を行うようにすること。

その際、保育教諭等は、園児の主体的な活動が確保されるよう、園児一人一人の行動の理解と予想に基づき、計画的に環境を構成しなければならない。この場合において、保育教諭等は、園児と人やものとの関わりが重要であることを踏まえ、教材を工夫し、物的・空間的環境を構成しなければならない。また、園児一人一人の活動の場面に応じて、様々な役割を果たし、その活動を豊かにしなければならない。

なお、幼保連携型認定こども園における教育及び保育は、園児が入園してから修了するまでの在園期間全体を通して行われるものであり、この章の第3に示す幼保連携型認定こども園として特に配慮すべき事項を十分に踏まえて行うものとする。

2　幼保連携型認定こども園における教育及び保育の目標

幼保連携型認定こども園は、家庭との連携を図りながら、この章の第1の1に示す幼保連携型認定こども園における教育及び保育の基本に基づいて一体的に展開される幼保連携型認定こども園における生活を通して、生きる力の基礎を育成するよう認定こども園法第9条に規定する幼保連携型認定こども園の教育及び保育の目標の達成に努めなければならない。幼保連携型認定こども園は、このことにより、義務教育及びその後の教育の基礎を培うとともに、子どもの最善の利益を考慮しつつ、その生活を保障し、保護者と共に園児を心身ともに健やかに育成するものとする。

なお、認定こども園法第9条に規定する幼保連携型認定こども園の教育及び保育の目標については、発達や学びの連続性及び生活の連続性の観点から、小学校就学の始期に達するまでの時期を通じ、その達成に向けて努力すべき目当てとなるものであることから、満3歳未満の園児の保育にも当てはまることに留意するものとする。

3　幼保連携型認定こども園の教育及び保育において育みたい資質・能力及び「幼児期の終わりまでに育ってほしい姿」

(1)　幼保連携型認定こども園においては、生きる力の基礎を育むため、この章の1に示す幼保連携型認定こども園の教育及び保育の基本を踏まえ、次に掲げる資質・能力を一体的に育むよう努めるものとする。

ア　豊かな体験を通じて、感じたり、気付いたり、分

187

かったり、できるようになったりする「知識及び技能の基礎」
イ　気付いたことや、できるようになったことなどを使い、考えたり、試したり、工夫したり、表現したりする「思考力、判断力、表現力等の基礎」
ウ　心情、意欲、態度が育つ中で、よりよい生活を営もうとする「学びに向かう力、人間性等」
(2)　(1)に示す資質・能力は、第2章に示すねらい及び内容に基づく活動全体によって育むものである。
(3)　次に示す「幼児期の終わりまでに育ってほしい姿」は、第2章に示すねらい及び内容に基づく活動全体を通して資質・能力が育まれている園児の幼保連携型認定こども園修了時の具体的な姿であり、保育教諭等が指導を行う際に考慮するものである。
ア　健康な心と体
　　幼保連携型認定こども園における生活の中で、充実感をもって自分のやりたいことに向かって心と体を十分に働かせ、見通しをもって行動し、自ら健康で安全な生活をつくり出すようになる。
イ　自立心
　　身近な環境に主体的に関わり様々な活動を楽しむ中で、しなければならないことを自覚し、自分の力で行うために考えたり、工夫したりしながら、諦めずにやり遂げることで達成感を味わい、自信をもって行動するようになる。
ウ　協同性
　　友達と関わる中で、互いの思いや考えなどを共有し、共通の目的の実現に向けて、考えたり、工夫したり、協力したりし、充実感をもってやり遂げるようになる。
エ　道徳性・規範意識の芽生え
　　友達と様々な体験を重ねる中で、してよいことや悪いことが分かり、自分の行動を振り返ったり、友達の気持ちに共感したりし、相手の立場に立って行動するようになる。また、きまりを守る必要性が分かり、自分の気持ちを調整し、友達と折り合いを付けながら、きまりをつくったり、守ったりするようになる。
オ　社会生活との関わり
　　家族を大切にしようとする気持ちをもつとともに、地域の身近な人と触れ合う中で、人との様々な関わり方に気付き、相手の気持ちを考えて関わり、自分が役に立つ喜びを感じ、地域に親しみをもつようになる。また、幼保連携型認定こども園内外の様々な環境に関わる中で、遊びや生活に必要な情報を取り入れ、情報に基づき判断したり、情報を伝え合ったり、活用したりするなど、情報を役立てながら活動するようになるとともに、公共の施設を大切に利用するなどして、社会とのつながりなどを意識するようになる。
カ　思考力の芽生え

　　身近な事象に積極的に関わる中で、物の性質や仕組みなどを感じ取ったり、気付いたりし、考えたり、予想したり、工夫したりするなど、多様な関わりを楽しむようになる。また、友達の様々な考えに触れる中で、自分と異なる考えがあることに気付き、自ら判断したり、考え直したりするなど、新しい考えを生み出す喜びを味わいながら、自分の考えをよりよいものにするようになる。
キ　自然との関わり・生命尊重
　　自然に触れて感動する体験を通して、自然の変化などを感じ取り、好奇心や探究心をもって考え言葉などで表現しながら、身近な事象への関心が高まるとともに、自然への愛情や畏敬の念をもつようになる。また、身近な動植物に心を動かされる中で、生命の不思議さや尊さに気付き、身近な動植物への接し方を考え、命あるものとしていたわり、大切にする気持ちをもって関わるようになる。
ク　数量や図形、標識や文字などへの関心・感覚
　　遊びや生活の中で、数量や図形、標識や文字などに親しむ体験を重ねたり、標識や文字の役割に気付いたりし、自らの必要感に基づきこれらを活用し、興味や関心、感覚をもつようになる。
ケ　言葉による伝え合い
　　保育教諭等や友達と心を通わせる中で、絵本や物語などに親しみながら、豊かな言葉や表現を身に付け、経験したことや考えたことなどを言葉で伝えたり、相手の話を注意して聞いたりし、言葉による伝え合いを楽しむようになる。
コ　豊かな感性と表現
　　心を動かす出来事などに触れ感性を働かせる中で、様々な素材の特徴や表現の仕方などに気付き、感じたことや考えたことを自分で表現したり、友達同士で表現する過程を楽しんだりし、表現する喜びを味わい、意欲をもつようになる。

第2　教育及び保育の内容並びに子育ての支援等に関する全体的な計画等

1　教育及び保育の内容並びに子育ての支援等に関する全体的な計画の作成等

(1)　教育及び保育の内容並びに子育ての支援等に関する全体的な計画の役割
　　各幼保連携型認定こども園においては、教育基本法（平成18年法律第120号）、児童福祉法（昭和22年法律第164号）及び認定こども園法その他の法令並びにこの幼保連携型認定こども園教育・保育要領の示すところに従い、教育と保育を一体的に提供するため、創意工夫を生かし、園児の心身の発達と幼保連携型認定こども園、家庭及び地域の実態に即応した適切な教育及び保育の内容並びに子育ての支援等に関する全体的な計画を作成するものとする。
　　教育及び保育の内容並びに子育ての支援等に関する

全体的な計画とは、教育と保育を一体的に捉え、園児の入園から修了までの在園期間の全体にわたり、幼保連携型認定こども園の目標に向かってどのような過程をたどって教育及び保育を進めていくかを明らかにするものであり、子育ての支援と有機的に連携し、園児の園生活全体を捉え、作成する計画である。

各幼保連携型認定こども園においては、「幼児期の終わりまでに育ってほしい姿」を踏まえ教育及び保育の内容並びに子育ての支援等に関する全体的な計画を作成すること、その実施状況を評価して改善を図っていくこと、また実施に必要な人的又は物的な体制を確保するとともにその改善を図っていくことなどを通して、教育及び保育の内容並びに子育ての支援等に関する全体的な計画に基づき組織的かつ計画的に各幼保連携型認定こども園の教育及び保育活動の質の向上を図っていくこと（以下「カリキュラム・マネジメント」という。）に努めるものとする。

(2)　各幼保連携型認定こども園の教育及び保育の目標と教育及び保育の内容並びに子育ての支援等に関する全体的な計画の作成

　　　教育及び保育の内容並びに子育ての支援等に関する全体的な計画の作成に当たっては、幼保連携型認定こども園の教育及び保育において育みたい資質・能力を踏まえつつ、各幼保連携型認定こども園の教育及び保育の目標を明確にするとともに、教育及び保育の内容並びに子育ての支援等に関する全体的な計画の作成についての基本的な方針が家庭や地域とも共有されるよう努めるものとする。

(3)　教育及び保育の内容並びに子育ての支援等に関する全体的な計画の作成上の基本的事項

　ア　幼保連携型認定こども園における生活の全体を通して第2章に示すねらいが総合的に達成されるよう、教育課程に係る教育期間や園児の生活経験や発達の過程などを考慮して具体的なねらいと内容を組織するものとする。この場合においては、特に、自我が芽生え、他者の存在を意識し、自己を抑制しようとする気持ちが生まれるなどの乳幼児期の発達の特性を踏まえ、入園から修了に至るまでの長期的な視野をもって充実した生活が展開できるように配慮するものとする。

　イ　幼保連携型認定こども園の満3歳以上の園児の教育課程に係る教育週数は、特別の事情のある場合を除き、39週を下ってはならない。

　ウ　幼保連携型認定こども園の1日の教育課程に係る教育時間は、4時間を標準とする。ただし、園児の心身の発達の程度や季節などに適切に配慮するものとする。

　エ　幼保連携型認定こども園の保育を必要とする子どもに該当する園児に対する教育及び保育の時間（満3歳以上の保育を必要とする子どもに該当する園児については、この章の第2の1の(3)ウに規定

する教育時間を含む。）は、1日につき8時間を原則とし、園長がこれを定める。ただし、その地方における園児の保護者の労働時間その他家庭の状況等を考慮するものとする。

(4)　教育及び保育の内容並びに子育ての支援等に関する全体的な計画の実施上の留意事項

　　　各幼保連携型認定こども園においては、園長の方針の下に、園務分掌に基づき保育教諭等職員が適切に役割を分担しつつ、相互に連携しながら、教育及び保育の内容並びに子育ての支援等に関する全体的な計画や指導の改善を図るものとする。また、各幼保連携型認定こども園が行う教育及び保育等に係る評価については、教育及び保育の内容並びに子育ての支援等に関する全体的な計画の作成、実施、改善が教育及び保育活動や園運営の中核となることを踏まえ、カリキュラム・マネジメントと関連付けながら実施するよう留意するものとする。

(5)　小学校教育との接続に当たっての留意事項

　ア　幼保連携型認定こども園においては、その教育及び保育が、小学校以降の生活や学習の基盤の育成につながることに配慮し、乳幼児期にふさわしい生活を通して、創造的な思考や主体的な生活態度などの基礎を培うようにするものとする。

　イ　幼保連携型認定こども園の教育及び保育において育まれた資質・能力を踏まえ、小学校教育が円滑に行われるよう、小学校の教師との意見交換や合同の研究の機会などを設け、「幼児期の終わりまでに育ってほしい姿」を共有するなど連携を図り、幼保連携型認定こども園における教育及び保育と小学校教育との円滑な接続を図るよう努めるものとする。

2　指導計画の作成と園児の理解に基づいた評価

(1)　指導計画の考え方

　　　幼保連携型認定こども園における教育及び保育は、園児が自ら意欲をもって環境と関わることによりつくり出される具体的な活動を通して、その目標の達成を図るものである。

　　　幼保連携型認定こども園においてはこのことを踏まえ、乳幼児期にふさわしい生活が展開され、適切な指導が行われるよう、調和のとれた組織的、発展的な指導計画を作成し、園児の活動に沿った柔軟な指導を行わなければならない。

(2)　指導計画の作成上の基本的事項

　ア　指導計画は、園児の発達に即して園児一人一人が乳幼児期にふさわしい生活を展開し、必要な体験を得られるようにするために、具体的に作成するものとする。

　イ　指導計画の作成に当たっては、次に示すところにより、具体的なねらい及び内容を明確に設定し、適切な環境を構成することなどにより活動が選択・展開されるようにするものとする。

（ア）　具体的なねらい及び内容は、幼保連携型認定こども園の生活における園児の発達の過程を見通し、園児の生活の連続性、季節の変化などを考慮して、園児の興味や関心、発達の実情などに応じて設定すること。

（イ）　環境は、具体的なねらいを達成するために適切なものとなるように構成し、園児が自らその環境に関わることにより様々な活動を展開しつつ必要な体験を得られるようにすること。その際、園児の生活する姿や発想を大切にし、常にその環境が適切なものとなるようにすること。

（ウ）　園児の行う具体的な活動は、生活の流れの中で様々に変化するものであることに留意し、園児が望ましい方向に向かって自ら活動を展開していくことができるよう必要な援助をすること。

その際、園児の実態及び園児を取り巻く状況の変化などに即して指導の過程についての評価を適切に行い、常に指導計画の改善を図るものとする。

（3）　指導計画の作成上の留意事項

指導計画の作成に当たっては、次の事項に留意するものとする。

ア　園児の生活は、入園当初の一人一人の遊びや保育教諭等との触れ合いを通して幼保連携型認定こども園の生活に親しみ、安定していく時期から、他の園児との関わりの中で園児の主体的な活動が深まり、園児が互いに必要な存在であることを認識するようになる。その後、園児同士や学級全体で目的をもって協同して幼保連携型認定こども園の生活を展開し、深めていく時期などに至るまでの過程を様々に経ながら広げられていくものである。これらを考慮し、活動がそれぞれの時期にふさわしく展開されるようにすること。

また、園児の入園当初の教育及び保育に当たっては、既に在園している園児に不安や動揺を与えないようにしつつ、可能な限り個別的に対応し、園児が安定感を得て、次第に幼保連携型認定こども園の生活になじんでいくよう配慮すること。

イ　長期的に発達を見通した年、学期、月などにわたる長期の指導計画やこれとの関連を保ちながらより具体的な園児の生活に即した週、日などの短期の指導計画を作成し、適切な指導が行われるようにすること。特に、週、日などの短期の指導計画については、園児の生活のリズムに配慮し、園児の意識や興味の連続性のある活動が相互に関連して幼保連携型認定こども園の生活の自然な流れの中に組み込まれるようにすること。

ウ　園児が様々な人やものとの関わりを通して、多様な体験をし、心身の調和のとれた発達を促すようにしていくこと。その際、園児の発達に即して主体的・対話的で深い学びが実現するようにするとともに、心を動かされる体験が次の活動を生み出すことを

考慮し、一つ一つの体験が相互に結び付き、幼保連携型認定こども園の生活が充実するようにすること。

エ　言語に関する能力の発達と思考力等の発達が関連していることを踏まえ、幼保連携型認定こども園における生活全体を通して、園児の発達を踏まえた言語環境を整え、言語活動の充実を図ること。

オ　園児が次の活動への期待や意欲をもつことができるよう、園児の実態を踏まえながら、保育教諭等や他の園児と共に遊びや生活の中で見通しをもったり、振り返ったりするよう工夫すること。

カ　行事の指導に当たっては、幼保連携型認定こども園の生活の自然な流れの中で生活に変化や潤いを与え、園児が主体的に楽しく活動できるようにすること。なお、それぞれの行事については教育及び保育における価値を十分検討し、適切なものを精選し、園児の負担にならないようにすること。

キ　乳幼児期は直接的な体験が重要であることを踏まえ、視聴覚教材やコンピュータなど情報機器を活用する際には、幼保連携型認定こども園の生活では得難い体験を補完するなど、園児の体験との関連を考慮すること。

ク　園児の主体的な活動を促すためには、保育教諭等が多様な関わりをもつことが重要であることを踏まえ、保育教諭等は、理解者、共同作業者など様々な役割を果たし、園児の情緒の安定や発達に必要な豊かな体験が得られるよう、活動の場面に応じて、園児の人権や園児一人一人の個人差等に配慮した適切な指導を行うようにすること。

ケ　園児の行う活動は、個人、グループ、学級全体などで多様に展開されるものであることを踏まえ、幼保連携型認定こども園全体の職員による協力体制を作りながら、園児一人一人が興味や欲求を十分に満足させるよう適切な援助を行うようにすること。

コ　園児の生活は、家庭を基盤として地域社会を通じて次第に広がりをもつものであることに留意し、家庭との連携を十分に図るなど、幼保連携型認定こども園における生活が家庭や地域社会と連続性を保ちつつ展開されるようにするものとする。その際、地域の自然、高齢者や異年齢の子どもなどを含む人材、行事や公共施設などの地域の資源を積極的に活用し、園児が豊かな生活体験を得られるように工夫するものとする。また、家庭との連携に当たっては、保護者との情報交換の機会を設けたり、保護者と園児との活動の機会を設けたりなどすることを通じて、保護者の乳幼児期の教育及び保育に関する理解が深まるよう配慮するものとする。

サ　地域や幼保連携型認定こども園の実態等により、幼保連携型認定こども園間に加え、幼稚園、保育所等の保育施設、小学校、中学校、高等学校及び特別支援学校などとの間の連携や交流を図るものとす

る。特に、小学校教育との円滑な接続のため、幼保連携型認定こども園の園児と小学校の児童との交流の機会を積極的に設けるようにするものとする。また、障害のある園児児童生徒との交流及び共同学習の機会を設け、共に尊重し合いながら協働して生活していく態度を育むよう努めるものとする。

(4) 園児の理解に基づいた評価の実施

園児一人一人の発達の理解に基づいた評価の実施に当たっては、次の事項に配慮するものとする。

ア 指導の過程を振り返りながら園児の理解を進め、園児一人一人のよさや可能性などを把握し、指導の改善に生かすようにすること。その際、他の園児との比較や一定の基準に対する達成度についての評定によって捉えるものではないことに留意すること。

イ 評価の妥当性や信頼性が高められるよう創意工夫を行い、組織的かつ計画的な取組を推進するとともに、次年度又は小学校等にその内容が適切に引き継がれるようにすること。

3 特別な配慮を必要とする園児への指導

(1) 障害のある園児などへの指導

障害のある園児などへの指導に当たっては、集団の中で生活することを通して全体的な発達を促していくことに配慮し、適切な環境の下で、障害のある園児が他の園児との生活を通して共に成長できるよう、特別支援学校などの助言又は援助を活用しつつ、個々の園児の障害の状態などに応じた指導内容や指導方法の工夫を組織的かつ計画的に行うものとする。また、家庭、地域及び医療や福祉、保健等の業務を行う関係機関との連携を図り、長期的な視点で園児への教育及び保育的支援を行うために、個別の教育及び保育支援計画を作成し活用することに努めるとともに、個々の園児の実態を的確に把握し、個別の指導計画を作成し活用することに努めるものとする。

(2) 海外から帰国した園児や生活に必要な日本語の習得に困難のある園児の幼保連携型認定こども園の生活への適応

海外から帰国した園児や生活に必要な日本語の習得に困難のある園児については、安心して自己を発揮できるよう配慮するなど個々の園児の実態に応じ、指導内容や指導方法の工夫を組織的かつ計画的に行うものとする。

第3 幼保連携型認定こども園として特に配慮すべき事項

幼保連携型認定こども園における教育及び保育を行うに当たっては、次の事項について特に配慮しなければならない。

1 当該幼保連携型認定こども園に入園した年齢により集団生活の経験年数が異なる園児がいることに配慮する等、0歳から小学校就学前までの一貫した教育及び保育を園児の発達や学びの連続性を考慮して展開していくこ

と。特に満3歳以上については入園する園児が多いことや同一学年の園児で編制される学級の中で生活することなどを踏まえ、家庭や他の保育施設等との連携や引継ぎを円滑に行うとともに、環境の工夫をすること。

2 園児の一日の生活の連続性及びリズムの多様性に配慮するとともに、保護者の生活形態を反映した園児の在園時間の長短、入園時期や登園日数の違いを踏まえ、園児一人一人の状況に応じ、教育及び保育の内容やその展開について工夫をすること。特に入園及び年度当初においては、家庭との連携の下、園児一人一人の生活の仕方やリズムに十分に配慮して一日の自然な生活の流れをつくり出していくようにすること。

3 環境を通して行う教育及び保育の活動の充実を図るため、幼保連携型認定こども園における教育及び保育の環境の構成に当たっては、乳幼児期の特性及び保護者や地域の実態を踏まえ、次の事項に留意すること。

(1) 0歳から小学校就学前までの様々な年齢の園児の発達の特性を踏まえ、満3歳未満の園児については特に健康、安全や発達の確保を十分に図るとともに、満3歳以上の園児については同一学年の園児で編制される学級による集団活動の中で遊びを中心とする園児の主体的な活動を通して発達や学びを促す経験が得られるよう工夫をすること。特に、満3歳以上の園児同士が共に育ち、学び合いながら、豊かな体験を積み重ねることができるよう工夫をすること。

(2) 在園時間が異なる多様な園児がいることを踏まえ、園児の生活が安定するよう、家庭や地域、幼保連携型認定こども園における生活の連続性を確保するとともに、一日の生活のリズムを整えるよう工夫をすること。特に満3歳未満の園児については睡眠時間等の個人差に配慮するとともに、満3歳以上の園児については集中して遊ぶ場と家庭的な雰囲気の中でくつろぐ場との適切な調和等の工夫をすること。

(3) 家庭や地域において異年齢の子どもと関わる機会が減少していることを踏まえ、満3歳以上の園児については、学級による集団活動とともに、満3歳未満の園児を含む異年齢の園児による活動を、園児の発達の状況にも配慮しつつ適切に組み合わせて設定するなどの工夫をすること。

(4) 満3歳以上の園児については、特に長期的な休業中、園児が過ごす家庭や園などの生活の場が異なることを踏まえ、それぞれの多様な生活経験が長期的な休業などの終了後等の園生活に生かされるよう工夫をすること。

4 指導計画を作成する際には、この章に示す指導計画の作成上の留意事項を踏まえるとともに、次の事項にも特に配慮すること。

(1) 園児の発達の個人差、入園した年齢の違いなどによる集団生活の経験年数の差、家庭環境等を踏まえ、園児一人一人の発達の特性や課題に十分留意すること。特に満3歳未満の園児については、大人への依存

度が極めて高い等の特性があることから、個別的な対応を図ること。また、園児の集団生活への円滑な接続について、家庭等との連携及び協力を図る等十分留意すること。

(2) 園児の発達の連続性を考慮した教育及び保育を展開する際には、次の事項に留意すること。

ア 満3歳未満の園児については、園児一人一人の生育歴、心身の発達、活動の実態等に即して、個別的な計画を作成すること。

イ 満3歳以上の園児については、個の成長と、園児相互の関係や協同的な活動が促されるよう考慮すること。

ウ 異年齢で構成されるグループ等での指導に当たっては、園児一人一人の生活や経験、発達の過程などを把握し、適切な指導や環境の構成ができるよう考慮すること。

(3) 一日の生活のリズムや在園時間が異なる園児が共に過ごすことを踏まえ、活動と休息、緊張感と解放感等の調和を図るとともに、園児に不安や動揺を与えないようにする等の配慮を行うこと。その際、担当の保育教諭等が替わる場合には、園児の様子等引継ぎを行い、十分な連携を図ること。

(4) 午睡は生活のリズムを構成する重要な要素であり、安心して眠ることのできる安全な午睡環境を確保するとともに、在園時間が異なることや、睡眠時間は園児の発達の状況や個人によって差があることから、一律とならないよう配慮すること。

(5) 長時間にわたる教育及び保育については、園児の発達の過程、生活のリズム及び心身の状態に十分配慮して、保育の内容や方法、職員の協力体制、家庭との連携などを指導計画に位置付けること。

5 生命の保持や情緒の安定を図るなど養護の行き届いた環境の下、幼保連携型認定こども園における教育及び保育を展開すること。

(1) 園児一人一人が、快適にかつ健康で安全に過ごせるようにするとともに、その生理的欲求が十分に満たされ、健康増進が積極的に図られるようにするため、次の事項に留意すること。

ア 園児一人一人の平常の健康状態や発育及び発達の状態を的確に把握し、異常を感じる場合は、速やかに適切に対応すること。

イ 家庭との連携を密にし、学校医等との連携を図りながら、園児の疾病や事故防止に関する認識を深め、保健的で安全な環境の維持及び向上に努めること。

ウ 清潔で安全な環境を整え、適切な援助や応答的な関わりを通して、園児の生理的欲求を満たしていくこと。また、家庭と協力しながら、園児の発達の過程等に応じた適切な生活のリズムがつくられていくようにすること。

エ 園児の発達の過程等に応じて、適度な運動と休息

をとることができるようにすること。また、食事、排泄（せつ）、睡眠、衣類の着脱、身の回りを清潔にすることなどについて、園児が意欲的に生活できるよう適切に援助すること。

(2) 園児一人一人が安定感をもって過ごし、自分の気持ちを安心して表すことができるようにするとともに、周囲から主体として受け止められ主体として育ち、自分を肯定する気持ちが育まれていくようにし、くつろいで共に過ごし、心身の疲れが癒やされるようにするため、次の事項に留意すること。

ア 園児一人一人の置かれている状態や発達の過程などを的確に把握し、園児の欲求を適切に満たしながら、応答的な触れ合いや言葉掛けを行うこと。

イ 園児一人一人の気持ちを受容し、共感しながら、園児との継続的な信頼関係を築いていくこと。

ウ 保育教諭等との信頼関係を基盤に、園児一人一人が主体的に活動し、自発性や探索意欲などを高めるとともに、自分への自信をもつことができるよう成長の過程を見守り、適切に働き掛けること。

エ 園児一人一人の生活のリズム、発達の過程、在園時間などに応じて、活動内容のバランスや調和を図りながら、適切な食事や休息がとれるようにすること。

6 園児の健康及び安全は、園児の生命の保持と健やかな生活の基本であり、幼保連携型認定こども園の生活全体を通して健康や安全に関する管理や指導、食育の推進等に十分留意すること。

7 保護者に対する子育ての支援に当たっては、この章に示す幼保連携型認定こども園における教育及び保育の基本及び目標を踏まえ、子どもに対する学校としての教育及び児童福祉施設としての保育並びに保護者に対する子育ての支援について相互に有機的な連携が図られるようにすること。また、幼保連携型認定こども園の目的の達成に資するため、保護者が子どもの成長に気付き子育ての喜びが感じられるよう、幼保連携型認定こども園の特性を生かした子育ての支援に努めること。

第2章 ねらい及び内容並びに配慮事項

この章に示すねらいは、幼保連携型認定こども園の教育及び保育において育みたい資質・能力を園児の生活する姿から捉えたものであり、内容は、ねらいを達成するために指導する事項である。各視点や領域は、この時期の発達の特徴を踏まえ、教育及び保育のねらい及び内容を乳幼児の発達の側面から、乳児は三つの視点として、幼児は五つの領域としてまとめ、示したものである。内容の取扱いは、園児の発達を踏まえた指導を行うに当たって留意すべき事項である。

各視点や領域に示すねらいは、幼保連携型認定こども園における生活の全体を通じ、園児が様々な体験を積み重ねる中で相互に関連をもちながら次第に達成に向かうものであるこ

と、内容は、園児が環境に関わって展開する具体的な活動を通して総合的に指導されるものであることに留意しなければならない。

また、「幼児期の終わりまでに育ってほしい姿」が、ねらい及び内容に基づく活動全体を通して資質・能力が育まれている園児の幼保連携型認定こども園修了時の具体的な姿であることを踏まえ、指導を行う際に考慮するものとする。

なお、特に必要な場合には、各視点や領域に示すねらいの趣旨に基づいて適切な、具体的な内容を工夫し、それを加えても差し支えないが、その場合には、それが第1章の第1に示す幼保連携型認定こども園の教育及び保育の基本及び目標を逸脱しないよう慎重に配慮する必要がある。

第1 乳児期の園児の保育に関するねらい及び内容

基本的事項

1 乳児期の発達については、視覚、聴覚などの感覚や、座る、はう、歩くなどの運動機能が著しく発達し、特定の大人との応答的な関わりを通じて、情緒的な絆が形成されるといった特徴がある。これらの発達の特徴を踏まえて、乳児期の園児の保育は、愛情豊かに、応答的に行われることが特に必要である。

2 本項においては、この時期の発達の特徴を踏まえ、乳児期の園児の保育のねらい及び内容については、身体的発達に関する視点「健やかに伸び伸びと育つ」、社会的発達に関する視点「身近な人と気持ちが通じ合う」及び精神的発達に関する視点「身近なものと関わり感性が育つ」としてまとめ、示している。

ねらい及び内容

健やかに伸び伸びと育つ

> 健康な心と体を育て、自ら健康で安全な生活をつくり出す力の基盤を培う。

1 ねらい
  (1) 身体感覚が育ち、快適な環境に心地よさを感じる。
  (2) 伸び伸びと体を動かし、はう、歩くなどの運動をしようとする。
  (3) 食事、睡眠等の生活のリズムの感覚が芽生える。
2 内容
  (1) 保育教諭等の愛情豊かな受容の下で、生理的・心理的欲求を満たし、心地よく生活をする。
  (2) 一人一人の発育に応じて、はう、立つ、歩くなど、十分に体を動かす。
  (3) 個人差に応じて授乳を行い、離乳を進めていく中で、様々な食品に少しずつ慣れ、食べることを楽しむ。
  (4) 一人一人の生活のリズムに応じて、安全な環境の下で十分に午睡をする。
  (5) おむつ交換や衣服の着脱などを通じて、清潔になることの心地よさを感じる。
3 内容の取扱い
  上記の取扱いに当たっては、次の事項に留意する必要がある。
  (1) 心と体の健康は、相互に密接な関連があるもので

あることを踏まえ、温かい触れ合いの中で、心と体の発達を促すこと。特に、寝返り、お座り、はいはい、つかまり立ち、伝い歩きなど、発育に応じて、遊びの中で体を動かす機会を十分に確保し、自ら体を動かそうとする意欲が育つようにすること。
  (2) 健康な心と体を育てるためには望ましい食習慣の形成が重要であることを踏まえ、離乳食が完了期へと徐々に移行する中で、様々な食品に慣れるようにするとともに、和やかな雰囲気の中で食べる喜びや楽しさを味わい、進んで食べようとする気持ちが育つようにすること。なお、食物アレルギーのある園児への対応については、学校医等の指示や協力の下に適切に対応すること。

身近な人と気持ちが通じ合う

> 受容的・応答的な関わりの下で、何かを伝えようとする意欲や身近な大人との信頼関係を育て、人と関わる力の基盤を培う。

1 ねらい
  (1) 安心できる関係の下で、身近な人と共に過ごす喜びを感じる。
  (2) 体の動きや表情、発声等により、保育教諭等と気持ちを通わせようとする。
  (3) 身近な人と親しみ、関わりを深め、愛情や信頼感が芽生える。
2 内容
  (1) 園児からの働き掛けを踏まえた、応答的な触れ合いや言葉掛けによって、欲求が満たされ、安定感をもって過ごす。
  (2) 体の動きや表情、発声、喃語等を優しく受け止めてもらい、保育教諭等とのやり取りを楽しむ。
  (3) 生活や遊びの中で、自分の身近な人の存在に気付き、親しみの気持ちを表す。
  (4) 保育教諭等による語り掛けや歌い掛け、発声や喃語等への応答を通じて、言葉の理解や発語の意欲が育つ。
  (5) 温かく、受容的な関わりを通じて、自分を肯定する気持ちが芽生える。
3 内容の取扱い
  上記の取扱いに当たっては、次の事項に留意する必要がある。
  (1) 保育教諭等との信頼関係に支えられて生活を確立していくことが人と関わる基盤となることを考慮して、園児の多様な感情を受け止め、温かく受容的・応答的に関わり、一人一人に応じた適切な援助を行うようにすること。
  (2) 身近な人に親しみをもって接し、自分の感情などを表し、それに相手が応答する言葉を聞くことを通して、次第に言葉が獲得されていくことを考慮して、楽しい雰囲気の中での保育教諭等との関わり合いを大切にし、ゆっくりと優しく話し掛けるなど、積極的に言葉のやり取りを楽しむことができるようにするこ

と。

身近なものと関わり感性が育つ

⎡ 身近な環境に興味や好奇心をもって関わり、感じたこ
⎣ とや考えたことを表現する力の基盤を培う。 ⎦

1 ねらい
　(1)　身の回りのものに親しみ、様々なものに興味や関
　　　心をもつ。
　(2)　見る、触れる、探索するなど、身近な環境に自分か
　　　ら関わろうとする。
　(3)　身体の諸感覚による認識が豊かになり、表情や手
　　　足、体の動き等で表現する。
2 内容
　(1)　身近な生活用具、玩具や絵本などが用意された中
　　　で、身の回りのものに対する興味や好奇心をもつ。
　(2)　生活や遊びの中で様々なものに触れ、音、形、色、
　　　手触りなどに気付き、感覚の働きを豊かにする。
　(3)　保育教諭等と一緒に様々な色彩や形のものや絵本
　　　などを見る。
　(4)　玩具や身の回りのものを、つまむ、つかむ、たたく、
　　　引っ張るなど、手や指を使って遊ぶ。
　(5)　保育教諭等のあやし遊びに機嫌よく応じたり、歌
　　　やリズムに合わせて手足や体を動かして楽しんだり
　　　する。
3 内容の取扱い
　　　上記の取扱いに当たっては、次の事項に留意する必要
　　がある。
　(1)　玩具などは、音質、形、色、大きさなど園児の発達
　　　状態に応じて適切なものを選び、その時々の園児の興
　　　味や関心を踏まえるなど、遊びを通して感覚の発達が
　　　促されるものとなるように工夫すること。なお、安全
　　　な環境の下で、園児が探索意欲を満たして自由に遊べ
　　　るよう、身の回りのものについては常に十分な点検を
　　　行うこと。
　(2)　乳児期においては、表情、発声、体の動きなどで、
　　　感情を表現することが多いことから、これらの表現し
　　　ようとする意欲を積極的に受け止めて、園児が様々な
　　　活動を楽しむことを通して表現が豊かになるように
　　　すること。

第2　満1歳以上満3歳未満の園児の保育に関するねらい及び内容

基本的事項

1　この時期においては、歩き始めから、歩く、走る、跳ぶ
　などへと、基本的な運動機能が次第に発達し、排泄の自
　立のための身体的機能も整うようになる。つまむ、めく
　るなどの指先の機能も発達し、食事、衣類の着脱なども、
　保育教諭等の援助の下で自分で行うようになる。発声も
　明瞭になり、語彙も増加し、自分の意思や欲求を言葉で
　表出できるようになる。このように自分でできることが
　増えてくる時期であることから、保育教諭等は、園児の
　生活の安定を図りながら、自分でしようとする気持ちを

尊重し、温かく見守るとともに、愛情豊かに、応答的に
関わることが必要である。

2　本項においては、この時期の発達の特徴を踏まえ、保
　育のねらい及び内容について、心身の健康に関する領域
　「健康」、人との関わりに関する領域「人間関係」、身近
　な環境との関わりに関する領域「環境」、言葉の獲得に
　関する領域「言葉」及び感性と表現に関する領域「表現」
　としてまとめ、示している。

ねらい及び内容

健康

⎡ 健康な心と体を育て、自ら健康で安全な生活をつくり
⎣ 出す力を養う。 ⎦

1 ねらい
　(1)　明るく伸び伸びと生活し、自分から体を動かすこ
　　　とを楽しむ。
　(2)　自分の体を十分に動かし、様々な動きをしようと
　　　する。
　(3)　健康、安全な生活に必要な習慣に気付き、自分で
　　　してみようとする気持ちが育つ。
2 内容
　(1)　保育教諭等の愛情豊かな受容の下で、安定感を
　　　もって生活をする。
　(2)　食事や午睡、遊びと休息など、幼保連携型認定こ
　　　ども園における生活のリズムが形成される。
　(3)　走る、跳ぶ、登る、押す、引っ張るなど全身を使う
　　　遊びを楽しむ。
　(4)　様々な食品や調理形態に慣れ、ゆったりとした雰
　　　囲気の中で食事や間食を楽しむ。
　(5)　身の回りを清潔に保つ心地よさを感じ、その習慣
　　　が少しずつ身に付く。
　(6)　保育教諭等の助けを借りながら、衣類の着脱を自
　　　分でしようとする。
　(7)　便器での排泄に慣れ、自分で排泄ができるように
　　　なる。
3 内容の取扱い
　　　上記の取扱いに当たっては、次の事項に留意する必要
　　がある。
　(1)　心と体の健康は、相互に密接な関連があるもので
　　　あることを踏まえ、園児の気持ちに配慮した温かい触
　　　れ合いの中で、心と体の発達を促すこと。特に、一人
　　　一人の発育に応じて、体を動かす機会を十分に確保
　　　し、自ら体を動かそうとする意欲が育つようにするこ
　　　と。
　(2)　健康な心と体を育てるためには望ましい食習慣の
　　　形成が重要であることを踏まえ、ゆったりとした雰囲
　　　気の中で食べる喜びや楽しさを味わい、進んで食べよ
　　　うとする気持ちが育つようにすること。なお、食物ア
　　　レルギーのある園児への対応については、学校医等の
　　　指示や協力の下に適切に対応すること。
　(3)　排泄の習慣については、一人一人の排尿間隔等を
　　　踏まえ、おむつが汚れていないときに便器に座らせる

などにより、少しずつ慣れさせるようにすること。

(4) 食事、排泄、睡眠、衣類の着脱、身の回りを清潔にすることなど、生活に必要な基本的な習慣については、一人一人の状態に応じ、落ち着いた雰囲気の中で行うようにし、園児が自分でしようとする気持ちを尊重すること。また、基本的な生活習慣の形成に当たっては、家庭での生活経験に配慮し、家庭との適切な連携の下で行うようにすること。

人間関係

他の人々と親しみ、支え合って生活するために、自立心を育て、人と関わる力を養う。

1 ねらい

(1) 幼保連携型認定こども園での生活を楽しみ、身近な人と関わる心地よさを感じる。

(2) 周囲の園児等への興味・関心が高まり、関わりをもとうとする。

(3) 幼保連携型認定こども園の生活の仕方に慣れ、きまりの大切さに気付く。

2 内容

(1) 保育教諭等や周囲の園児等との安定した関係の中で、共に過ごす心地よさを感じる。

(2) 保育教諭等の受容的・応答的な関わりの中で、欲求を適切に満たし、安定感をもって過ごす。

(3) 身の回りに様々な人がいることに気付き、徐々に他の園児と関わりをもって遊ぶ。

(4) 保育教諭等の仲立ちにより、他の園児との関わり方を少しずつ身につける。

(5) 幼保連携型認定こども園の生活の仕方に慣れ、きまりがあることや、その大切さに気付く。

(6) 生活や遊びの中で、年長児や保育教諭等の真似をしたり、ごっこ遊びを楽しんだりする。

3 内容の取扱い

上記の取扱いに当たっては、次の事項に留意する必要がある。

(1) 保育教諭等との信頼関係に支えられて生活を確立するとともに、自分で何かをしようとする気持ちが旺盛になる時期であることに鑑み、そのような園児の気持ちを尊重し、温かく見守るとともに、愛情豊かに、応答的に関わり、適切な援助を行うようにすること。

(2) 思い通りにいかない場合等の園児の不安定な感情の表出については、保育教諭等が受容的に受け止めるとともに、そうした気持ちから立ち直る経験や感情をコントロールすることへの気付き等につなげていけるように援助すること。

(3) この時期は自己と他者との違いの認識がまだ十分ではないことから、園児の自我の育ちを見守るとともに、保育教諭等が仲立ちとなって、自分の気持ちを相手に伝えることや相手の気持ちに気付くことの大切さなど、友達の気持ちや友達との関わり方を丁寧に伝えていくこと。

環境

周囲の様々な環境に好奇心や探究心をもって関わり、それらを生活に取り入れていこうとする力を養う。

1 ねらい

(1) 身近な環境に親しみ、触れ合う中で、様々なものに興味や関心をもつ。

(2) 様々なものに関わる中で、発見を楽しんだり、考えたりしようとする。

(3) 見る、聞く、触るなどの経験を通して、感覚の働きを豊かにする。

2 内容

(1) 安全で活動しやすい環境での探索活動等を通して、見る、聞く、触れる、嗅ぐ、味わうなどの感覚の働きを豊かにする。

(2) 玩具、絵本、遊具などに興味をもち、それらを使った遊びを楽しむ。

(3) 身の回りの物に触れる中で、形、色、大きさ、量などの物の性質や仕組みに気付く。

(4) 自分の物と人の物の区別や、場所的感覚など、環境を捉える感覚が育つ。

(5) 身近な生き物に気付き、親しみをもつ。

(6) 近隣の生活や季節の行事などに興味や関心をもつ。

3 内容の取扱い

上記の取扱いに当たっては、次の事項に留意する必要がある。

(1) 玩具などは、音質、形、色、大きさなど園児の発達状態に応じて適切なものを選び、遊びを通して感覚の発達が促されるように工夫すること。

(2) 身近な生き物との関わりについては、園児が命を感じ、生命の尊さに気付く経験へとつながるものであることから、そうした気付きを促すような関わりとなるようにすること。

(3) 地域の生活や季節の行事などに触れる際には、社会とのつながりや地域社会の文化への気付きにつながるものとなることが望ましいこと。その際、幼保連携型認定こども園内外の行事や地域の人々との触れ合いなどを通して行うこと等も考慮すること。

言葉

経験したことや考えたことなどを自分なりの言葉で表現し、相手の話す言葉を聞こうとする意欲や態度を育て、言葉に対する感覚や言葉で表現する力を養う。

1 ねらい

(1) 言葉遊びや言葉で表現する楽しさを感じる。

(2) 人の言葉や話などを聞き、自分でも思ったことを伝えようとする。

(3) 絵本や物語等に親しむとともに、言葉のやり取りを通じて身近な人と気持ちを通わせる。

2 内容

(1) 保育教諭等の応答的な関わりや話し掛けにより、自ら言葉を使おうとする。

(2) 生活に必要な簡単な言葉に気付き、聞き分ける。

(3) 親しみをもって日常の挨拶に応じる。

（4）　絵本や紙芝居を楽しみ、簡単な言葉を繰り返したり、模倣をしたりして遊ぶ。

（5）　保育教諭等とごっこ遊びをする中で、言葉のやり取りを楽しむ。

（6）　保育教諭等を仲立ちとして、生活や遊びの中で友達との言葉のやり取りを楽しむ。

（7）　保育教諭等や友達の言葉や話に興味や関心をもって、聞いたり、話したりする。

3　内容の取扱い

上記の取扱いに当たっては、次の事項に留意する必要がある。

（1）　身近な人に親しみをもって接し、自分の感情などを伝え、それに相手が応答し、その言葉を聞くことを通して、次第に言葉が獲得されていくものであることを考慮して、楽しい雰囲気の中で保育教諭等との言葉のやり取りができるようにすること。

（2）　園児が自分の思いを言葉で伝えるとともに、他の園児の話などを聞くことを通して、次第に話を理解し、言葉による伝え合いができるようになるよう、気持ちや経験等の言語化を行うことを援助するなど、園児同士の関わりの仲立ちを行うようにすること。

（3）　この時期は、片言から、二語文、ごっこ遊びでのやり取りができる程度へと、大きく言葉の習得が進む時期であることから、それぞれの園児の発達の状況に応じて、遊びや関わりの工夫など、保育の内容を適切に展開することが必要であること。

表現

⎡感じたことや考えたことを自分なりに表現することを通して、豊かな感性や表現する力を養い、創造性を豊かにする。⎦

1　ねらい

（1）　身体の諸感覚の経験を豊かにし、様々な感覚を味わう。

（2）　感じたことや考えたことなどを自分なりに表現しようとする。

（3）　生活や遊びの様々な体験を通して、イメージや感性が豊かになる。

2　内容

（1）　水、砂、土、紙、粘土など様々な素材に触れて楽しむ。

（2）　音楽、リズムやそれに合わせた体の動きを楽しむ。

（3）　生活の中で様々な音、形、色、手触り、動き、味、香りなどに気付いたり、感じたりして楽しむ。

（4）　歌を歌ったり、簡単な手遊びや全身を使う遊びを楽しんだりする。

（5）　保育教諭等からの話や、生活や遊びの中での出来事を通して、イメージを豊かにする。

（6）　生活や遊びの中で、興味のあることや経験したことなどを自分なりに表現する。

3　内容の取扱い

上記の取扱いに当たっては、次の事項に留意する必要

がある。

（1）　園児の表現は、遊びや生活の様々な場面で表出されているものであることから、それらを積極的に受け止め、様々な表現の仕方や感性を豊かにする経験となるようにすること。

（2）　園児が試行錯誤しながら様々な表現を楽しむことや、自分の力でやり遂げる充実感などに気付くよう、温かく見守るとともに、適切に援助を行うようにすること。

（3）　様々な感情の表現等を通じて、園児が自分の感情や気持ちに気付くようになる時期であることに鑑み、受容的な関わりの中で自信をもって表現をすることや、諦めずに続けた後の達成感等を感じられるような経験が蓄積されるようにすること。

（4）　身近な自然や身の回りの事物に関わる中で、発見や心が動く経験が得られるよう、諸感覚を働かせることを楽しむ遊びや素材を用意するなど保育の環境を整えること。

第3　満3歳以上の園児の教育及び保育に関するねらい及び内容

基本的事項

1　この時期においては、運動機能の発達により、基本的な動作が一通りできるようになるとともに、基本的な生活習慣もほぼ自立できるようになる。理解する語彙数が急激に増加し、知的興味や関心も高まってくる。仲間と遊び、仲間の中の一人という自覚が生じ、集団的な遊びや協同的な活動も見られるようになる。これらの発達の特徴を踏まえて、この時期の教育及び保育においては、個の成長と集団としての活動の充実が図られるようにしなければならない。

2　本項においては、この時期の発達の特徴を踏まえ、教育及び保育のねらい及び内容について、心身の健康に関する領域「健康」、人との関わりに関する領域「人間関係」、身近な環境との関わりに関する領域「環境」、言葉の獲得に関する領域「言葉」及び感性と表現に関する領域「表現」としてまとめ、示している。

ねらい及び内容

健康

⎡健康な心と体を育て、自ら健康で安全な生活をつくり出す力を養う。⎦

1　ねらい

（1）　明るく伸び伸びと行動し、充実感を味わう。

（2）　自分の体を十分に動かし、進んで運動しようとする。

（3）　健康、安全な生活に必要な習慣や態度を身に付け、見通しをもって行動する。

2　内容

（1）　保育教諭等や友達と触れ合い、安定感をもって行動する。

（2）　いろいろな遊びの中で十分に体を動かす。

（3）　進んで戸外で遊ぶ。

（4）　様々な活動に親しみ、楽しんで取り組む。

（5）　保育教諭等や友達と食べることを楽しみ、食べ物への興味や関心をもつ。

（6）　健康な生活のリズムを身に付ける。

（7）　身の回りを清潔にし、衣服の着脱、食事、排泄などの生活に必要な活動を自分でする。

（8）　幼保連携型認定こども園における生活の仕方を知り、自分たちで生活の場を整えながら見通しをもって行動する。

（9）　自分の健康に関心をもち、病気の予防などに必要な活動を進んで行う。

（10）　危険な場所、危険な遊び方、災害時などの行動の仕方が分かり、安全に気を付けて行動する。

3　内容の取扱い

上記の取扱いに当たっては、次の事項に留意する必要がある。

（1）　心と体の健康は、相互に密接な関連があるものであることを踏まえ、園児が保育教諭等や他の園児との温かい触れ合いの中で自己の存在感や充実感を味わうことなどを基盤として、しなやかな心と体の発達を促すこと。特に、十分に体を動かす気持ちよさを体験し、自ら体を動かそうとする意欲が育つようにすること。

（2）　様々な遊びの中で、園児が興味や関心、能力に応じて全身を使って活動することにより、体を動かす楽しさを味わい、自分の体を大切にしようとする気持ちが育つようにすること。その際、多様な動きを経験する中で、体の動きを調整するようにすること。

（3）　自然の中で伸び伸びと体を動かして遊ぶことにより、体の諸機能の発達が促されることに留意し、園児の興味や関心が戸外にも向くようにすること。その際、園児の動線に配慮した園庭や遊具の配置などを工夫すること。

（4）　健康な心と体を育てるためには食育を通じた望ましい食習慣の形成が大切であることを踏まえ、園児の食生活の実情に配慮し、和やかな雰囲気の中で保育教諭等や他の園児と食べる喜びや楽しさを味わったり、様々な食べ物への興味や関心をもったりするなどし、食の大切さに気付き、進んで食べようとする気持ちが育つようにすること。

（5）　基本的な生活習慣の形成に当たっては、家庭での生活経験に配慮し、園児の自立心を育て、園児が他の園児と関わりながら主体的な活動を展開する中で、生活に必要な習慣を身に付け、次第に見通しをもって行動できるようにすること。

（6）　安全に関する指導に当たっては、情緒の安定を図り、遊びを通して安全についての構えを身に付け、危険な場所や事物などが分かり、安全についての理解を深めるようにすること。また、交通安全の習慣を身に付けるようにするとともに、避難訓練などを通して、災害などの緊急時に適切な行動がとれるようにすること。

人間関係

〔他の人々と親しみ、支え合って生活するために、自立心を育て、人と関わる力を養う。〕

1　ねらい

（1）　幼保連携型認定こども園の生活を楽しみ、自分の力で行動することの充実感を味わう。

（2）　身近な人と親しみ、関わりを深め、工夫したり、協力したりして一緒に活動する楽しさを味わい、愛情や信頼感をもつ。

（3）　社会生活における望ましい習慣や態度を身に付ける。

2　内容

（1）　保育教諭等や友達と共に過ごすことの喜びを味わう。

（2）　自分で考え、自分で行動する。

（3）　自分でできることは自分でする。

（4）　いろいろな遊びを楽しみながら物事をやり遂げようとする気持ちをもつ。

（5）　友達と積極的に関わりながら喜びや悲しみを共感し合う。

（6）　自分の思ったことを相手に伝え、相手の思っていることに気付く。

（7）　友達のよさに気付き、一緒に活動する楽しさを味わう。

（8）　友達と楽しく活動する中で、共通の目的を見いだし、工夫したり、協力したりなどする。

（9）　よいことや悪いことがあることに気付き、考えながら行動する。

（10）　友達との関わりを深め、思いやりをもつ。

（11）　友達と楽しく生活する中できまりの大切さに気付き、守ろうとする。

（12）　共同の遊具や用具を大切にし、皆で使う。

（13）　高齢者をはじめ地域の人々などの自分の生活に関係の深いいろいろな人に親しみをもつ。

3　内容の取扱い

上記の取扱いに当たっては、次の事項に留意する必要がある。

（1）　保育教諭等との信頼関係に支えられて自分自身の生活を確立していくことが人と関わる基盤となることを考慮し、園児が自ら周囲に働き掛けることにより多様な感情を体験し、試行錯誤しながら諦めずにやり遂げることの達成感や、前向きな見通しをもって自分の力で行うことの充実感を味わうことができるよう、園児の行動を見守りながら適切な援助を行うようにすること。

（2）　一人一人を生かした集団を形成しながら人と関わる力を育てていくようにすること。その際、集団の生活の中で、園児が自己を発揮し、保育教諭等や他の園児に認められる体験をし、自分のよさや特徴に気付

き、自信をもって行動できるようにすること。
- （3）　園児が互いに関わりを深め、協同して遊ぶように
なるため、自ら行動する力を育てるようにするととも
に、他の園児と試行錯誤しながら活動を展開する楽し
さや共通の目的が実現する喜びを味わうことができ
るようにすること。
- （4）　道徳性の芽生えを培うに当たっては、基本的な生
活習慣の形成を図るとともに、園児が他の園児との関
わりの中で他人の存在に気付き、相手を尊重する気持
ちをもって行動できるようにし、また、自然や身近な
動植物に親しむことなどを通して豊かな心情が育つ
ようにすること。特に、人に対する信頼感や思いやり
の気持ちは、葛藤やつまずきをも体験し、それらを乗
り越えることにより次第に芽生えてくることに配慮
すること。
- （5）　集団の生活を通して、園児が人との関わりを深め、
規範意識の芽生えが培われることを考慮し、園児が保
育教諭等との信頼関係に支えられて自己を発揮する
中で、互いに思いを主張し、折り合いを付ける体験を
し、きまりの必要性などに気付き、自分の気持ちを調
整する力が育つようにすること。
- （6）　高齢者をはじめ地域の人々などの自分の生活に関
係の深いいろいろな人と触れ合い、自分の感情や意志
を表現しながら共に楽しみ、共感し合う体験を通し
て、これらの人々などに親しみをもち、人と関わるこ
との楽しさや人の役に立つ喜びを味わうことができ
るようにすること。また、生活を通して親や祖父母な
どの家族の愛情に気付き、家族を大切にしようとする
気持ちが育つようにすること。

環境

> 周囲の様々な環境に好奇心や探究心をもって関わり、
> それらを生活に取り入れていこうとする力を養う。

1　ねらい
- （1）　身近な環境に親しみ、自然と触れ合う中で様々な
事象に興味や関心をもつ。
- （2）　身近な環境に自分から関わり、発見を楽しんだり、
考えたりし、それを生活に取り入れようとする。
- （3）　身近な事象を見たり、考えたり、扱ったりする中
で、物の性質や数量、文字などに対する感覚を豊かに
する。

2　内容
- （1）　自然に触れて生活し、その大きさ、美しさ、不思議
さなどに気付く。
- （2）　生活の中で、様々な物に触れ、その性質や仕組み
に興味や関心をもつ。
- （3）　季節により自然や人間の生活に変化のあることに
気付く。
- （4）　自然などの身近な事象に関心をもち、取り入れて
遊ぶ。
- （5）　身近な動植物に親しみをもって接し、生命の尊さ
に気付き、いたわったり、大切にしたりする。

- （6）　日常生活の中で、我が国や地域社会における様々
な文化や伝統に親しむ。
- （7）　身近な物を大切にする。
- （8）　身近な物や遊具に興味をもって関わり、自分なり
に比べたり、関連付けたりしながら考えたり、試した
りして工夫して遊ぶ。
- （9）　日常生活の中で数量や図形などに関心をもつ。
- （10）　日常生活の中で簡単な標識や文字などに関心をも
つ。
- （11）　生活に関係の深い情報や施設などに興味や関心を
もつ。
- （12）　幼保連携型認定こども園内外の行事において国旗
に親しむ。

3　内容の取扱い
　上記の取扱いに当たっては、次の事項に留意する必要
がある。
- （1）　園児が、遊びの中で周囲の環境と関わり、次第に
周囲の世界に好奇心を抱き、その意味や操作の仕方に
関心をもち、物事の法則性に気付き、自分なりに考え
ることができるようになる過程を大切にすること。ま
た、他の園児の考えなどに触れて新しい考えを生み出
す喜びや楽しさを味わい、自分の考えをよりよいもの
にしようとする気持ちが育つようにすること。
- （2）　幼児期において自然のもつ意味は大きく、自然の
大きさ、美しさ、不思議さなどに直接触れる体験を通
して、園児の心が安らぎ、豊かな感情、好奇心、思考力、
表現力の基礎が培われることを踏まえ、園児が自然と
の関わりを深めることができるよう工夫すること。
- （3）　身近な事象や動植物に対する感動を伝え合い、共
感し合うことなどを通して自分から関わろうとする
意欲を育てるとともに、様々な関わり方を通してそれ
らに対する親しみや畏敬の念、生命を大切にする気持
ち、公共心、探究心などが養われるようにすること。
- （4）　文化や伝統に親しむ際には、正月や節句など我が
国の伝統的な行事、国歌、唱歌、わらべうたや我が国
の伝統的な遊びに親しんだり、異なる文化に触れる活
動に親しんだりすることを通じて、社会とのつながり
の意識や国際理解の意識の芽生えなどが養われるよ
うにすること。
- （5）　数量や文字などに関しては、日常生活の中で園児
自身の必要感に基づく体験を大切にし、数量や文字な
どに関する興味や関心、感覚が養われるようにするこ
と。

言葉

> 経験したことや考えたことなどを自分なりの言葉で
> 表現し、相手の話す言葉を聞こうとする意欲や態度を
> 育て、言葉に対する感覚や言葉で表現する力を養う。

1　ねらい
- （1）　自分の気持ちを言葉で表現する楽しさを味わう。
- （2）　人の言葉や話などをよく聞き、自分の経験したこ
とや考えたことを話し、伝え合う喜びを味わう。

(3) 日常生活に必要な言葉が分かるようになるととも
に、絵本や物語などに親しみ、言葉に対する感覚を豊
かにし、保育教諭等や友達と心を通わせる。
2 内容
(1) 保育教諭等や友達の言葉や話に興味や関心をもち、
親しみをもって聞いたり、話したりする。
(2) したり、見たり、聞いたり、感じたり、考えたりな
どしたことを自分なりに言葉で表現する。
(3) したいこと、してほしいことを言葉で表現したり、
分からないことを尋ねたりする。
(4) 人の話を注意して聞き、相手に分かるように話す。
(5) 生活の中で必要な言葉が分かり、使う。
(6) 親しみをもって日常の挨拶をする。
(7) 生活の中で言葉の楽しさや美しさに気付く。
(8) いろいろな体験を通じてイメージや言葉を豊かに
する。
(9) 絵本や物語などに親しみ、興味をもって聞き、想
像をする楽しさを味わう。
(10) 日常生活の中で、文字などで伝える楽しさを味わ
う。
3 内容の取扱い
上記の取扱いに当たっては、次の事項に留意する必要
がある。
(1) 言葉は、身近な人に親しみをもって接し、自分の
感情や意志などを伝え、それに相手が応答し、その言
葉を聞くことを通して次第に獲得されていくもので
あることを考慮して、園児が保育教諭等や他の園児と
関わることにより心を動かされるような体験をし、言
葉を交わす喜びを味わえるようにすること。
(2) 園児が自分の思いを言葉で伝えるとともに、保育
教諭等や他の園児などの話を興味をもって注意して
聞くことを通して次第に話を理解するようになって
いき、言葉による伝え合いができるようにすること。
(3) 絵本や物語などで、その内容と自分の経験とを結
び付けたり、想像を巡らせたりするなど、楽しみを十
分に味わうことによって、次第に豊かなイメージをも
ち、言葉に対する感覚が養われるようにすること。
(4) 園児が生活の中で、言葉の響きやリズム、新しい
言葉や表現などに触れ、これらを使う楽しさを味わえ
るようにすること。その際、絵本や物語に親しんだり、
言葉遊びなどをしたりすることを通して、言葉が豊か
になるようにすること。
(5) 園児が日常生活の中で、文字などを使いながら
思ったことや考えたことを伝える喜びや楽しさを味
わい、文字に対する興味や関心をもつようにするこ
と。
表現
感じたことや考えたことを自分なりに表現すること
を通して、豊かな感性や表現する力を養い、創造性を
豊かにする。
1 ねらい

(1) いろいろなものの美しさなどに対する豊かな感性
をもつ。
(2) 感じたことや考えたことを自分なりに表現して楽
しむ。
(3) 生活の中でイメージを豊かにし、様々な表現を楽
しむ。
2 内容
(1) 生活の中で様々な音、形、色、手触り、動きなどに
気付いたり、感じたりするなどして楽しむ。
(2) 生活の中で美しいものや心を動かす出来事に触れ、
イメージを豊かにする。
(3) 様々な出来事の中で、感動したことを伝え合う楽
しさを味わう。
(4) 感じたこと、考えたことなどを音や動きなどで表
現したり、自由にかいたり、つくったりなどする。
(5) いろいろな素材に親しみ、工夫して遊ぶ。
(6) 音楽に親しみ、歌を歌ったり、簡単なリズム楽器を
使ったりなどする楽しさを味わう。
(7) かいたり、つくったりすることを楽しみ、遊びに
使ったり、飾ったりなどする。
(8) 自分のイメージを動きや言葉などで表現したり、
演じて遊んだりするなどの楽しさを味わう。
3 内容の取扱い
上記の取扱いに当たっては、次の事項に留意する必要
がある。
(1) 豊かな感性は、身近な環境と十分に関わる中で美
しいもの、優れたもの、心を動かす出来事などに出会
い、そこから得た感動を他の園児や保育教諭等と共有
し、様々に表現することなどを通して養われるように
すること。その際、風の音や雨の音、身近にある草や
花の形や色など自然の中にある音、形、色などに気付
くようにすること。
(2) 幼児期の自己表現は素朴な形で行われることが多
いので、保育教諭等はそのような表現を受容し、園児
自身の表現しようとする意欲を受け止めて、園児が生
活の中で園児らしい様々な表現を楽しむことができ
るようにすること。
(3) 生活経験や発達に応じ、自ら様々な表現を楽しみ、
表現する意欲を十分に発揮させることができるよう
に、遊具や用具などを整えたり、様々な素材や表現の
仕方に親しんだり、他の園児の表現に触れられるよう
配慮したりし、表現する過程を大切にして自己表現を
楽しめるように工夫すること。

第4 教育及び保育の実施に関する配慮事項
1 満3歳未満の園児の保育の実施については、以下の事
項に配慮するものとする。
(1) 乳児は疾病への抵抗力が弱く、心身の機能の未熟
さに伴う疾病の発生が多いことから、一人一人の発育
及び発達状態や健康状態についての適切な判断に基
づく保健的な対応を行うこと。また、一人一人の園児

の生育歴の違いに留意しつつ、欲求を適切に満たし、特定の保育教諭等が応答的に関わるように努めること。更に、乳児期の園児の保育に関わる職員間の連携や学校医との連携を図り、第3章に示す事項を踏まえ、適切に対応すること。栄養士及び看護師等が配置されている場合は、その専門性を生かした対応を図ること。乳児期の園児の保育においては特に、保護者との信頼関係を築きながら保育を進めるとともに、保護者からの相談に応じ支援に努めていくこと。なお、担当の保育教諭等が替わる場合には、園児のそれまでの生育歴や発達の過程に留意し、職員間で協力して対応すること。

(2) 満1歳以上満3歳未満の園児は、特に感染症にかかりやすい時期であるので、体の状態、機嫌、食欲などの日常の状態の観察を十分に行うとともに、適切な判断に基づく保健的な対応を心掛けること。また、探索活動が十分できるように、事故防止に努めながら活動しやすい環境を整え、全身を使う遊びなど様々な遊びを取り入れること。更に、自我が形成され、園児が自分の感情や気持ちに気付くようになる重要な時期であることに鑑み、情緒の安定を図りながら、園児の自発的な活動を尊重するとともに促していくこと。なお、担当の保育教諭等が替わる場合には、園児のそれまでの経験や発達の過程に留意し、職員間で協力して対応すること。

2 幼保連携型認定こども園における教育及び保育の全般において以下の事項に配慮するものとする。

(1) 園児の心身の発達及び活動の実態などの個人差を踏まえるとともに、一人一人の園児の気持ちを受け止め、援助すること。

(2) 園児の健康は、生理的・身体的な育ちとともに、自主性や社会性、豊かな感性の育ちとがあいまってもたらされることに留意すること。

(3) 園児が自ら周囲に働き掛け、試行錯誤しつつ自分の力で行う活動を見守りながら、適切に援助すること。

(4) 園児の入園時の教育及び保育に当たっては、できるだけ個別的に対応し、園児が安定感を得て、次第に幼保連携型認定こども園の生活になじんでいくようにするとともに、既に入園している園児に不安や動揺を与えないようにすること。

(5) 園児の国籍や文化の違いを認め、互いに尊重する心を育てるようにすること。

(6) 園児の性差や個人差にも留意しつつ、性別などによる固定的な意識を植え付けることがないようにすること。

第3章　健康及び安全

幼保連携型認定こども園における園児の健康及び安全は、園児の生命の保持と健やかな生活の基本となるものであり、

第1章及び第2章の関連する事項と併せ、次に示す事項について適切に対応するものとする。その際、養護教諭や看護師、栄養教諭や栄養士等が配置されている場合には、学校医等と共に、これらの者がそれぞれの専門性を生かしながら、全職員が相互に連携し、組織的かつ適切な対応を行うことができるような体制整備や研修を行うことが必要である。

第1　健康支援

1 健康状態や発育及び発達の状態の把握

(1) 園児の心身の状態に応じた教育及び保育を行うために、園児の健康状態や発育及び発達の状態について、定期的・継続的に、また、必要に応じて随時、把握すること。

(2) 保護者からの情報とともに、登園時及び在園時に園児の状態を観察し、何らかの疾病が疑われる状態や傷害が認められた場合には、保護者に連絡するとともに、学校医と相談するなど適切な対応を図ること。

(3) 園児の心身の状態等を観察し、不適切な養育の兆候が見られる場合には、市町村（特別区を含む。以下同じ。）や関係機関と連携し、児童福祉法第25条に基づき、適切な対応を図ること。また、虐待が疑われる場合には、速やかに市町村又は児童相談所に通告し、適切な対応を図ること。

2 健康増進

(1) 認定こども園法第27条において準用する学校保健安全法（昭和33年法律第56号）第5条の学校保健計画を作成する際は、教育及び保育の内容並びに子育ての支援等に関する全体的な計画に位置づくものとし、全ての職員がそのねらいや内容を踏まえ、園児一人一人の健康の保持及び増進に努めていくこと。

(2) 認定こども園法第27条において準用する学校保健安全法第13条第1項の健康診断を行ったときは、認定こども園法第27条において準用する学校保健安全法第14条の措置を行い、教育及び保育に活用するとともに、保護者が園児の状態を理解し、日常生活に活用できるようにすること。

3 疾病等への対応

(1) 在園時に体調不良や傷害が発生した場合には、その園児の状態等に応じて、保護者に連絡するとともに、適宜、学校医やかかりつけ医等と相談し、適切な処置を行うこと。

(2) 感染症やその他の疾病の発生予防に努め、その発生や疑いがある場合には必要に応じて学校医、市町村、保健所等に連絡し、その指示に従うとともに、保護者や全ての職員に連絡し、予防について協力を求めること。また、感染症に関する幼保連携型認定こども園の対応方法等について、あらかじめ関係機関の協力を得ておくこと。

(3) アレルギー疾患を有する園児に関しては、保護者と連携し、医師の診断及び指示に基づき、適切な対応を行うこと。また、食物アレルギーに関して、関係機

関と連携して、当該幼保連携型認定こども園の体制構築など、安全な環境の整備を行うこと。

（4）　園児の疾病等の事態に備え、保健室の環境を整え、救急用の薬品、材料等を適切な管理の下に常備し、全ての職員が対応できるようにしておくこと。

第2　食育の推進

1　幼保連携型認定こども園における食育は、健康な生活の基本としての食を営む力の育成に向け、その基礎を培うことを目標とすること。

2　園児が生活と遊びの中で、意欲をもって食に関わる体験を積み重ね、食べることを楽しみ、食事を楽しみ合う園児に成長していくことを期待するものであること。

3　乳幼児期にふさわしい食生活が展開され、適切な援助が行われるよう、教育及び保育の内容並びに子育ての支援等に関する全体的な計画に基づき、食事の提供を含む食育の計画を作成し、指導計画に位置付けるとともに、その評価及び改善に努めること。

4　園児が自らの感覚や体験を通して、自然の恵みとしての食材や食の循環・環境への意識、調理する人への感謝の気持ちが育つように、園児と調理員等との関わりや、調理室など食に関する環境に配慮すること。

5　保護者や地域の多様な関係者との連携及び協働の下で、食に関する取組が進められること。また、市町村の支援の下に、地域の関係機関等との日常的な連携を図り、必要な協力が得られるよう努めること。

6　体調不良、食物アレルギー、障害のある園児など、園児一人一人の心身の状態等に応じ、学校医、かかりつけ医等の指示や協力の下に適切に対応すること。

第3　環境及び衛生管理並びに安全管理

1　環境及び衛生管理

（1）　認定こども園法第27条において準用する学校保健安全法第6条の学校環境衛生基準に基づき幼保連携型認定こども園の適切な環境の維持に努めるとともに、施設内外の設備、用具等の衛生管理に努めること。

（2）　認定こども園法第27条において準用する学校保健安全法第6条の学校環境衛生基準に基づき幼保連携型認定こども園の施設内外の適切な環境の維持に努めるとともに、園児及び全職員が清潔を保つようにすること。また、職員は衛生知識の向上に努めること。

2　事故防止及び安全対策

（1）　在園時の事故防止のために、園児の心身の状態等を踏まえつつ、認定こども園法第27条において準用する学校保健安全法第27条の学校安全計画の策定等を通じ、全職員の共通理解や体制づくりを図るとともに、家庭や地域の関係機関の協力の下に安全指導を行うこと。

（2）　事故防止の取組を行う際には、特に、睡眠中、プール活動・水遊び中、食事中等の場面では重大事故が発生しやすいことを踏まえ、園児の主体的な活動を大切

にしつつ、施設内外の環境の配慮や指導の工夫を行うなど、必要な対策を講じること。

（3）　認定こども園法第27条において準用する学校保健安全法第29条の危険等発生時対処要領に基づき、事故の発生に備えるとともに施設内外の危険箇所の点検や訓練を実施すること。また、外部からの不審者等の侵入防止のための措置や訓練など不測の事態に備え必要な対応を行うこと。更に、園児の精神保健面における対応に留意すること。

第4　災害への備え

1　施設・設備等の安全確保

（1）　認定こども園法第27条において準用する学校保健安全法第29条の危険等発生時対処要領に基づき、災害等の発生に備えるとともに、防火設備、避難経路等の安全性が確保されるよう、定期的にこれらの安全点検を行うこと。

（2）　備品、遊具等の配置、保管を適切に行い、日頃から、安全環境の整備に努めること。

2　災害発生時の対応体制及び避難への備え

（1）　火災や地震などの災害の発生に備え、認定こども園法第27条において準用する学校保健安全法第29条の危険等発生時対処要領を作成する際には、緊急時の対応の具体的内容及び手順、職員の役割分担、避難訓練計画等の事項を盛り込むこと。

（2）　定期的に避難訓練を実施するなど、必要な対応を図ること。

（3）　災害の発生時に、保護者等への連絡及び子どもの引渡しを円滑に行うため、日頃から保護者との密接な連携に努め、連絡体制や引渡し方法等について確認をしておくこと。

3　地域の関係機関等との連携

（1）　市町村の支援の下に、地域の関係機関との日常的な連携を図り、必要な協力が得られるよう努めること。

（2）　避難訓練については、地域の関係機関や保護者との連携の下に行うなど工夫すること。

第4章　子育ての支援

幼保連携型認定こども園における保護者に対する子育ての支援は、子どもの利益を最優先して行うものとし、第1章及び第2章等の関連する事項を踏まえ、子どもの育ちを家庭と連携して支援していくとともに、保護者及び地域が有する子育てを自ら実践する力の向上に資するよう、次の事項に留意するものとする。

第1　子育ての支援全般に関わる事項

1　保護者に対する子育ての支援を行う際には、各地域や家庭の実態等を踏まえるとともに、保護者の気持ちを受け止め、相互の信頼関係を基本に、保護者の自己決定を

尊重すること。

2　教育及び保育並びに子育ての支援に関する知識や技術など、保育教諭等の専門性や、園児が常に存在する環境など、幼保連携型認定こども園の特性を生かし、保護者が子どもの成長に気付き子育ての喜びを感じられるように努めること。

3　保護者に対する子育ての支援における地域の関係機関等との連携及び協働を図り、園全体の体制構築に努めること。

4　子どもの利益に反しない限りにおいて、保護者や子どものプライバシーを保護し、知り得た事柄の秘密を保持すること。

第2　幼保連携型認定こども園の園児の保護者に対する子育ての支援

1　日常の様々な機会を活用し、園児の日々の様子の伝達や収集、教育及び保育の意図の説明などを通じて、保護者との相互理解を図るよう努めること。

2　教育及び保育の活動に対する保護者の積極的な参加は、保護者の子育てを自ら実践する力の向上に寄与するだけでなく、地域社会における家庭や住民の子育てを自ら実践する力の向上及び子育ての経験の継承につながるきっかけとなる。これらのことから、保護者の参加を促すとともに、参加しやすいよう工夫すること。

3　保護者の生活形態が異なることを踏まえ、全ての保護者の相互理解が深まるように配慮すること。その際、保護者同士が子育てに対する新たな考えに出会い気付き合えるよう工夫すること。

4　保護者の就労と子育ての両立等を支援するため、保護者の多様化した教育及び保育の需要に応じて病児保育事業など多様な事業を実施する場合には、保護者の状況に配慮するとともに、園児の福祉が尊重されるよう努め、園児の生活の連続性を考慮すること。

5　地域の実態や保護者の要請により、教育を行う標準的な時間の終了後等に希望する園児を対象に一時預かり事業などとして行う活動については、保育教諭間及び家庭との連携を密にし、園児の心身の負担に配慮すること。その際、地域の実態や保護者の事情とともに園児の生活のリズムを踏まえつつ、必要に応じて、弾力的な運用を行うこと。

6　園児に障害や発達上の課題が見られる場合には、市町村や関係機関と連携及び協力を図りつつ、保護者に対する個別の支援を行うよう努めること。

7　外国籍家庭など、特別な配慮を必要とする家庭の場合には、状況等に応じて個別の支援を行うよう努めること。

8　保護者に育児不安等が見られる場合には、保護者の希望に応じて個別の支援を行うよう努めること。

9　保護者に不適切な養育等が疑われる場合には、市町村や関係機関と連携し、要保護児童対策地域協議会で検討するなど適切な対応を図ること。また、虐待が疑われる場合には、速やかに市町村又は児童相談所に通告し、適切な対応を図ること。

第3　地域における子育て家庭の保護者等に対する支援

1　幼保連携型認定こども園において、認定こども園法第2条第12項に規定する子育て支援事業を実施する際には、当該幼保連携型認定こども園がもつ地域性や専門性などを十分に考慮して当該地域において必要と認められるものを適切に実施すること。また、地域の子どもに対する一時預かり事業などの活動を行う際には、一人一人の子どもの心身の状態などを考慮するとともに、教育及び保育との関連に配慮するなど、柔軟に活動を展開できるようにすること。

2　市町村の支援を得て、地域の関係機関等との積極的な連携及び協働を図るとともに、子育ての支援に関する地域の人材の積極的な活用を図るよう努めること。また、地域の要保護児童への対応など、地域の子どもを巡る諸課題に対し、要保護児童対策地域協議会など関係機関等と連携及び協力して取り組むよう努めること。

3　幼保連携型認定こども園は、地域の子どもが健やかに育成される環境を提供し、保護者に対する総合的な子育ての支援を推進するため、地域における乳幼児期の教育及び保育の中心的な役割を果たすよう努めること。

索 引

■ 執筆者紹介（執筆順、＊は編著者）

小林美由紀＊（こばやし・みゆき）
白梅学園大学大学院子ども学研究科・子ども学部教授　第1章　第5章

鳥海弘子（とりうみ・ひろこ）
秋草学園短期大学幼児教育学科専任講師　第2章　第4章

藤城富美子（ふじしろ・ふみこ）
全国保育園保健師看護師連絡会理事　第3章

■ 写真提供協力

社会福祉法人聖実福祉会　幼保連携型認定こども園　富士みのりこども園
学校法人常盤学園　認定こども園　やよいこども園
社会福祉法人　わらしこの会　わらしこ保育園
白梅学園大学

編集協力：株式会社桂樹社グループ（狩生有希、岡田吉里子）
本文イラスト：植木美江、寺平京子
本文デザイン：中田聡美

■ 監修者紹介

今井和子 （いまい・かずこ） 子どもとことば研究会代表

近藤幹生 （こんどう・みきお） 白梅学園大学・短期大学学長、子ども学部教授

■ 編著者紹介

小林美由紀 （こばやし・みゆき）

白梅学園大学大学院子ども学研究科・子ども学部教授。小児科医。

主著 『保育内容　健康』（共著）光生館、2010年
　　 『授業で現場で役に立つ！　子どもの保健テキスト』（編著）診断と治療社、2018年
　　 『これならわかる！　子どもの保健演習ノート』診断と治療社、2019年
　　 『授業で現場で役に立つ！　子どもの健康と安全演習ノート』（編著）診断と治療社、2019年
　　 『障害児保育』（共著）ミネルヴァ書房、2020年

MINERVA 保育士等キャリアアップ研修テキスト⑤
保健衛生・安全対策

2020年8月20日　初版第1刷発行　　　　　　　〈検印省略〉

定価はカバーに
表示しています

監 修 者	今	井	和	子
	近	藤	幹	生
編 著 者	小	林 美 由		紀
発 行 者	杉	田	啓	三
印 刷 者	森	元	勝	夫

発行所　株式会社　ミネルヴァ書房
607-8494　京都市山科区日ノ岡堤谷町1
電話代表（075）581-5191
振替口座　01020-0-8076

ISBN978-4-623-08765-5

Printed in Japan

今井和子／近藤幹生 監修

MINERVA 保育士等キャリアアップ研修テキスト

全7巻／B5判／美装カバー／各巻平均200頁

①乳児保育 　　　　　　今井和子／矢島敬子 編著　本体 1,800 円

②幼児教育 　　　　　　初瀬基樹 編著　本体 2,000 円

③障害児保育 　　　　　市川奈緒子 編著　本体 1,800 円

④食育・アレルギー対応 　林薫 編著

⑤保健衛生・安全対策 　小林美由紀 編著　本体 2,200 円

⑥保護者支援・子育て支援 　小野﨑佳代／石田幸美 編著

⑦マネジメント 　　　　鈴木健史 編著

（定価のないものは続刊）

ミネルヴァ書房

https://www.minervashobo.co.jp/